高等院校新形态一体化教材
“互联网+”创新教材

中国优秀传统文化

张辽圣　李双双　秦　丽◎主　编

微课版 | 彩色版

CUCP 中国传媒大学出版社
·北京·

图书在版编目（CIP）数据

中国优秀传统文化 / 张辽圣，李双双，秦丽主编 .-- 北京：中国传媒大学出版社，2021.4
ISBN 978-7-5657-2918-8

Ⅰ.①中… Ⅱ.①张… ②李… ③秦… Ⅲ.①中华文化—高等职业教育—教材 Ⅳ.① K203

中国版本图书馆 CIP 数据核字 (2021) 第 059348 号

中国优秀传统文化
ZHONGGUO YOUXIU CHUANTONG WENHUA

主　　编　张辽圣　李双双　秦　丽
策划编辑　姜颖昳
责任编辑　姜颖昳
封面设计　旗语书装
责任印制　李志鹏

出版发行　中国传媒大学出版社
社　　址　北京市朝阳区定福庄东街 1 号　　邮　　编　100024
电　　话　86-10-65450528　65450532　　传　　真　65779405
网　　址　http://cucp.cuc.edu.cn
经　　销　全国新华书店

印　　刷　北京银祥印刷有限公司
开　　本　787mm × 1092mm　1/16
印　　张　16.5
字　　数　391 千字
版　　次　2021 年 4 月第 1 版
印　　次　2021 年 4 月第 1 次印刷

书　　号　ISBN 978-7-5657-2918-8/K · 2918　　定　　价　49.80 元

本社法律顾问：北京李伟斌律师事务所　郭建平

编委会

主　编：张辽圣　李双双　秦　丽

副主编：盛美玲　彭　浩　谢绍珩　赵　丹

编　委：杨　洋　李多艺　奚小龙　魏　潇　张媛媛

苗青青　刘　莉　杨　樾　艾西亚

主　审：王秀玲

前言

在文化交流异常频繁的大数据时代，中华文化既面临众多机遇，也面对诸多挑战。习近平总书记指出，一个国家、一个民族的强盛，总是以文化兴盛为支撑的，中华民族伟大复兴需要以中华文化发展繁荣为条件。“求木之长者，必固其根本；欲流之远者，必浚其泉源。”中华优秀传统文化是中华民族的精神命脉，是涵养社会主义核心价值观的重要源泉，也是我们在世界文化激荡中站稳脚跟的坚实根基。中共中央、国务院印发的《新时代爱国主义教育实施纲要》（后简称《纲要》）提出，要“传承和弘扬中华优秀传统文化”。《纲要》明确强调，“要引导人们了解中华民族的悠久历史和灿烂文化，从历史中汲取营养和智慧”。这就需要认真汲取中华优秀传统文化的思想精华，深入挖掘和阐发其讲仁爱、重民本、守诚信、崇正义、尚和合、求大同的时代价值，使之成为人民群众自觉的行为准则和精神追求。为此，各高职院校纷纷开设中国优秀传统文化课程。

开设这一课程，旨在弘扬中国优秀传统文化，加强学生的人文教育，增强学生的文化自信，延续文化基因。因为文化是一个国家、一个民族的灵魂，文化自信是“更基本、更深沉、更持久的力量”。不忘历史才能开辟未来，善于继承才能善于创新。传承和弘扬中华优秀传统文化，绝不能抱残守缺、复古守旧，必须坚持古为今用、推陈出新。这就需要在扬弃中继承、在转化中创新，赋予中华传统文化新的时代内涵和现代表达形式。在中国特色社会主义现代化建设实践中，要深入实施中华优秀传统文化传承发展工程，吸收人类创造的一切优秀思想文化成果，推动中华文化创造性转化、创新性发展。

本书在借鉴前人优秀成果的基础上，融合各家之长，在内容上尽量做到既简明又全面，既符合时代特征又切合高职院校学生学习特点。按照学术界普遍认同的文化类型“三分法”，本书以“物质文化”“制度文化”“精神文化”三篇作为整体框架。在编写体例上，我们进行了全新设计，摒弃传统的章节编排方式，每编都采用模块化教学，任务驱动法等形式，通过设置“名人名言”“任务导入”“延伸阅读”等激发了教师的积极性，调动了学生学习的趣味性。体现教师主导，学生主体的教学理念。让学生通过课前、课中、课后三个环节，更好地识记中华文化常识，涵养学生的家国情怀，进而提升学生的人文素养和文化自信。

在编写过程中，我们一次次地为中华文化的伟大、中华优秀传统文化的深邃而感动，中华优秀传统文化积淀着中华民族最深沉的精神追求，是中华民族独特的精神标识，形成了中国人独特的思维方式和行为方式，支撑着中华民族历经五千余年而生生不息、代代相传、傲然屹立。我们每一个中国人都要深入了解自己的根，维护好中华之魂，只有这样，才能真正实现中华民族的强国之梦。

中华文化博大精深，涉及面极广，并不是一本书就能完全涵盖的。由于编者水平有限，本教材难免存在一些不足之处，欢迎读者批评指正。

编　者

2021 年 1 月

目录

上篇 物质文化

模块一 服饰文化

模块二 饮食文化

模块三 古代建筑文化

模块四 交通文化

中篇 制度文化

模块一 古代政治制度

模块二 古代法律制度

模块三 古代教育制度

模块四 古代礼仪制度

模块五 传统节日及风俗

下篇 精神文化

模块一 文字与书法

模块二 古代文学

模块三　古代宗教

模块四　传统艺术

模块五　古代科技

模块六　中国史学

中国优秀传统文化概述

能力目标

通过完成本任务，你应该能够：

1. 了解文化及其相关概念；
2. 掌握文化的特征和功能；
3. 掌握中国传统经典文化研究的对象。

核心能力

1. 了解文化的分类和基本结构；
2. 明晰学习中国传统经典文化的目的、意义和方法。

任务先行

中国传统文化是中华民族的特色和象征，是中华民族区别于其他民族的重要标志。几千年来，中国传统文化维系着中华民族精神之源泉，深蕴着我国先民追之不舍、迄今十多亿中国人仍哺之于中的丰富营养成分。传承和发展中国传统文化，是我们义不容辞的责任。

任务导入

随着暑假气温不断攀升，官鹅沟这个夏季温度始终保持在20℃的清凉佳境则成为许多游人避暑纳凉的首选，而许多前来官鹅沟游玩的朋友，总是不约而同地问道：“为何来到官鹅沟却不见鹅？”如果您认为官鹅沟里都是“鹅”那就大错特错了！关于“官鹅沟”，千百年来一直流传着这样一个凄美的爱情故事……

【图文】陇剧《官鹅情歌》

鹅嫚沟·天池

官珠沟·鹿仁湖

一 何为文化

（一）文化概念解析

文化，就词的释意来说，文就是“记录、表达和评述”，化就是“分析、理解和包容”。传统观念认为，文化是一种社会现象，是凝结在物质之中又游离于物质之外的，能够被传承的国家或民族的历史、地理、风土人情、传统习俗、生活方式、文学艺术、行为规范、思维方式、价值观念等，它是人类相互之间进行交流、普遍认可的一种能够传承的意识形态，是对客观世界感性上的知识与经验的升华。

“文化”一词，在中国古代本指“以文教化”。《周易》贲卦彖辞：“刚柔交错，天文也；文明以止，人文也；观乎天文，以察时变，观乎人文，以化成天下。”亦即所谓文，就是指一切现象或形象。“天文”指天道自然规律，也就是由阴阳、刚柔、正负、雌雄等两端力量交互作用而形成的错综复杂、多彩多姿的自然世界。人文是指社会人伦，即社会生活中人与人之间纵横交织的关系。治国家者通过观察天道自然的运行规律，以明耕作渔猎之时序；通过观察人类社会的各种现象，把握现实社会中的人伦秩序，以明君臣、父子、夫妇、兄弟、朋友等的等级关系，使人们的行为合乎文明礼仪，并由此而推及天下，以教育感化的手段来治理天下。

在西方国家，文化（culture）一词，源于拉丁文 Colere，原意是指人之能力的培养及训练，使之超乎单纯的自然状态之上。至十七八世纪，这个概念之内涵已有相当程度的扩展，而重在指称一切经人为力量加诸自然物之上的成果。即：文化是指一切文化产品之总和。

【图文】“文化”的传统理解

综上所述，我们认为，文化是人类智慧和创造力的体现。文化是人类在社会历史发展过程中所创造的物质财富和精神财富的总和。

（二）文化特征探究

（1）文化是在人类进化过程中衍生出来或创造出来的。自然状态下存在的物质不是文化，只有经过人类有意无意加工制作出来的东西才是文化。例如，花草山水不是文化，园林才是文化；土石木料不是文化，构建房屋的技术、建筑材料的选择和建筑物才是文化。

（2）文化是后天习得的。孔子说，“一日克己复礼，天下归仁焉”，是“观乎人文，以化成天下”。文化的一切方面，从语言、习惯、风俗、道德一直到科学知识、技术等都是后天学习得到的。吃饭是先天的遗传本能，但让食、劝食以联谊互敬，佛教徒之食素、依戒规以自律，端午节食粽子借特殊食物以怀古都超越自然效用。人的自然行为化为礼行，自然秩序化为道德秩序。这是后天习得的经验和知识。

（3）文化是共有的。文化是人类共同创造的社会性产物，它必须为一个社会或群体的全体成员共同接受和遵循，才能成为文化。纯属个人私有的东西，如个人的怪癖等，不为社会成员所理解和接受，则不是文化。

（4）文化是一个连续不断的动态过程。文化既是一定社会、一定时代的产物，又是一份社会遗产，还是一个连续不断的积累过程。每一代人都出生在一定的文化环境之中，并且自然地从上一代人那里继承了传统文化。同时，每一代人都根据自己的经验和需要对传统文化加以改造，在传统文化中注入新的内容，抛弃那些过时的、不合需要的部分。

（5）文化具有民族性和特定的阶级性。受自然环境和社会物质生活条件的制约，文化具有时代性、地区性、民族性和阶级性。有石头，才有石器文化；有茶树，才有茶文化。使用共同的语言，遵守共同的风俗习惯，养成共同的心理素质和性格的同一个民族，往往会有相同的文化表现形式。阶级社会中，各阶级所处的物质生活条件和社会地位不同，形成的价值观、信仰、习惯和生活方式不同，也就导致了各阶级之间的文化差异。

（三）文化的功能认知

（1）记录功能。作为文化创造和文化载体，语言符号（如言语、文字、绘画、音乐等）和非语言符号（如陶片、石器、服饰、建筑等）它们无不自觉或不自觉地记录并留下了人类特定社会形态和特定历史阶段的风貌。

（2）文化的认识功能。借助于符号系统的记录，人们得以了解和认识社会、认识自我。

（3）文化的传播功能。这主要体现在本土或本国文化在异质文化领域的传播和对他国或其他地区的影响。先进的、健康的文化对社会的发展产生促进作用；反动的、腐朽没落的文化则对社会的发展起着阻碍作用。

（4）文化的教化作用。文化的教化作用指的是文化在人类个体的社会化过程中所起的教育和模塑作用，可能是积极的，也可能是消极的。

（5）文化的凝聚功能。文化作为一种精神力量，能够在人们认识世界、改造世界的过程中转化为物质力量，对社会发展产生深刻的影响。文化的力量，深深熔铸在民族的生命力、创造力和凝聚力之中，成为综合国力的重要标志。

（6）文化的调控功能。这一点在于文化对受众原有的观念进行调节和控制，让其符合主流文化的核心要求。

（四）文化的分类与基本结构剖析

1. 文化的分类

（1）根据文化的范畴和结构，可以把文化分为广义和狭义两种概念。广义的文化是人类在社会历史实践过程中创造的物质财富和精神财富的总和。狭义的文化则是专指精神文化而言，即社会意识形态以及与之相适应的典章制度、政治和社会组织、风俗习惯、学术思想、宗教信仰、文学艺术等。

（2）根据文化的承载形式可以把文化分为物质文化和非物质文化。物质文化是为了满足人类生存和发展需要所创造的物质产品及其生产活动方式总称，如衣、食、住、行等。非物质文化是在社会历史实践中创造的非物质形态的、有艺术价值或历史价值的各种精神文化，包括各种类型的民族传统和民间知识，各种语言、口头文学、风俗习惯、民间的音乐、舞蹈、礼仪、手工艺、传统医学、建筑学以及其他艺术。非物质文化与物质文化既有区别也有联系，如：剪纸作品是物质文化，但是，剪纸艺人的艺术传承和创作构思、剪纸的技巧工艺则是非物质文化；古琴乐器是物质文化，而古琴的制作工艺、弹奏古琴的手法和技巧、口传心授的乐曲调式、传统记谱方式方法、演奏形式或仪式等综合在一起形成的文化链接，是非物质文化。

2. 文化的基本结构

关于文化的结构，有两分说，即分为物质文化和精神文化（非物质文化）；有三层次说，即分为物质、制度、精神三层次；有四层次说，即分为物质、制度、风俗习惯、思想与价值。有六大子系统说，即物质、社会关系、精神、艺术、语言符号、风俗习惯等。我们在这里以三层次说展开论述。

一般来讲，人们把“文化”分为三个层次：物质文化、制度文化和精神文化。（1）物质文化又称器物文化，是指人类的物质生产活动方式和产品的总和，如衣、食、住、行。它是体现一定生活方式的具体存在，是人的创造，也为人服务，看得见，摸得着，是一种表层次的文化。（2）制度文化，是指在哲学理论和意识形态的影响下，在历史发展过程中形成的各种制度，包括人类在社会实践中建立的规范自身行为和调节相互关系的准则，以及人际交往中约定俗成的礼俗、民俗、习惯和风俗。它们或历代相沿，或不断变化，或兴或废，或长或短，既没有具体的存在物，又不是抽象的，是一种中层次的文化。（3）精神文化，又叫观念文化，主要是指一个民族的心理结构、思维方式和价值体系，它既不同于哲学，也不同于意识形态，是介于两者之间而未上升为哲学理论的东西，是一种深层次的文化。它包括人们的价值观念、审美情趣、思维方式以及由此而产生的文学艺术作品。这是文化的核心，也是文化的精华部分。

因为文化具有的多样性和复杂性，很难给文化建立一个准确、清晰的分类标准。因此，对文化的划分，只能从某一个角度来解析。

二 中国传统文化

（一）内涵详解

【图文】文化遗产的界定

中国传统文化由“中国”“传统”和“文化”三个词构成。“中国”一词，最早见于周代文献，后来随着所指对象不同而有不同的含义。相传，我国历史上第一个朝代是夏朝。古时候，黄河流域一带的先民自称“华夏”，或简称“华”“夏”。唐孔颖达疏：“华夏为中国也。”从字义上来讲，“华”字有美丽的含义，“夏”字有盛大的意义，连起来的确是个美好的词。“华夏”所指即为中原诸侯，也是汉族前身的称谓，所以“华夏”至今仍为中国的别称。华夏族人称其四境民族为蛮、夷、戎、狄，而自称为“中国”。自汉代开始，人们常常把汉族建立的中原王朝称为“中国”。

“中国”一词所指范围，随着时代的推移而经历了一个由小到大的扩展过程。《尚书》上出现“中国”时，仅仅是西周人们对自己所居关中、河洛地区的称呼；到东周时，周的附属地区也可以称为“中国”了，“中国”的含义扩展到包括各大小诸侯国在内的黄河中下游地区。而随着各诸侯国疆域的扩张，“中国”成了列国全境的称号。秦汉以来，又把不属黄河流域但在中原王朝政权统辖范围之内的地区都称为“中国”，“中国”一词终于成为我国的通用名号。19 世纪中叶以来，“中国”则成了专指我们国家全部领土的专用名词。

【视频】
传统文化

中国传统文化（traditional culture of China）是中华文明演化而汇集成的一种反映民族特质和风貌的民族文化，是民族历史上各种思想文化、观念形态的总体表征，是指居住在中国地域内的中华民族及其祖先所创造、为中华民族世世代代所继承和发展、具有鲜明民族特色、历史悠久、内涵博大精深、传统优良的文化。简单来说，就是通过不同的文化形态来表示的各种民族文明、风俗、精神的总称。

中国传统文化的研究对象是指在氏族社会晚期、至少是周秦以来到五四时期所形成和发展起来的，以汉族为主体、包括中国境内 56 个民族长期创造的物质财富和精神财富的总和，即中华民族共同创造的华夏文化。它以封建文化为主导，以儒学文化为主干。

（二）中国传统文化的特征提炼

1. 中国传统文化的基本特点

中国文化是一个多元共生的文化系统，可以概括为多元一体。它的基本特质，第一是多元性，第二是包容性，第三是连续性。

（1）多元性。传统文化中，儒家思想是主流思想。但从中国文化的整体而言，自魏晋南北朝以来，儒释道三家的思想始终是并存的，学术思想多元给了个体精神回旋余地。顺境中，儒家思想“天行健，君子当自强不息”“致君尧舜上，再使风俗淳”；逆境时道家的思想、佛教的思想是精神支柱，“达则兼济天下，穷则独善其身”。

（2）包容性。中国文化不排外，儒家思想对佛道的包容和吸收是一个先例。道教也是多方面吸收。世界上其他文明被外族入侵后几乎都毁灭了，而中华文明则在被外族侵略中不断向前发展，不论是“胡人”还是“胡琴”，都逐步成为中华民族和文化的一部分。

（3）连续性。中国五千年的文明，三千年有文字可考的历史，文化的思想和礼俗，大体上延续下来了。中间虽有变异和短暂的断裂，但中国文化的根脉、种姓特征、风俗习惯从没有断。作为中国文化载体和中国文化符号的汉字，从秦始皇统一中国实行的“书同文”，到现在历经两千多年，一直都在使用。

2. 中国传统文化的基本精神

中国传统文化的基本精神，是指中国传统文化长期发展的思想基础，从实质上看，就是中华民族的民族精神。关于中国传统文化的基本精神，有多种不同的表述，在此，我们择其中较有代表性的做一论述。

（1）以人为本。中国历史上的人本思想，主要是强调在人与自然万物的关系中人贵于物。

《尚书·泰誓上》“惟天地万物之母，惟人为万物之灵”，《荀子·王制》“水火有气而无生，草木有生而无知，禽兽有知而无义，人有气有生有知亦且有义，故最为天下贵也”，《礼记·礼运》“人者，天地之心也……”“人者，其天地之德，阴阳之交，鬼神之会，五行之秀气也”体现了在天地万物之中，人是一个具有感性、能够创造、能够进行自我发展的万物之灵。以人为本，不是说人是宇宙之本，而是说人在社会生活中为本。

中国传统文化“以人为本”落实在政治上是“以民为本”，即民本思想。中国历史上民本思想源远流长，从春秋战国时期一直到封建社会末期的进步思想家、政治家，几乎都主张和宣传“民本”思想，从而使之成为中华文化中影响最广、延续最久的一种哲学和政治思想。

（2）贵和尚中。“和”是中国古代哲学的一个重要范畴，在中国文化的发展过程中起着独特的作用，它不仅是一种思想观念，而且是中华民族的基本精神。中华文明本质上是一种“和”的文明。《礼记·中庸》：“致中和，天地位焉，万物育焉。”达到“中和”，天地才得以正，万物才得以育。“和而不同”是中华“和”文明中极有意义和超越时空的内容。孔子曰：“君子和而不同，小人同而不和。”现实中，“和而不同”就是在坚持原则的基础上，承认、包容乃至尊重差异，以达共存共荣。“和而不同”是中华文化为不同国家、不同文明之间的和谐共生共长所做的经典诠释和处世准则，也是中华文化为人类文明所奉献的核心价值理念。“贵和尚中”的核心思想是肯定事物是多样性的统一，主张以海纳百川的气概容纳不同意见，促进事物的发展。

中国古代的“贵和”思想往往是和“尚中”之义联系在一起的。“中”，指事物的度，即不偏不倚，对待事物的态度，不“狂”不“狷”。贵和尚中的思想，对于社会的稳定和发展是必不可少的。做事不走极端，着力维护集体利益，求大同存小异，保持人际关系的和谐，这对于民族精神的凝聚和扩展，对于统一的多民族政权的维护，无疑是有积极作用的。

（3）天人合一。“天”，在此可以理解为世界万物、自然规律。中国传统文化里，人们对于“天”应有敬畏之心，人与天不是对立割裂的，而是相生相应的。人类只是天地万物中的一个部分，天、地、自然按一定的规律运动，人也必须遵照这个规律去认识和改造自身，才能适应天地规律，人与天之间，才有对照之心、合一之心。

作为中华文化的主体精神之一，“天人合一”思想在几千年的历史流变中，不但塑造了中国人普遍持久的和平文化心理，而且对于今天人类追求和平与发展以及社会和谐仍具有重要启迪。“天人合一”的思想，充分显示了中国古代思想家对于主客体之间，主观能动性与客观规律性之间关系的辩证思考，对于解决当今世界由于工业化和无限制地征服自然而带来的环境污染、生态平衡遭受破坏等问题具有重要的启示，对于我们今天正在进行的现代化建设和可持续发展的战略更有着防患于未然的重大现实意义。

（4）刚健自强。《论语·子路》曰：“刚毅木讷近仁。”始有崇尚“刚健”的倾向，孟子提出“富贵不能淫，贫贱不能移，威武不能屈”反对“以顺为正”，倡导大丈夫独立不改的理想人格；《易传》中“天行健，君子以自强不息”的意思是说，天体运行，健动不止，生生不已，人的活动应效法天，故应刚健有为，自强不息。它阐明了效法天行之健，充分发挥人的主观能动性。有志有德之人，既要刚毅，又要有历史责任感和时代使命感。《史记·太史公自序》曰：“西伯拘而演《周易》；仲尼厄而著《春秋》；屈原放逐，乃赋《离骚》；

左丘失明，厥有《国语》；孙子膑脚，《兵法》修列；不韦迁蜀，世传《吕览》；韩非囚秦，《说难》《孤愤》；《诗》三百篇大抵圣贤发奋所作也。”这反映了中华民族越是遭受挫折越是奋起抗争的精神状态和坚韧不拔的意志。抗疫斗争中，中华民族展现出来的精神力量令世人瞩目。其中，刚健自强、万难不屈的精神品质得到充分彰显。

（5）开放变革。“革故鼎新、与时俱进”是中华优秀传统文化的核心理念之一。在传统文化的文本中，像“革故鼎新”“苟日新，日日新，又日新”“苟利于民，不必法古；苟周于事，不必循俗”等表述屡见不鲜，这说明中国文化自古以来就具备一种革故鼎新的理论旨趣和不断转化、创新的内生动力。中华文明几千年的历史既是尊重自身传统与民族性的历史，也是不断与时偕行的历史。这种内生的、既返本又开新的文化基因使得中华文化具有了与时迁移、应物变化、居安思危、自强不息的优良传统，这种顺应中国社会发展和时代前进要求而不断自我革新的特质，是中国自古至今拥有强大生命力的文化密码。《周易》中说，“穷则变，变则通，通则久。”中国的汉唐盛世、丝绸之路开通、明代郑和下西洋，充分说明，任何一个国家或文明，要繁荣发展，对人类文明有所贡献，必须实行开放变革才有可能。

（三）明晰学习中国传统经典文化的目的、意义和方法

中国文化源远流长、博大精深，五千多年层累叠加的文化成果，它不但陶冶了历代中国人，而且影响涉及日本、朝鲜、东南亚等。中国传统文化是中华民族智慧的结晶和精神风貌的体现，是世界上自成系统、独具特色的文化，给我们以无比的自豪、自信和自尊。学习中国文化的目的，不是发思古之幽情，食古不化，复兴儒学，而是为了把握民族文化的精神和特质，进行吸收和改造，建构社会主义新文化，使中国文化屹立于世界民族文化之林。以此进行爱国主义和基本国情教育，可以培养民族自豪感和增加民族凝聚力，反对民族虚无主义，抵制殖民文化。

中国文化积淀着中华民族最深沉的精神追求，是中华民族生生不息、发展壮大的丰厚滋养。抛弃传统、丢掉根本，就等于割断了自己的精神命脉。坚定中国特色社会主义道路自信、理论自信、制度自信、文化自信，说到底是要坚定文化自信。历史和现实都表明，一个抛弃或者背叛了自己历史文化的民族，不仅不可能发展起来，而且很可能上演一场历史悲剧。纵览世界历史，一个民族的崛起或复兴，常常与其民族精神的崛起和民族文化的复兴息息相关。习近平总书记说：“中华优秀传统文化是我们最深厚的文化软实力，也是中国特色社会主义植根的文化沃土。”由此可见，中国传统文化是中华民族的精神标识，是文化建设的基础。一个民族要想安身立命，首先就要把自己的文化学好。

学习传统文化应当秉持科学理性的态度，以辩证唯物主义和历史唯物主义为指导，批判性地继承，创造性地发展。学习中国传统文化，一是要忠实坚守与发扬光大。中国传统文化是中华民族的身份和象征，是中华民族区别于其他民族的重要标志，它与每个中国人血肉相连，每一个中国人都应该做好中华优秀传统文化的忠实坚守者和继承者，传承和弘扬中华民族优秀文化；二是批判继承与继承批判。继承是批判中的继承，批判是继承中的批判，这种辩证的态度和方法本质上是科学的、理性的。中国传统文化经过数千年的历史积淀，既有精华也有糟粕，“剔除其封建性的糟粕，吸收其民主性的精华，是发展民族新文化，提高民族

【图文】民族的界定

自信心的必要条件”，毛泽东同志的这句话不仅阐明了对待传统文化的态度，同时也指出分辨传统文化中“糟粕”与“精华”的价值标准。“有鉴别地加以对待，有扬弃地予以继承”，去粗取精、去伪存真，经过科学的扬弃后使之为我所用。三是创造性转化与创新性发展。对中国传统文化的继承绝不是简单地搬用，而是“推陈出新”“古为今用”，既要一脉相承，又要与时俱进。在实现中华民族伟大复兴中国梦的伟大征程中，习近平同志强调“要使中华民族最基本的文化基因与当代文化相适应、与现代社会相协调”“要加强对中华优秀传统文化的挖掘和阐发，努力实现中华传统美德的创造性转化、创新性发展”，其目的就是要“把跨越时空、超越国度、富有永恒魅力、具有当代价值的文化精神弘扬起来，把继承优秀传统文化又弘扬时代精神、立足本国又面向世界的当代中国文化创新成果传播出去”。

问题与思考

1. 简述文化的功能。
2. 简述中国传统文化的基本特点。
3. 举例说明物质文化与非物质文化的联系和区别。

引言

中华民族在漫长的历史长河中孕育了璀璨的民族文化，其中，物质文化是指为了满足人类生存和发展需要所创造的物质产品及其所表现的文化，是文化的有形部分，包括所有经过人类改造的自然环境和由人创造出来的一切物品，即饮食、服饰、建筑、交通、乡村、城市、公园、生产工具等，是文化要素或者文化景观的物质表现方面。

上篇 物质文化

开篇名言

文化开启了对美的感知。

——爱默生

文化来源于人，也服务于人。

——区文伟

模块一　服饰文化

能力目标

通过完成本任务，你应该能够：

1. 了解服饰的起源、构成和发展；
2. 掌握我国古代服饰的基本形制；
3. 比较全面地了解各民族服饰的民俗特点。

核心能力

1. 掌握服饰的基本常识，见证服饰的时代变迁；
2. 能够正确区分不同时期服饰的形制和穿着礼仪，提高服饰鉴赏水平；
3. 能正确区分各民族服饰特点并理解特点背后的原因。

原始社会的部落首领、巫师、卜人，在特定的社会形态下，为了区分特定身份而维护其权威性，衣服的样式就需要有别于普通人，如《易・系辞》中所说：“黄帝尧舜垂衣裳而天下治。”衣服从笼统式到上衣下裳分开，都与其相关。在部落活动如狩猎、征战、祭祀中，首领或主持人的服饰要与平常的和常人的有所区别，这就为服饰制度的形成奠定了基础。

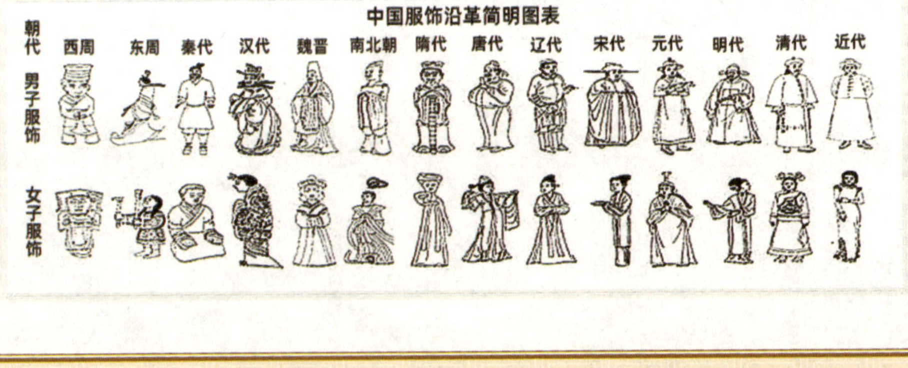

任务一　古代服饰的概念与基本形制

任务先行

服饰的产生和演变与经济、政治、思想、文化、地理、历史以及宗教信仰、生活习俗等，都有密切关系，各个时代、不同民族，都有各不相同的服饰。什么是服饰文化？对于传统服饰的继承和创新我们应有怎样的思考？

任务导入

“暮春者，春服既成，冠者五六人，童子六七人，浴乎沂，风乎舞雩，咏而归。”春服、冠者是指什么？为什么上衣要说一件而裤子要说一条？

一　服饰的定义

服饰，《现代汉语词典》的释义是“服：衣服；衣裳。”“饰：（1）装饰，修饰；（2）装饰品。”“服饰：衣着和装饰。”《辞海》的解释是：“服：（1）泛指供人服用的东西，一般指衣服。（2）衣着，佩戴。”“饰：增加人物形貌的华美。如修饰，装饰。亦指装饰品。”“服饰：衣服和装饰。”不同于现在的解释，“衣”在古代除了统指衣服，另有广义和狭义两个解释。广义的“衣”，泛指所有遮体之物，如头上戴的叫头衣，身上穿的叫体衣，鞋类叫足衣。狭义之“衣”，在古代专指上衣。《释名·释衣服》中记载：“凡服上曰衣。衣，依也，人所依以避寒暑也。下曰裳。裳，障也，所以自障蔽也。”《大戴礼记·劝学》中“运（通“远”）而有光者，饰也”是说远看有光即外在的华美，是“饰”。故而服饰是指经过人类人工裁剪、缝制等加工而成人体护体、遮蔽、装饰物，由服饰材料、样式、颜色、花纹图案及佩戴饰物构成。从三皇五帝到明朝汉民族所穿的服装，俗称汉服。

服饰文化包括服饰种类、服饰材料、服饰制度、服饰礼仪、制作穿戴等。文化意义上的服饰，包括人体的修饰，是指人着装打扮后的整体，它包括化妆、发式、护肤、佩饰、冠帽、鞋袜与衣服等。也就是说，文化意义上的服饰也是指的衣服和装饰。

二 服装的体系

（一）上体衣的组件

（1）衣领。古代服饰的领子有两种：交领和直领。常见的是交领，即衣领直连左右衣襟，衣襟在胸前相交，领子也随之相交。另一种是直领，即领子从颈后沿左右绕到胸前，平行地垂直下来，而不在胸前交叉，有的在胸部有系带，有的则直接敞开而没有系带。直领较广泛见于襦裙、比甲、褙子等汉服中。

应当注意的是，在汉代，基本服装的领子都是相交的，汉袍没有后来的开襟对襟款式。《释名·释衣服》解直领为：“直领，邪直而交下，亦如丈夫服袍方也。”说明领子的形状本身是直的（长方形），但是斜放在衣服上缝合（邪通斜），交穿。魏晋时期，出现了开襟对襟款式，在隋唐得到发展成熟，逐渐以此为主流。

（2）衣襟。指上衣前交领部分。后亦指上衣的前幅，亦作“衣衿”。也称为衽。我国汉族传统服饰中，多为大襟右衽。大襟的作用如下：①有利于衣的保暖功能；②大襟利于下肢活动而不露出内衣和躯体；③用以调节衣之宽松程度以适应穿着功能和穿着式样的需要。

华夏崇尚右，习惯上衣襟右掩，称为右衽。外观上表现为“y”字形，形成整体服装向右倾斜的效果。而北方少数民族崇尚左，衣襟左掩，是为左衽。另外，汉族传统习俗，死者之服（寿衣）用左衽，不用布钮，而是使用细布带系死结，以示阴阳有别。

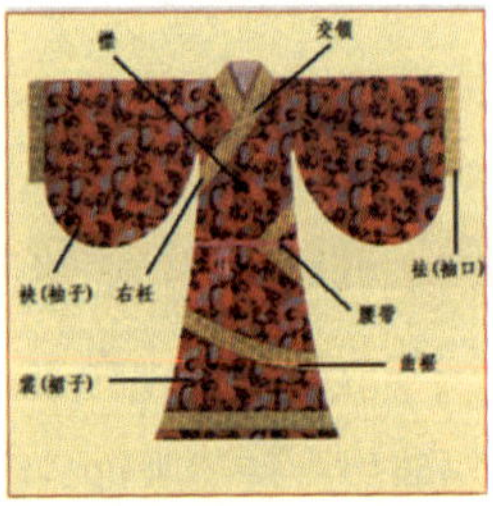

（3）衣袂。泛指宽大衣服的袖口及长衫的尾。《周礼·春官·司服》“齐服有玄端素端” 郑玄注：“士之衣袂，皆二尺二寸。”宋刘过《贺新郎》词：“衣袂京尘曾染处，空有香红尚软。”“衣袂翩翩”就是行进间衣、袖随风飘摆，有出尘之态。

（4）衣裾。衣服的前后襟。杜甫“旧犬喜我归，低徊入衣裾”。

（5）衣袪。指袖口。

（6）衣带。束衣的带子。《古诗十九首·行行重行行》：“相去日已远，衣带日已缓。”《南史·何敬容传》：“武帝虽衣浣衣，而左右衣必须洁。尝有侍臣衣带卷摺，帝怒曰：‘卿衣带如绳，欲何所缚？’”柳永《凤栖梧》词：“衣带渐宽终不悔，为伊消得人憔悴。”

（7）绅。“绅”在《说文》中解为大带，但《玉藻》说“子游曰：‘参分带下，绅居二焉”，“凡侍于君，绅垂。”郑注：“绅，带之垂者也。”即绅是大带结住后余下下垂的部分，许慎的解释是“统言”。《论语·卫灵公》：“子张问行。”子曰：‘言忠信，行笃敬……’子张书诸绅。”因为绅是下垂部分，所以可以提起来临时当作记录本。

古代作品中常常提到缙绅（搢绅、荐绅）。这是古代官员的装束，因而也作为官员的代称。《说文》：“缙，帛赤色也。”《后汉书·朱景王杜等传》：“宰辅五世，莫非公侯，遂使缙绅道塞，贤能蔽壅。”颜师古据《说文》作注：“缙，赤色也。绅，带也。或作‘搢’，搢，插也，谓插笏于带也。”

（二）下体衣

1. 裳

《说文解字》说：“上曰衣，下曰裳。”下身穿的裳实际是裙，而不是裤。《释名》：“裙，下裳也。裙，群也，联接群幅也”。《仪礼·丧服》“凡裳，前三幅后四幅也。”简言之，裳和裙是同一类物品。

2. 蔽膝

又叫韦。古代中原地区一种男女皆用的服饰。属于古代下体之衣，是遮盖大腿至膝部的服饰（类似今天的围裙）。蔽膝与佩玉在先秦时都是别尊卑等级的标志。与围裙不同的是，蔽膝稍窄，且要长到能“蔽膝”，用在衣裳制礼服上要求与帷裳下缘齐平。不直接系到腰上，而是拴到大带上作为一种装饰，可以用锦，也可皮革制成。

【图文】蔽膝

【视频】襦裙

【视频】褙子

3. 胫衣

即套裤。《说文·衣部》：“袴，胫衣也。”段玉裁注释是“今所谓套袴也。左右各一，分衣两胫。”即说，袴没有裆，是套在腿上起御寒作用的。胫，指小腿，即从膝盖到脚跟的一段。胫衣只有两个裤筒，套在腿上，无腰无裆，穿时套在胫上，类似于现在的长筒袜子，裤子现在按条论，大概也是来源于此。杜甫（唐）《奉赠韦左丞丈二十二韵》：“纨绔不饿死，儒冠多误身。”

的纨绔出自《汉书·叙传上》：“出与王、许子弟为群，在于绮襦纨绔之间，非其好也。”《宋史·鲁宗道传》：“馆阁育天下英才，岂纨绔子弟得以恩泽处耶？”由此可见，纨绔子弟专指富贵人家不务正业的子弟。纨绔显然是富人穿的裤子，其作用还是防风保暖。宋朱彧《萍洲可谈》：“余大父至贫，掛冠月俸折支，得压酒囊，诸子幼时，用为胫衣。”是说冬天需要胫衣保暖，故而父亲典当物品来给孩子买裤。

（三）头衣

头衣又称元衣、元服、首服。元，指头。《左传·僖公三十三年》：“先轸（晋大夫）免胄入狄师，死焉。狄人归其元，面如生。”《仪礼·士冠礼》：“令月（好月份）吉日始加元服。”郑玄注：“元，首也。”《汉书·昭帝纪》：“元凤四年春正月丁亥，帝加元服。”头衣大致分为冠、冕、弁、巾、帻等。

1. 冠

冠是一般贵族所戴的普通帽子。古时成年男子必行冠礼。女子成年要行笄礼，合称“冠笄”。《礼记·曲礼上》：“男子二十，冠而字。”少年男子一经行冠即成人，其一举一动就要合于道德规范。正因如此，古人把戴冠看成一种“礼”。

冠的主要功能是礼仪而非实用。冠不同于现在的帽子，并不能把头发全部遮住，而是有个冠圈，上面有一根不宽的冠梁，从前到后覆在头顶上，主要的作用是把头发束缚住，同时也是一种装饰。

秦以后，冠的种类大大增多。天子戴通天冠，诸侯戴远游冠，文人和儒生学人戴进贤冠。御史法官戴獬豸冠，又称楚冠、南冠、柱后，汉以后称法冠。武官戴武冠，亦称鹖冠、大冠。传说中鹖好斗，至死方休。此外，还有刘氏冠、却敌冠、建华冠、樊哙冠、方山冠等冠式。古代罪犯是不能戴冠的，因此往往以免冠表示谢罪，而现代社会则以脱帽致意。

通天冠

远游冠

进贤冠

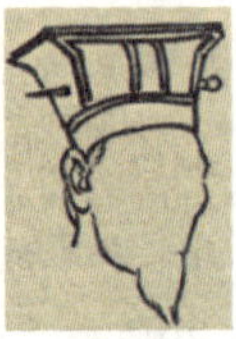
獬豸冠

武冠

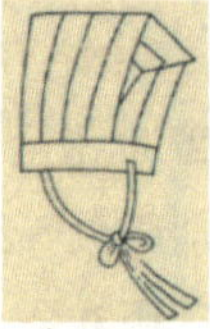
却敌冠

贵族到了一定年龄必戴冠，也就使其成了区别平民百姓的标志，成为达官贵人的代称。李白《古风》二十四："路逢斗鸡者，冠盖何辉赫。"（盖：车盖。）鲍照《代放歌行》："冠盖纵横至，车骑四方来。"冠与"童子"等表示年龄的词语对称，意思便指成人。《论语·先进》："冠者五六人，童子六七人，浴乎沂，风乎舞雩。"（沂：水名，在今山东省。风：吹风、乘凉。舞雩：祭神求雨的坛。）《曲礼上》又说："人生十年曰幼，学；二十曰弱，冠。"意思是十岁到不满二十是幼年，任务是学习；二十至二十九岁是弱年，进入这个阶段时要行冠礼。后代即以"弱冠"连称表示年岁。王勃《滕王阁序》："等终军之弱冠。"戴冠要束发，所以古人又用"结发""束发"表示二十岁。如陈子昂《感遇》："自言幽燕客，结发事远游。"

【图文】古代有不戴冠的四种人

2. 冕

冕是天子、诸侯、大夫的祭服。《说文》："大夫以上冠也，邃延垂旒统纩。"延，又写作綖，是一块长方形的版。邃的意思是深远，这里指其长形，延覆在头上。旒，又写作瑬，是延的前沿挂着的一串串小圆玉。纩（kuàng）是系在冠圈上悬在耳孔外的玉石，通常叫作瑱（tiàn）。紞（dǎn）是垂在延的两侧用以悬纩的彩绦。旒、紞、纩都是冕的部件。后来只有帝王才能戴冕有旒，于是"冕旒"就成了帝王的代称。如王维《和贾至舍人早朝大明宫之作》"九天阊阖开宫殿，万国衣冠拜冕旒。"

冕

皮弁

3. 弁

弁是贵族戴的比较尊贵的头衣，有皮弁、爵弁之分。皮弁是用白鹿皮做的，由几块拼接而成，缝制的形式类似近代的瓜皮帽，皮块相连接处缀以五彩玉石，称为綦（琪、璂）。爵弁又称雀弁（爵即雀，二字古字通），是红中带黑色的弁，因其颜色与雀头相近而得名。据说爵弁的形制与冕略同，除颜色外只是旒、顶上的版前后相平而已（冕则前面略低）。据东汉《释名》解释，皮弁、爵弁只是颜色不同，形制完全一样。

冠、冕、弁虽是三物，但由于都是男子的头服，大同小异，所以冠又是三者的总名。

4. 胄

冠、冕、弁都是人们平时所服，打仗戴“胄”。胄是古名，秦汉以后叫兜鍪（móu），后代叫盔。兜鍪系取名于胄的形状。鍪是一种炊具，圆底敛口反唇，即肚略大，鍪边翻卷着，很像现在带翻边的锅。杜甫《垂老别》：“男儿既介胄，长揖别上官。”（介：铠甲）。辛弃疾《南乡子》：“年少万兜鍪，坐断东南战未休。”是说孙权年纪轻轻就统率大军。

戴胄（兜鍪）时并不摘掉冠，而是在冠弁上加胄。头上戴着胄，见到尊者、长者就要摘掉。如秦晋殽之战前，秦军路过周的北门：“左右免胄而下，超乘者三百乘。王孙满尚幼，观之，言于王曰：‘秦师轻而无礼，必败。’”（《左传·僖公三十三年》）

《左传·哀公十年》记载：“叶公及北门，或遇之，曰：‘君胡不胄？国人望君若望慈父母焉。盗贼之矢若伤君，是绝民望也，若之何不胄？’乃胄而进。又遇一人，曰：‘君胡胄？国人望君如望岁焉（岁：收成），日日以几（几：冀，盼望）。若得君面，是得艾也（艾：止，指放心）。民知不死，其亦夫有奋心，犹将旌君以徇于国，而反掩面以绝民望，不亦甚乎？’乃免胄而进。”这段话说明古代的胄不但护头，也护面，戴上胄后就看不清脸。

5. 巾

庶人不戴冠，在发髻上覆巾，称为帻。《说文》“发有巾曰帻”，《方言》“覆结（髻）谓之帻巾”。帻的作用是盖住发髻，可以一直盖到前额。现代的帽就是由巾演变而来的。巾的种类有很多，有帻巾、绿头巾、幅巾、纶巾、东坡巾、儒巾、角巾、纯阳巾等。如纶巾又称诸葛巾，传说诸葛亮曾戴纶巾指挥作战。儒巾，又称方巾，读书人戴。

纯阳巾

从汉代起，帻为戴冠者所用，所以颜师古注《急就章》时说：“帻者，韬发之巾，所以整乱发也。常在冠下，或单著之。”整发的作用和加冠的戴法都为汉以前所未有。《汉官仪》中还说：“帻本无巾，如今‘半帻’而已。王莽无发，因为施巾帩”。

6. 陌头

又谓帞头、络头、幧头、帩头，指俗人的帽子。类似陕北农民用羊肚毛巾包头的方法，从后而前，在额上打结。因为古人在顶上梳髻，这样包头能顺发势兜住使不散下。《陌上桑》：“少年见罗敷，脱帽著帩头。”这说明帩头上面还可以戴帽。

因为帩头是“俗人”所服，所以士族人常以著绡头表示不做官。陌头后转音为幞头。幞头正式定名时，除保留前额上的结（留有前脚）之外，又在脑后扎成两脚，自然下垂。南宋时取消了前边的两脚。后边的两脚左右各一，用金属丝扎起，衬上木片，称为展脚幞头，为文官所戴；后边的两脚在脑后相交，称为交脚幞头，为武官所戴。因幞头经常是用青黑色的纱做成，故也叫乌纱，即后代俗称的乌纱帽。古书上的“角巾”，其实就是幞头的原始形态。

（四）足衣

足衣是华夏古代的服饰名，即穿着于足上的装束。先秦时，足衣泛指鞋袜。自汉代始，足衣又有内外之分。足之内衣为袜，足之外衣指鞋。

西周时，就有原始的袜，时称脚袜，即用丝带将帛裹于足上。汉代已缝制袜。湖南长沙马王堆一号汉墓中，出土有两双绢面夹袜，均用整幅绢缝制而成。缝缝位于脚面，袜筒向后开口，袜口有袜带。穿在脚上后，须用袜带系于脚脖处。其后，袜遂成为人们日常的服饰。

古代的鞋有屦、履、屩、屐、鞮等名称，其间有异有同。

1. 屦

先秦时期的鞋，用皮、丝、麻、草等材料制成。一般百姓只能穿草屦。古时，草屦亦是丧服及罪人的刑服。屦，在战国之后通称为履。如《韩非子·外储说左下》："晋文公与楚战，至黄凤之陵，履系（带儿）解，因自结之。"又如《孔雀东南飞》："新妇识马声，蹑履相逢迎"，白居易《杨柳枝》："绣履娇行缓，花筵笑上迟。"

2. 躧（xī）

又称草鞋，又作蹤、屣。脱掉草鞋很方便，所以古人常以"脱躧"表示事之轻易。《淮南子·主术训》："尧举天下而传之舜，犹却行而脱躧也。"

3. 舄（xì）

古代木屐。相当于现在的橡胶底鞋或雨鞋。

4. 蹻（屩）

也是草鞋的名称。《汉书·卜式传》："式既为郎，布衣草蹻而牧羊。"颜注："蹻即今草屦也。南方谓之蹻。"

5. 鞵

《颜氏家训·治家》："邺下有一领军，贪积已甚……后坐事伏法，籍其家产，麻鞋一屋，弊衣数库，其余财宝，不可胜言。"鞋字首见于南朝梁顾野王的《玉篇》，是鞵的异体字。

6. 木履

即木屐。颜师古《急就篇注》："屐者，以木为之，而施两齿，可以践泥。"南北朝时士族大夫好屐，不但以为常服，而且亲自动手制作，以至成癖。

古代屦履上除今所谓鞋帮、鞋底外，其部件还有綦、絇、繶、纯。綦是鞋带儿；絇是鞋头上的装饰，有孔，可以穿系鞋带。繶是鞋牙（即今鞋帮）与鞋底相接处的缝里装饰的绦子。沿着鞋口的装饰与衣边的镶饰是同类的东西，因此也叫纯。

7. 鞾

古代的靴子。我国古代的鞋有两大特点：一是长期以来一直不分左右脚，直至民国才吸收了西方的鞋形，有了左右之分。二是古时的鞋，鞋头多高高隆起，其隆起的高低、隆起部位的形状，各个时期有所不同，同时也依此使许多鞋而得名。

三 佩饰

佩饰是古代衣着服饰制度的一个重要组成部分。佩饰除了具有主要的美化功能外，在远古至夏商周时期，一些特殊的器类尚具有宗教意识、权礼观念上的特别意义。佩饰的质料通常有介壳、骨角、石、玉、陶、金属等多种。

制作和使用佩饰的习俗，在旧石器时代晚期便已出现。河北阳原虎头梁遗址曾出土了13件原始佩饰，种类有穿孔蛤壳、钻孔石珠，穿孔鸵鸟蛋皮扁珠、穿孔鸟骨扁珠等；北京周口店山顶洞人遗址也曾出土一批石珠、石坠、穿孔鱼骨饰、穿孔介壳等原始佩饰，这些都是迄今所知中国制作和使用佩饰的早期实例。

（一）玉

玉是中国古代最重要的男子佩饰。“谦谦君子，温润如玉。”国人历来以佩玉为美：帝王将相的冠冕上嵌着玉珠，达官贵人的腰带上镶着玉片，文人骚客的衣服上系着美玉，宋徽宗嗜玉成癖，就连曹雪芹创作《红楼梦》时也不忘给他偏爱的主人公脖子上挂块“通灵宝玉”。

在古代，佩玉是一种礼制，是社会等级秩序的象征，只有有身份的人才能佩戴。《礼记·玉藻》载，“古之君子必佩玉”，又说“君子无故，玉不去身”。

佩玉除表示贵族身份外，还表示美德与贤才。“君子于玉比德焉”（孔子），《诗经》“言念君子，温其如玉”，即君子以玉象征高洁的德行。《郑风·有女同车》通过对女主人公佩饰的描写，表现了男子对他所娶女子的赞美。“有女同车，颜如舜华。将翱将翔，佩玉琼琚。彼美孟姜，洵美且都。有女同行，颜如舜英。将翱将翔，佩玉将将。彼美孟姜，德音不忘。”“佩玉琼琚”以洁白的美玉衬美人，装点出女主人公姣美的容姿与纯洁温柔的气质；“佩玉将将”更是从听觉上表现出女子举手投足间的优雅。玉声和谐，行步中节，行之有度。从女子佩玉这一细节中可知女主人并不是一个虚有其表的人，在美丽的外貌下，更有高尚的品德与素养，是一位德容兼备的女子。

（二）其他配饰

1. 带钩

带钩是古代贵族和文人武士所系腰带的挂钩，古又称“犀比”。带钩起源于西周，战国至秦汉广为流行。带钩的作用不仅仅是束衣，还是身份的象征。带钩多用青铜铸造，也有用黄金、白银、铁、玉等制成的，其中玉质带钩最珍贵。它们不仅形式多样，而且多采用包金、贴金、错金银、嵌玉和绿松石等工艺，斑驳陆离，多姿多彩。带钩所用的材质、制作精细程度、造型纹饰以及大小都是判断带钩价值的标准。

2. 佩弦与佩韦

与佩环、玦而赋以某种寓意一样，佩弦与佩韦有提醒、告诫、鞭策的用意。《韩非子·观行》“西门豹之性急，故佩韦以自缓；董安于之心缓，故佩弦以自急。”原形容随时警诫自己，后常比喻有益的规劝。

3. 扇子

中国扇子文化起源于远古时代，我们祖先在炎炎夏日取植物叶片或禽类羽毛进行简单加工，用来挡太阳、生风。故扇子有障日之称。“以木曰扉，以苇曰扇”，最早的扇子是用苇做成的权力象征物，扇子起初的功能并不是用来纳凉，而是统治阶级为了彰显自己的地位与特权的仪仗扇。因扇子多见于皇宫中，所以扇子又叫“宫扇”。

4. 容刀与宝剑

《释名·释兵》：“佩刀，在佩旁之刀也，或曰容刀，有刀形而无刃，备仪容而已。”剑是武器，也是佩饰，古剑一般如匕首，两面有脊，无鞘，直插腰际。剑在古代是身份的象征和标志，只有帝王、诸侯、大臣、武士佩剑，庶民不得佩剑。

5. 香囊

香囊是古人革袋上佩戴的香袋，又称锦囊、容臭。有的用来放香料，有的放文稿或机密物品。东晋名将谢玄好佩紫罗香囊，叔父谢安看不惯，又怕伤了他的自尊，就以赌博的方式赢来烧掉了。李商隐《李长吉小传》载，唐诗人李贺（字长吉）经常背着一个破锦囊，有灵感就写下来，投入囊中。

四 我国传统服饰的基本形制

在人类社会漫长的发展进程中，不论是衣服的形制、功能，还是衣服的色彩、质料，都反映出了时代的特点，反映出了人们的思想认识。当古代礼制逐渐完备之后，衣服就不仅仅是御寒和遮羞之物了，它还是礼仪制度的象征，甚至是政治的开端。

我国传统服装汉服的基本形制有：上衣下裳制、衣裳连属制和上下通裁制。

（一）上衣下裳制

又称衣裳制。上穿衣下穿裳，裳即是裙。上衣下裳是华夏文明中服饰礼仪最早的服装形制之一，为汉服体系的第一个款式。上衣的形状多为交领右衽，下裳类似围裙的形状，腰系带，下系芾。这种服制对后世影响很大。在西周和春秋战国时期上衣下裳制是人们的主流服饰，随着深衣等更多服饰形制的出现，上衣下裳在秦汉时期就开始逐渐退出主流舞台。上衣下裳制在历史发展的过程中，衣裳的款式也逐渐变化，袖子日趋变大，形成大袖、袪袂款式，到了魏晋时期，袖也多变成魏晋风式的敞口了。上衣下裳制随着影响力越来越低，到了隋唐五代时，已经式微了。

1. 襦裙制

襦裙不是指一种裙子，而是上襦加下裙，是一套服饰的统称。襦裙的本质还是上衣下裳制，上身短衣（最长不过膝）叫作“襦”，下身长“裙”，合称“襦裙”。腰间以绳带系扎，衣在内，裙在外。以裙腰之高低，将襦裙分为齐腰襦裙、高腰襦裙、齐胸襦裙。以领子的式样之分，将襦裙分为交领襦裙和直领襦裙。按是否夹里的区别，将襦裙分为单襦和复襦，单襦近于衫，复襦则近于袄。尽管长短宽窄时有变化，但基本形制始终保持着最初的样式。

2. 袄裙

指上衣在裙子之外的女装。袄，有衬里的上衣。长袖袄衫，交领右衽，衣多为收袖口的琵琶袖。下裙多配马面褶裙或普通褶裙。马面裙前后共有四个裙门，两两重合，两侧裙幅打褶，中间裙门重合而成的光面，俗称“马面”，上多装饰膝襕纹样，故也称襕裙（抹胸）。袄裙的款式影响了朝鲜宫样及中国其他民族的服饰。

3. 半臂

“半臂又称半袖，是从魏晋以来上襦发展而出的一种无领（或翻领）、对襟（或套头）短外衣，它的特征是袖长及肘，身长及腰。”（沈从文《中国古代服饰研究》）

（二）衣裳连属制

古称深衣，始创于周代。《礼记·深衣》注称：“名曰深衣者，谓连衣裳而纯之以采也。”狭义上是一种特定服饰款式的名称，其上衣、下裳分开裁剪并在腰处缝合为一体，领、袖、裾用其他面料或刺绣缘边。广义上的深衣指的是所有符合“被体深邃”特点的汉族传统服饰。孔氏正义曰：“所以称深衣者，以余服则上衣下裳不相连，此深衣衣裳相连，被体深邃，故谓之深衣。”

上衣下裳

春秋战国时期，深衣式袍服开始流行。大多为丝帛面料，尊卑共服。据《礼记·玉藻》记载，深衣既可作帝王便服，又是古代诸侯、大夫等阶层的燕居常服，也是庶人百姓参加祭祀的礼服。

深衣的形制特点：一是上衣下裳连为一体；二是无男女式样的区别；三是整体呈上窄下宽，与后世的袍呈筒状不同；四是着深衣多系腰带，腰带上不及人的肋骨，下不及髋骨。综合起来看，深衣的款式是上窄、下宽、束腰、交领、右衽、直裾、宽袂（袖）、小袪（袖口）。

上下分截

汉代的衣装形制，基本上为深衣制款式。汉代命妇以它为礼服，古代的袍衫也都采用这种衣裳连属的形式。战国时用色为青、赤、黄、白、黑五种正色，以及绿、红、碧、紫、流黄五种间色。到了汉代发展为“七彩”色谱系列，七彩包括赤、橙、黄、绿、青、蓝、紫。织造精细、纹样繁复、色彩丰富的面料，为汉代服饰提供了物质基础。

（三）上下通裁制

古称袍服制。即用一块布裁出上下衣，中间无接缝，自然一体，明显区别于上衣下裳和深衣制。这一形制创于隋唐，在当时来说是一个创举，因为自古汉服都是分上下两截的。通裁制的种类很多，圆领袍、襕衫、直身、道袍、褙子、长衫、僧衣等。

上下通裁

汉服形制，“上衣下裳”的古制是基础，深衣制是其发展，袍服制其实就是把上衣加长，而襦裙制则是把上衣缩短，可以说是分别在不同的方向发展出“上衣下裳”的变形。

任务二 传统服饰的起源与演变

任务先行

我国是历史悠久的衣冠大国，不仅有丰富的考古资料记录服饰发展的历史，在古代神话、史书、诗词、小说以及戏曲中，与服饰有关的记载也随处可见。伴随着民族间的融合，服饰的样式和穿着习俗不断演变，历代服饰不仅在朝代间有明显的差别，同一朝代的不同时期也有显著的变化，不同时期不同风格的服饰见证了时代的变迁。请从古诗词、小说以及影视作品中，收集与服饰有关的记载并在课中展示。

任务导入

人类是从何时起穿衣服的？衣服起源于哪里？从何处来？

一 衣服的产生

人类是从何时起穿衣服的？衣服起源于哪里？从何处来？这是一个有趣的话题。在远古蒙昧时代，我国先民们群居野处，茹毛饮血，食草木之食，饮自然之水，赤身裸体，没有衣服。经过了漫长的裸态阶段，人类在进化过程中，受气候、环境、遗传因素等的影响，体表的毛发逐渐变得稀少。基于保护身体、遮羞和装饰等的需求，赤裸的原始先民开始在身上披挂一些外物，于是产生了最早的“衣服”。

二 服饰的演变

（一）原始时期的服饰

古代文献《白虎通义》中说：“太古之时，衣皮韦，能覆前而不能覆后。”直到20世纪初，依然可以看到时政报道中某些原始部落居民，还只是在胯间悬挂一块兽皮、叶子或织物，遮盖下体前部，但臀部则全部裸露在外。

旧石器时代，继石器制造、火的使用之后，绳索的发明无疑是一件大事。绳索不仅是人们进行生产活动的工具，更是人类发明缝纫的先决条件。从旧石器时代晚期北京山顶洞人使用的骨针来看，早在一万八千年前，先民就已经通过缝制兽皮等来制作简单的衣服。

随着原始种植业、养殖业的发展，新石器时代的先民对植物纤维和动物纤维的认识更加深入，而利用这些动植物的纤维，是人类发明纺织业的基础。考古发现证明，中国是世界上最早发明家蚕养殖和丝织技艺的国家。

《鉴略·三皇纪》"袭叶为衣裳"、《物原·衣原第十一》"有巢氏，始衣皮"、黄帝时"胡曹作衣"或"伯余、黄帝制衣裳"结束了史前围披状态。《易·系辞》"黄帝、尧、舜垂衣裳而天下治，盖取诸乾坤"为服饰制度的发展奠定了基础。这一传说在甘肃出土的彩陶文化的陶绘中得到印证。由此，衣服不但有了现实需求，还成为精神所需，逐渐化为一种文化范畴内的物品。

（二）夏商周服饰

随着社会的发展和纺织业的进步，夏商周时期服装的式样、做工和装饰已十分考究，用材、施色、图案也根据服饰制度有了严格的制度。区分等级的上衣下裳形制、冠服制度以及服章制度，都是在这一时期逐步确立起来的。

《论语》中"子曰：'禹，吾无间然矣，恶衣服而致美黼冕'"是说夏禹平时生活节俭，但在祭祀时，则穿华美的礼服——黼冕，以表示对神的崇敬。《商书·太甲》有"伊尹以冕服，奉嗣王归于亳"，表明奴隶主贵族穿了冕服举行祭礼。以上两例史料，说明夏、商两代已有冕服。孔子说："殷因于夏礼，所损益可知也。周因于殷礼，所损益可知也。"又说："周监乎二代，郁郁乎文哉，吾从周。"说明夏商周三代服制是在继承前代的基础上各有变革和发展。

原始时期服饰

商代服饰不论尊卑和男女都是采用上下两段的形制，上着衣，下穿裳，后世称服装为"衣裳"，便源自此。其服饰的腰身和衣袖基本上设计为紧窄的样式，上衣交领右衽，长度齐膝，下着裙，腰间束宽带，腹前垂"蔽膝"（又叫绂、祎、韨，是遮盖大腿至膝盖的服饰，形似围裙而狭长，下成斧形，象征权威，用不同质料、色泽、花纹分别等级）。商代衣服材料主要是皮、革、丝、麻，商代人已能精细织造极薄的绸子，提花几何纹锦、绮，绞织机的罗纱。

商周服饰

周朝实行分封制，形成了以周天子为代表的中央政府和以各诸侯王自治的地方政府。为加强中央政府的管理，周朝以礼治国，制定了非常烦琐的礼仪规范，服饰作为礼仪的载体，有严格的穿着规定，比如祭礼服、朝会服、从戎服、吊丧服、婚礼服等。

周初制礼作乐，对贵族和平民阶层的冠服制度做了详细规定，统治者以严格的等级服装来显示自己的尊贵和威严。周王朝专设"司服""内司服"等官职掌管王室服饰。"非其人

【图文】
十二章纹

不得服其服”也就成为一种与之适应的冠服制度。礼服制度虽然还是采用上衣玄下裳黄，但头上要戴冠，冠与章纹、组玉等相关礼服配件都决定等级。王室公卿为表示尊贵威严，在不同礼仪场合，既要冕弁有序，穿衣着裳也须采用不同形式、颜色和图案。最著名的为《尚书·益稷》所载十二章服：“日、月、星辰、山、龙、华虫，作绘；宗彝、藻、火、粉米、黼、黻，以五彩彰施于五色，作服。”

西周男子束发已成为全国统一推行的标准，对于汉民族男子千百年来的发式起到了奠定作用。后世的冠在当时都可以看到，有鹊尾冠、尚冠、长冠、筒冠、冕、弁等。帽类在当时也有了雏形。对后世产生深远影响的深衣和冕服也始于周代。青铜器铭文中“虎冕练里”（毛公鼎）、“女裘宝殿”（周伯蔡文簋）等；《诗经》中“载玄载黄，我朱孔阳，为公子裳”“锦衣狐裘，颜如渥丹，敞衣绣裳，佩玉将将”“缟衣綦巾，聊乐我员”等，从这些记载中可以看出当时不仅有多彩的丝麻织品，也有名贵的裘皮衣裳。

（三）春秋战国时期的服饰

【视频】
客家服饰

随着周王室衰微，五霸七雄等诸侯国各自为政。一方面竞相发展生产，注重商品流通，一方面兼并弱小，掠夺土地和财富。特别是对大量技术工匠的掳掠占有和铁工具的推广应用，促进了各种手工业的交流提高。纺织材料、服装剪裁工艺和装饰艺术相应地发生变化，从而形成了百家争鸣、百花齐放的服饰局面和推陈出新的服装样式。

这一时期服饰方面最重要的变化，是深衣的广泛流行和胡服的出现。《礼记·玉藻》载：“诸侯、大夫、士朝玄端，夕深衣。庶人吉服，亦深衣。”说明春秋战国时，深衣不再是贵族的专属，不论贵贱男女、文武职别，都可以穿着。中原地区的“宽大博带”，楚地流行“续衽钩边”，领沿较宽。从湖南长沙出土的战国楚墓中彩绘木俑身上，可以看出当时很有代表性的服饰特点。上衣下裳相连，下摆不开衩，而将左面衣襟前后片缝合，并将后面衣襟加长，加长后衣襟成三角形，穿时绕至背后，用腰带系扎。因为衣料比较轻薄，为了防止薄衣缠身，采用平挺的锦类织物镶边，边上再装饰云纹图案，即“衣作绣，锦为沿”，将实用与审美巧妙地结合。

先秦女子服饰

胡服，是指当时“胡人”的服饰。“胡”是个模糊用语，在不同的历史时期，有时专指匈奴，有时泛指从东北到西北诸游牧民族，有时甚至还要更宽泛一些。因此，胡服是指我国北方游牧民族的服装。“胡人”大多是马背上的民族，反映在他们的服饰上，其主要特征为衣长齐膝，腰束郭洛带，用带钩，穿靴子，便于骑射。

战国锦缘云纹绣曲裾衣彩绘俑

公元前307年，赵武灵王为了提高军队的战斗力，吸收东湖族及娄烦人的军人服式，废弃传统的上衣下裳，将传统下裙改为有裆的裤子。下令全国穿游牧民族的短衣长裤，学习骑射。这是中国历史上第一次服装改革。因胡服便于骑射，诸国战士皆衣之，胡服逐渐成为战国时期的军服。沈括说：“中国衣冠，自北齐以来，乃全用胡服。”一个“全”字，可能把话说得有点过分，但胡服对汉族服饰的影响确实很巨大。

（四）秦汉服饰

秦汉时期是中国服饰发展的一个重要阶段。秦统一中国后，立即着手推行一系列加强中央集权的措施，其中包括衣冠服饰制度。秦始皇笃信阴阳五行学说，相信秦克周，是水克火，因周朝“火气胜金，色尚赤”，秦胜周就是水德，颜色崇尚黑色。于是举国以黑色服装为贵。

直裾深衣

秦代男子服装，以袍为贵。袍是继深衣之后出现的一种长衣（上下通裁），始见于战国。袍服的样式以大袖收口为多，一般有花边。纹绣图案更为精致，并将文字融入花纹中。秦国规定，三品以上的官员穿绿袍，一般庶人穿白袍。官员头戴冠，腰佩刀，手执笏板（上朝用的记事工具），耳簪白笔。百姓、劳动者或束发髻，或戴小帽、巾子，身穿交领右衽、窄袖长衫。奴隶和刑徒只许戴粗麻制成的红色毡巾，即史书上所说的“赭衣徒”。

曲裾深衣

西汉服制大都承袭秦制。东汉明帝永平二年，衣冠制度走入了新的时期。厘定服制、修订冠帽、整饬佩绶，礼崩乐坏后的冠服体系第一次在大一统的王朝中复兴。

汉朝的衣服主要有袍、襜褕（直身的单衣）、襦（短衣）、裙，有代表性的服装是深衣。大致分为曲裾、直裾两种。曲裾，是战国时期流行的深衣，汉代仍然沿用，多见于西汉早期。东汉多为直裾之衣，但并不能作为正式礼服。原因是古代裤子皆无裤裆，仅有两条裤腿套到膝部，用带子系于腰间。这种无裆的裤子穿在里面，如果不用外衣掩住，裤子就会外露，这在当时被认为是不恭敬的事情，所以外要穿曲裾深衣。

汉代常见的短衣是襦。襦的长度通常至腰部，穿时下身配裙。劳动女子总是上穿短襦，下穿长裙，腰上装饰长长垂下的腰带。劳动男子的常服是上身穿襦，下身穿犊鼻裤，并在衣外围罩布裙；这种装束不分工奴、农奴、商贾、士人。大约到东汉以后，人们开始在襦上绣制各种图案纹样。古诗文中“绣腰襦”“罗绣襦”等都是指这种服装。汉乐府诗《陌上桑》“头上倭堕髻，耳中明月珠。湘绮为下裙，紫绮为上襦”就为我们描述了一位汉代采桑女的着装形象。

襦裙

汉代服饰整体的特点是：外衣领大，穿着时要显示出中衣的领型。白色面料做里，袖口宽大，衫无袖。汉代服装配饰极为考究，如腰带所用带钩以金制成各种兽形——螳螂形、琵琶形等——形象十分生动有趣，是衣裳中间显要的装饰物。汉带钩从形、色和工艺上都达到了极高的水平，设计制作精美，颇受男人的喜爱，佩戴者众多。汉代男子配刀，只是仪表的一种体现。

（五）魏晋南北朝服饰

魏晋男子服

魏晋南北朝时期是我国古代服装史上又一个大转变的时期。整体汉服服饰风格可以用“丰富多彩，南北交融”来进行概括。士大夫阶层追求“对酒当歌，人生几何”的享乐主义，以老庄、佛教思想为时尚，这种风气直接反映在衣冠服饰上，其特点主要是自然洒脱、清秀空疏。宽衫大袖、褒衣博带成为时尚。汉族男子服饰主要有衫。衫和袍在样式上有明显的区别，袍袖端收敛并装有袪口；而衫子袖口宽敞。穿衣风格男子服饰敞胸露臂，衣服披肩，追求轻松、自然、随意；女子服饰则承袭秦汉的遗俗，并吸收少数民族服饰特色，在传统基础上有所改进，一般上身穿衫、袄、襦，下身穿裙子，款式多为上俭下丰，衣身部分紧身合体，袖口肥大，裙为多折裥裙，裙长曳地，下摆宽松，从而达到俊俏潇洒、优雅而飘逸的效果。加上丰盛的首饰，反映出奢华糜丽之风。

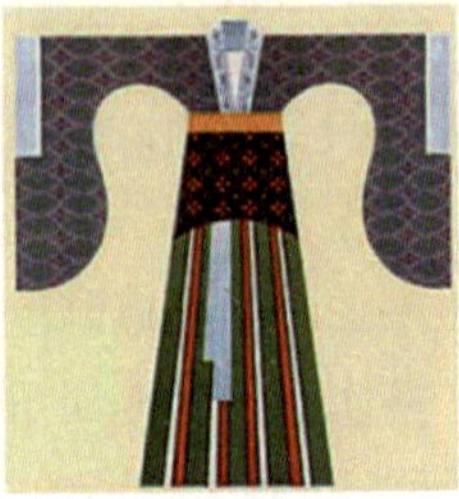
大袖衫间色裙

同时，在北方少数民族迁居中原、民族杂处的情况下，广大汉族人民也逐渐穿起少数民族服装。从此，原有的深衣形制在民间逐渐消失，胡服开始盛行。用巾帛包头，是这个时期的主要首服。较为流行的是一种在小冠上加笼巾的“笼冠”。少数民族男子的服装主要是紧窄的裤褶和裆。汉族妇女的发饰也颇具特点，主要是假髻的风行。女子发式非常丰富，蝉鬓、灵蛇髻、飞天髻、盘桓髻、十字髻等不胜枚举。汉族妇女的服装，初承秦汉旧制，后有所变化。衣衫多为对襟，下着长裙，腰束帛带。少数民族妇女除穿衫裙外，与男子几乎没有区别。

（六）隋唐服饰

隋唐五代男子服饰

隋代初建，服饰承袭前代。隋炀帝继位后，传统服饰制度逐渐得到恢复，“日月、星辰”等纹饰重回皇帝的冕服，黄袍成为隋代以后历代帝王专用服装，黄色也成了皇帝专用的服色。“肩挑日月，背负星辰”成为后世历代帝王冕服的基本形式。

隋炀帝所定皇后服制有袆衣、朝衣、青服、朱服。贵妇着大袖衣，外披帔或小袖衣，小袖外衣多翻领式。侍从婢女及乐伎穿小袖衫、高腰拖地长裙，腰带下垂，肩披帔帛。大业（605—617）年间宫人流行穿半臂（即短袖衣套在长袖衣的外面），下着十二破裙，又名“仙裙”。妇女穿青裙，外出戴冥罗，把面部罩住。

唐朝服饰承上启下，“法服”与“常服”同时并行。法服是传统的礼服，包括冠、冕、衣、裳等；常服又称“公服”，是一般性的正式场合所着的衣服，包括圆领袍衫、幞头、革带、长筒靴。“品色衣”至唐朝已形成制度。平民则多穿白衣。唐朝妇女的髻式繁复。贵族妇女面部化妆成“额黄”“花钿”“妆靥”等。

品色衣即天子百官的官服用颜色来区分等级，用花纹表示官阶。如黄色只有皇帝和皇室亲臣、贵臣才可穿用，三品以上官员服紫色，五品以上服朱色，六品为绿色，七品为青色。

唐代女装

唐代女装主要是衫、裙、帔，还有短袖半臂衫（套穿在长衫外面）。帔是一种长围巾，多以丝绸裁制，上面印画纹样，一般披在女子肩背上，花色和披戴方式很多。有的将其两端垂在手臂旁，一头垂得长些，一头垂得短些；有的将其右边一头束在裙子系带上，左边一头由前胸绕过肩背，搭着左臂下垂；还有的将其两端绑在胸前……帔帛会随女子行动时而飘舞，非常优美。大袖衫是盛唐时候的女装，一般用轻薄透明的纱料制成，上面还有精美的图案。因为它的衣袖宽度往往超过1.3米，所以这种衣服被称为“大袖衫”。唐代初期的妇女还喜欢穿俎领的小袖衣、条纹裤、绣鞋等西域式的服装，她们的头上还戴着“幂离”“帷帽”。隋唐的女装，以红、紫、黄、绿四种颜色最受欢迎。

（六）宋代服饰

宋朝服饰大体上沿袭了隋唐旧制。但由于宋王朝长年处于内忧外患交并之中，加上程朱理学的思想禁锢等因素的影响，这一时期的服饰崇尚简朴、严谨、含蓄。其特点是修身适体。

平翅乌纱帽

宋代汉服大致有官服、便服、传统服等三种。宋代官服面料以罗为主，服色沿袭唐制。官服服式大致近于晚唐的大袖长袍，但首服（冠帽等）已是平翅乌纱帽，名直脚幞头，君臣通服，成为定制。宋代官服沿袭唐代章服的佩鱼制度，有资格穿紫、绯色公服的官员都须在腰间佩挂“鱼袋”，袋内装有金、银、铜制成的鱼，以区别官品。“方心曲领”也是朝服的特征，即朝服项间套上圆下方的饰物。宋代官员的常服依然是唐式小袖圆领衫和帽带下垂的软翅幞头，脚下却改成更便于平时起居的便鞋。

方心曲领

宋朝的男装大体上沿袭唐代样式，普通百姓多穿交领或圆领的长袍，做事的时候就把衣服往上塞在腰带上，衣服是黑白两色。退休官员、士大夫多穿一种叫作“直裰”（古代士子、官绅穿的长袍便服，也指僧道穿的大领长袍）的大袖对襟长衫，头戴方桶形的帽子，叫作“东坡巾”，相传为大文学家苏东坡创制。体力劳动者大多是短褐或短衫，头戴巾帕，穿麻鞋或者草鞋。

宋代女装色彩淡雅恬静。女性大多是上身穿窄袖短衣，下身以裙装为主，但也有长裤。上衣外面通常会再穿一件对襟的长袖褙子，很像现在的背心。褙子的领口及前襟绘绣花边，时称“领抹”。衣襟部分时常敞开，两边不用纽扣或绳带系连，任其露出内衣。内衣除贴身的“抹胸”之外，还有围腰、围腹的帛巾，称“腹围”。其繁简不一，颜色以黄为贵，时称“腰上黄”。宋代女裙较唐朝窄，而且细褶“多如眉皱”；裤子的形式特别，除了贴身长裤外，还外加多层套裤。因妇女有缠足的习俗，故裙长多不及地，以便露足。

褙子

（七）元代服饰

质孙服

元代是中国历史上民族融合的时代，服装服饰也充分体现了这一特点。由于民族矛盾比较尖锐，长期处于战乱状态，纺织业、手工业遭到很大破坏。宫中服制长期沿用宋式，直到元英宗时期才参照古制，厘定官服制度。

元代服装以长袍为主。官员和士庶的日常服装多为窄袖长袍，在大宴活动中，天子百官要穿统一颜色的服装质孙服。“质孙”为蒙语音译，意思为“一色衣”，其形为袍袄状，与汉族深衣相近。上衣连下裳，但衣式较紧窄且下裳较短，并在腰间加襞积（褶子），用红紫帛拈成线，横在腰际，以其在马上腰围紧束突出，也取其艳丽好看。元朝不仅有质孙服，还有质孙宴，源自元世祖忽必烈皇帝时期。

短襦长裙

蒙古族男子皆剃“婆焦”，戴笠子帽，着右衽翻领皮袄，穿靴。元代妇女一般戴皮帽，穿左衽窄袖织锦女袍，着靴。其最具特色的女帽叫“罟罟冠”，是贵族妇女常戴的高高长长的帽子，上宽下窄，像个倒翻的花瓶。袍子宽大且长，走起路来很不方便，常常需要两个婢女在后面帮拉袍角，一般的平民妇女仍旧以短襦长裙为主要装束。

（八）明代服饰

明代服饰

明太祖朱元璋称帝后，根据汉族的传统，“上承周汉，下取唐宋”，重新制定了服饰制度。明代的服饰大体上沿袭唐制，但宋元服装形式中的某些式样也有保留，以袍衫为主要服饰，而官员则以补服为常服，头戴乌纱帽，身穿圆领衫。所谓补服，是指在袍衫前有一块方形刺绣图案的官服，文官图为飞禽，武官图为猛兽。用袍衫颜色和图案的分别来区分官阶品位。平常穿的圆领袍衫则凭衣服长短和袖子大小区分身份，长大者为尊。朱元璋亲自制订了两种帽，并颁行全国，士庶通用：一种是方桶状黑漆纱帽，称四方平定巾；一种是由六片合成的半球形小帽，看起来很像剖成半边的西瓜，称六合一统帽，取意四海升平、天下归一。后者流传下来，俗称瓜皮帽，系用黑色绒、缎等制成。

明代水田衣

理学盛行也在一定程度上使明朝服饰风格变得束缚闭塞。服装的款式、服色都有定制，不能僭越。从皇后、皇妃到命妇皆有冠服。凤冠霞帔是后妃在参与祭奠等仪式时的服饰。受到诰封的官员妻、母，也有以纹、饰区别等级的红色大袖礼服和各式霞帔。普通百姓的服装基本上承袭了传统，以衫、裙、袄、褙子、比甲为主。裙子宽大，样式很多，像百褶裙、凤尾裙、月华裙等。服色方面，平民女子只能穿桃红、紫绿及一些浅淡的颜色，平民男子只许用褐色。

【图文】
蟒袍玉带

明代服装出现了许多新的变化，与唐装相比，在于衣裙比例的明显倒置，由上衣短下裳长，逐渐拉长上装，缩短露裙的长度。衣领也从宋代的对领蜕变成以圆领为主。水田衣是明代一般妇女服饰，是一种以各色零碎锦料拼合缝制成的服装，形似僧人所穿的袈裟，因整件服装织料色彩互相交错形如水田而得名。

【视频】圆领袍

（九）清代服饰

满人入关后，以暴力手段推行剃发易服，强迫汉族男子改穿满族服饰，并相继制定了官民服饰、服色制度等，导致传统冠服制度的最终消灭，形成满族服饰的一统地位，从而出现了中国古代服饰史上的第四次大变革。

【视频】道袍

清朝服装有袍、袄、衫等形制。清代男装主要是长袍马褂。长袍造型简练，立领直身，偏大襟，前后衣身有接缝，下摆有两开衩、四开衩和无开衩几种类型。皇室贵族为便于骑射，着四面开衩长袍，平民则着左右两侧开衩或称“一裹圆”的不开衩长袍。《红楼梦》第九十四回“宴海棠贾母赏花妖”一节中，有“那日宝玉本来穿着一裹圆的皮袄在家休息，忽听贾母要来，便去换了一件狐腋箭袖，罩了一件玄狐腿外褂”；说明“一裹圆”是休闲衣服，不可登大雅之堂。穿在长袍外面的短褂子叫马褂，长度只到腰际，袖仅掩肘，短衣短袖便于骑马，所以叫“马褂”。平日所戴的便帽是瓜皮小帽，颜色外黑里红。

清代女装

清代女装，满、汉服饰并存。清初满族妇女与男人的装扮相差不多，不同之处只是穿耳梳髻，未嫁女垂辫。满族妇女不缠足、不穿裙，衣外坎肩与衫齐平，长衫之内有小衣，相当于汉族妇女的肚兜，衣外之衣又称“乌龙”。满族旗装，外轮廓呈长方形，马鞍形领掩颊护面，衣服上下不取腰身，衫不露外，偏襟右衽以盘纽为饰，假袖二至三幅，马蹄袖盖手，镶滚工艺装饰，衣外加衣，增加坎肩或马褂，呈封闭式盒状体。旗袍或短装有琵琶襟、大襟和对襟等几种不同形式。与其相配的裙或裤，以满地印花、绣花和裥等工艺手段作装饰。襟边、领边和袖边均以镶、滚、绣等为饰。汉族妇女在康熙、雍正时期还保留明代款式，时兴小袖衣和长裙；乾隆以后，衣服渐肥渐短，袖口日宽，再加云肩，花样翻新较多。晚清时都市妇女已去裙着裤，衣上镶花边、滚牙子。满族妇女穿旗装，梳旗髻（俗称两把头），穿“花盆底”旗鞋。

清代皇帝服饰

清代皇帝服饰有朝服、吉服、常服、行服等，朝服的颜色以黄色为主。冬朝服祭祀、圈丘、祈谷用蓝色，朝日用红色，夏朝服常雩（求雨），祭祀时用蓝色，夕月时用月白色，即浅色蓝。朝服的纹样主要为龙纹及十二章纹样。龙袍上绣有九条龙。从实物来看，前后只有八条龙，还有一条龙绣在衣襟里面，一般不易看到。这样，无论从正面还是背面单独看，所见皆为五龙，与九五之数正好相吻合。龙袍的下摆，斜向排列许多弯曲线条，名谓水脚。水脚之上，还有许多波浪翻滚的水浪，水浪之上，又立有山石宝物，俗称“海水江涯”。除了表示绵延不断的吉祥含义之外，还有“一统山河”和“万世升平”的寓意。

清代官员穿开衩箭袖长袍，外着朝褂。胸背各缀一块补子，上面绣有各种纹饰，用以区

清代官员服饰

分官员品级。凡军士、差役以上军政人员都戴似斗笠小的纬帽，按冬夏季节有暖帽、凉帽之分，视品级高低安上不同颜色、质料的“顶子”，帽后拖一束孔雀翎。翎称花翎，高级的翎上有“眼”（羽毛上的圆斑），眼多者为贵，亲王或功勋卓著的大臣可被赏戴。皇帝有时还赏穿黄马褂，以示特别恩宠。影响所及，其他颜色的马褂遂在官员士绅中逐渐流行，成为一般的礼服。五品以上官员项挂各种贵重珠宝、香木制成朝珠。

【图文】《诗经》中的服饰文化

【视频】旗装

辛亥革命后，男性纷纷抛弃长袍马褂，剪掉长辫而着起中山装或西装，妇女剪去长发而穿起西洋化的旗袍，长不过膝的裙装，从而掀起中国服饰史上又一次新的更大的变革。服饰的发展重新回到了一个自由的状态。

任务三 传统服饰的文化内涵及特点

任务先行

中国历代服饰文化自身的传承性和各个历史时期的时尚、风尚、风貌对该时期物质、精神文化（仪容、衣冠）发展的巨大导向、规范作用，使得中国古代服饰文化的发展，呈现出阶段性、礼仪性、实用性诸多新的特点。请归纳传统服饰文化特点并简要说明。

任务导入

先秦秦汉时期：“服以为礼，服以为仪”；魏晋隋唐时期：“服以为品，服以为雅”；宋辽金元时期：“服以为典，服以为序”；明清时期：“服以为用，服以为市”。请试着理解各个历史时期服饰与礼仪之间的关系。

一 中国传统服饰的文化内涵

服饰，是人类文明的标志，也是人类生活的要素。它除了满足人们物质生活需要外，还代表着一定时期的文化。几乎是从服饰诞生的那天起，人们就已将其生活习俗、审美情趣、色彩爱好，以及种种文化心态、宗教观念，都沉淀于服饰之中，构成了服饰文化精神文明的内涵。《白虎通义》云：“圣人所以制衣服何？以为蔽形，表德劝善，别尊卑也。”可见服饰有三大功能：一是用来蔽形遮羞；二是用来勉励为善；三是用来区分身份地位。

中国传统服饰的含蓄婉约与中国人和平、知足、中庸的取向相一致。儒家“中庸”之“中”、华夏“中国”之“中”，皆强调“不过分而和谐”，这在中国传统服饰文化中有明显体现。中国传统民族服装既不像西服可精确勾勒人体，又不同于古希腊、古罗马那样用一块布随意地披挂或缠裹于身上，而是采取“半适体”的样式，即倡导包藏又不局限人体的若即若离含蓄美。究其原因，“平和性情”自古以来就作为一种美德为中华民族的先辈所推崇，反映在服饰文化中就是讲究随意、闲适、和谐，无过分突出、夸张和刻意的造型，于恬淡之中给人一种含蓄、平和而神秘的美感。

中国服饰如同中国文化，是各民族互相渗透及影响而生成的。汉唐以来，大量吸纳与融合了世界各民族外来文化的优秀结晶，才得以演化成整体的所谓中国以汉族为主体的服饰文化。从纵向上看，中国历代服饰文化均有较大的差异。基本上每个朝代都有自己的服饰制度，都有其特定的礼仪要求和服饰特点，比如商的“威严庄重”，周的“秩序井然”，战国的“生动活泼”，汉的“凝重威严”，魏晋南北朝的“丰富多彩”，唐的“雍容华贵”，宋的“理性淡雅”，元的“粗壮豪放”，明的“古典端庄”，清的“精美繁复”。从横向上看，由于中国地大域广，民族众多，其对服饰款式的追求、对服饰色彩的忌讳、对服饰材料应用的技术水平，以及对服饰不同时间和不同场所的意象表达，都有很大的差异，有时还反映出极大的对立。这种多样性既反映了中国传统服饰文化的丰富多彩，又反映了与其他国家的不同特征。

二 中国古代服饰的特点

中国古代服饰异彩纷呈，但也有共同之处，概括起来就是结构简单，纹饰复杂，缝合处少，宽松合体。

（一）社会习俗的影响

中国社会公认的美德是勤俭。反映在服装上，就是整体结构上相对的“简”。这和西方服装有明显差别，西方服装经历了一个对人体结构的摸索时期后，结合美术、建筑等领域的成就，出现了许多高难度的服装制作技法。而中国古代服装则追求布料的“物尽其用”，因此布料的最大包裹程度决定了其结构相对的简单。另一方面在于布料的使用创造上，提倡勤俭的中国人不可能拿布料来做试验，也就无法制作出适合人体、结构复杂的服装来。三是审美观的差异导致了服装的“简”。西方服饰直观美和中国服饰装饰美的区别，反映了两种文化形态价值取向的不同。林语堂就曾经指出：“大约中西服装哲学上不同之点，在于西装意在表现人身形体，而中装意在遮盖它”。《墨子·辞过》曰：“古圣人之为衣服，适身体，和肌肤足矣，非荣耳目而观愚民也。”说的是圣人穿的衣服，合身舒适就行，并不追求用华丽的外表去骗人。

（二）哲学体系的影响

天人合一是中国哲学中的一个重要观念，论述天和人即宇宙和人的关系问题。中国古代服装受“天人合一”哲学思想的影响，主要体现在“衣人合一”和“天衣无缝”。“衣人合一”强调包容天地，注重感悟，因而服装穿在人身上，不强调与形体的关系，而注重穿着者的整体形象。在服装的制作上，形成自己一套脱离人体曲线美的审美标准，即追求含蓄美和意境美。天人合一强调整个宇宙的和谐，人体服从于“天”的认识，不会单纯把人体美上升为一个需要展示的层面，导致服装不可能出现紧身性感表露。同时，服装在制作过程中，会尽量避免缝合的产生。这是中国和西方在认识上巨大差别的地方。

在天人合一的认识下，和谐统一文化是中国传统服饰文化的精髓。纵观中国几千年的服饰发展史，和谐协调与规矩统一是文化的真谛。中国服饰自诞生以来，一直在遵循着物质属性与审美表现、标识显示与象征表达、个性突出与喜庆吉祥的统一，最大限度地达到服饰与自然、服饰与社会、服饰与人的和谐、协调。情景交融、意象统一的美是中国传统服饰文化最珍贵的品质。

（三）技术原因

上古时期，先人们并不懂得制造原料或者是培育蚕等经济作物，所以只能够就地取材。而最为常见的便是动物的皮毛或者鸟类的羽毛，《礼记》记载有“未有丝麻，衣其皮羽”；《韩非子·五蠹》中有“古者丈夫不耕，草木之实足食也；妇人不织，禽兽之皮足衣也”。从这些记载当中也可以得知，衣服的最早原料就是动物皮毛。

相传，古时炎帝神农氏的形象是：身着红色襦，臂膊上戴有形似臂箍的东西，小腿着绑腿，头戴鸟羽帽，足踏皮制鞋，手执农具，俨然是一副农人的形象。

原始社会末期，国人就开始用麻和丝制作服装。其中，丝绸最早出现在中国，并得到不断发展，其制作方法之先进、织品之精湛、品种之繁多，都属世界之罕见。

公元10世纪后，棉花种植在中原大地上得到普及，对材质的加工处理、染织等都有了极大的进步，染织、彩绘、刺绣技术的发展，以及设计上的新要求，又使得服装朝着服饰图案复杂化发展。

飞禽走兽、四季花卉、山峦云气、溪水亭阁以及几何纹样等，特别是吉祥纹样的运用极为广泛，如龙凤呈祥、龙飞凤舞、九龙戏珠、螭龙闹灵芝等纹图，不仅隐喻着图腾崇拜，而且抒发着“龙的传人”的情感。像鹤鹿同春、喜鹊登梅、凤穿牡丹、团鹤仙寿、必定如意、福禄寿喜、连年有余、吉祥八宝等图案反映了人们对美满生活的希冀。官服的图案重视标识作用，如明清文官补服补子为飞禽纹样，武官为走兽纹样。古代服装整体来说，官职越大，其服饰图案就越复杂华丽。仅举明朝为例，明代有赐服之制，在特殊场合特别颁赐。其中一种礼节用服装，包括蟒衣、飞鱼服、斗牛服。其所带纹饰，飞鱼、斗牛被视为尊贵的纹饰，需要赏赐才能饰用。中式服装不仅图案精彩，而且具有丰富的内涵。

葛

麻

毛

丝

任务四　多彩的传统民族服饰

任务先行

中国是一个多民族国家，万里山河的滋养、民族智慧的创造，成就了中华“衣冠之国”的服饰文化。绚丽多姿的少数民族服饰有着悠久的历史，其纷繁的款式、精湛的工艺、艳丽的色彩、奇特的装扮，无不让人赞叹，不断丰富装点着各族人民的生活，成为中华大地一道亮丽而绵延流长的文化景观。

任务导入

除了汉族服饰之外，你对哪个少数民族的服饰最为了解？请说说其特点。

汉族传统的民族服装，从黄帝“垂衣裳而治天下”开始，延续了超过 3 700 年的时间。古代服装有裙装、袍服、襦裤服等，材质和式样丰富多彩，其最主要的特征是交领、右衽、系带、隐扣等，给人的直观印象是宽袍大袖。近现代以来，汉族古代服饰几乎完全消失，代之而起的是长衫马褂、西式礼服、中山装和改良旗袍等，改革开放后，汉族服饰与世界服装时尚才得以合流。

一　蒙古族服饰

蒙古族是一个历史悠久而又富有传奇色彩的游牧民族。蒙古族服饰大体可分为首饰、长袍、腰带、靴子四个主要组成部分。首饰是蒙古族妇女用于头上的装饰品，多用玛瑙、珍珠、宝石、金银制成，逢年过节、喜庆宴会、探亲访友时使用，平时牧区女子多用红、绿等色长绸缠头。男子冬季多戴尖顶大耳羊皮帽，夏日多戴前进帽或礼帽。蒙古族男女老幼都喜爱穿长袍，称蒙古袍，系腰带、靴子尖稍向上翘起。

蒙古族服饰

蒙古袍为大襟长袍，身长宽大，右侧系纽扣，高领长袖，并在领口、袖口、边沿处镶以色彩鲜艳的花边，下摆不开衩。蒙古族束腰带，腰带是用长三四米的绸缎或棉布制成。男子腰带多挂刀子、火镰、鼻烟盒等饰物；脚蹬蒙古靴，蒙古靴做工精细，靴帮等处都有精美的图案，如蝙蝠、云纹、回纹、草纹、万字、花卉等图案。

二 朝鲜族服饰

朝鲜族服饰

朝鲜族人比较喜欢素白色服装，自古有“白衣民族”之称。短衣长裙，是朝鲜族妇女服饰的一大特点，这种衣服大多用丝绸缝制，斜襟，无纽扣，以长布带打结，色彩十分鲜艳。朝鲜族男子一般穿素色短上衣，外加坎肩，下穿裤腿宽大的长裤。外出时，多穿以布带打结的长袍，戴礼帽，体现男性持重的风度和雄健的体魄。朝鲜族女子婚前穿鲜红的裙子和黄色的上衣，衣袖上有色彩缤纷的条纹；婚后则穿红裙子和绿上衣。年龄较大的妇女，在很多颜色鲜明、花样不同的面料中选择。朝鲜族儿童上衣的袖筒多用“七色缎”作料，穿在身上好像身披彩虹一般，被称作是“彩虹袄”，象征美丽和幸福。

三 维吾尔族服饰

维吾尔族服饰

花帽、袷袢和连衣裙是维吾尔族人民的典型服装。男女老少都爱戴四楞小花帽，称为“朵帕”，喜穿皮靴。维吾尔族男子喜欢穿被称为“袷袢”的长袍，圆领长身，无纽扣，右衽窄袖，腰系长巾。妇女多穿色彩鲜艳的宽袖连衣裙，外罩黑色对襟背心，喜欢戴项链、耳环、手镯等饰物。未婚少女有梳十几条辫子的习惯，以长发为美。已婚妇女梳两条大辫子，或将双辫盘起，有时用新月形梳子别在头发上做饰物。女人喜欢用天然的乌斯蔓草汁画眉。

四 藏族服饰

藏族服饰

藏族人的典型服饰是藏袍，通常内穿绸布长袖短褂，外套宽肥的藏袍，右襟系带，头戴藏式金花帽，脚穿氆氇或牛皮的藏靴。肥腰、长袖、大襟是藏装的典型结构。因穿直统肥袍行走不便，腰带就必不可少。西藏藏族妇女的帮典也极具特色。腰下前方围一块长方形的围裙，色彩特别鲜艳，藏语称“帮典”。藏服女式衬衫袖子也比一般衬衫长 40 厘米。脱掉一只袖子是藏族服装特有的风格特色。

藏族服装颜色以蓝色、白色为主，配之以艳丽的腰带或花边。藏族女子的首饰非常丰富，以发饰、耳饰、胸饰、腰饰和手饰为主，质地有金、银雕镂器物和玉石、珊瑚、珍珠等，多为自然形状，是藏族服饰中的点睛之笔。

五 回族服饰

回族服装大体与汉族相近，但在头饰上仍保留着古老的传统，回族男子一般戴白色无沿小帽，亦称“回回帽”或“礼拜帽”。常见的有白、蓝、绿、灰、红、黑等，为了美观，人们会在其上绣出具有伊斯兰风格的花边或图案、文字等。通常，春夏秋季时人们多戴白色帽，冬季时以灰色或黑色为主。

回族服饰

妇女一般戴“盖头”，遮住两耳、脖子和头发，只将面孔露出。常见的盖头有绿、白、青三种颜色。根据年龄的不同，所戴盖头的颜色也有区别。其中，少女多戴绿色，显得清新秀丽；已婚妇女常戴黑色，显得庄重高雅；老年妇女戴白色的，显得洁白大方。在样式上，老年人的盖头较长，一般会披到背心处；少女与媳妇的盖头较短，仅在前面遮住前颈即可。

男子上着对襟大衣，穿白衬衣，外套对襟青坎肩，裤长及脚面，老年人扎裤腿。“仲白”是回族老人极为喜爱的一种服装，多用白、黑等色的棉布、毛料或化纤料制作，可分为单、棉、夹、皮四种，其款式同现代的长大衣非常相近，但领子形制通常都是制服领口。回族女子的传统衣服样式比较单一，一般都是大襟衣服、对襟衣，上衣上窄下宽，长达膝盖以下，着长裤。

六 彝族服饰

彝族支系众多，居住分散，因此，服饰区别明显，样式各异。四川凉山地区，四季冷凉，彝族服饰季节性不强，男女都喜欢披“察尔瓦”，即羊皮披毡。“察尔瓦”形如斗篷，羊毛织成，长至膝下，下端缀有毛穗子，一般为深黑色，白天为衣，夜里为被，一物多用。彝族少女 15 岁前，穿红白两色童裙，梳独辫；满 15 岁，举行“换裙子、梳双辫、扯耳线”仪式，标志已长大成人；15 岁后，穿中段黑色拖地百褶裙，梳双辫，戴绣满彩花的头帕，耳朵上换上银光闪闪的耳坠，表示可以结婚。

彝族服饰

彝族男孩四五岁时，头前顶留一块方形的头发，成年后将其挽成一个发髻。人们视其为天神的代表，任何人不能触摸、戏弄，汉语称其为“天菩萨”。头上缠青蓝色棉布或丝织头帕，头帕的头端多成一尖锥状，偏鉴于额前左方，汉语名“英雄结”。彝族男子以无须为美，左耳戴有大耳珠，珠下缀丝线流苏。

彝族男子多穿黑色右开襟上衣，下着宽大的长裤。腿部用布裹住，平时不穿鞋。挑花刺绣是彝族服饰的特点。彝族妇女都穿精美绣花衣裳，一般情况下着由黑红黄三种颜色制成的大百褶裙，上面图案精美，多画着各种动植物或者一些常见的生活用品。

七 苗族服饰

苗族服饰叫苗服，样式繁多，据不完全统计，多达200多种，苗族服饰是极为华丽的服饰，银饰、苗绣、蜡染是苗族服饰的主要特色。女装为右衽大襟或胸前交叉式两大类，每类又有众多的样式和便装、盛装之分，下着宽脚长裤。黔东南的苗族妇女服饰多将银饰钉在衣服上，称为“银衣”，

苗族服饰

头上戴着形如牛角的银质头饰，高达尺余，独具特色。银饰分为头饰、颈饰、胸饰；银饰以大、重、多为美。男装简朴，一般为对襟大褂和左衽长衫两大类，下穿百褶裙或长裤，束大腰带，头裹青色长巾，冬天腿上多缠裹腿。

八 纳西族服饰

纳西族为云南特有民族之一，属于典型的山地民族。纳西族妇女穿右衽大襟肥袖衣，外套一件前襟短、后襟长的无领夹褂，腰宽袖大，袖长及臂，袖口往外翻卷约10厘米。上衣外一般穿深红或深蓝色毛织础鲁领褂，亦称“坎肩”。坎肩穿得多者可达3件，肩部从里向外一件比一件窄，有显富之意。下着长裤，裤脚扎彩纹带。脚穿尖头绣花鞋。腰系百褶长形围腰。普遍戴耳环、戒指和手镯，有些胸前挂银须穗。服与饰搭配得体，自然和谐，很有风韵。

纳西族服饰

纳西族最具特色的服饰是“七星披肩”，一般在劳动或出门时穿。一般用整块纯黑色羊皮制成，披肩在肩部有两个大圆布圈代表日、月，背上并排缀七个小圆布圈，代表北斗七星，俗称“披星戴月”，象征着纳西族妇女“肩担日月，背负星辰”的勤劳美德，又具有护身符的性质。

九 白族服饰

白族服饰

白族崇尚白色，以白色衣服为尊贵。男子一般缠白色或蓝色包头，上穿白色对襟衣，外套黑领褂，下穿白色、蓝色长裤。大理一带妇女多穿白上衣，外套黑丝绒短褂或红色坎肩，下穿蓝色宽裤，足蹬绣花鞋。白族姑娘的头饰非常有特色，称为“风花雪月”，代表大理的“风花雪月”四景。垂下的穗子代表下关的风；艳丽的花饰是上关的花，帽顶的洁白是苍山雪，弯弯的造型是洱海月。

十 傣族服饰

傣族妇女追求轻盈、秀丽、淡雅的装束。西双版纳的傣族妇女上着各色紧身内衣，外罩无领窄袖短衫，下穿彩色筒裙，长及脚面，并用精美的银质腰带束裙。外出时喜欢挎自己织的筒帕，撑平骨花伞。德宏一带的傣族妇女，一部分也穿大统裙短上衣，色彩艳丽，一部分则穿白色或其他浅色的大襟短衫，下着长裤，束一绣花围腰，婚后改穿对襟短衫和筒裙；新平、元江一带的“花腰傣”，上穿开襟短衫，着黑裙，腰间还有一条很醒目的腰带，这条腰带一般长达五米多，头戴着帽檐向上的斗笠帽子。傣族妇女爱留长发，束于头顶，有的以梳子或鲜花为饰，有的包头巾，有的戴高筒形帽，有的戴一顶尖顶大斗笠，各呈其秀，各显其美，颇为别致。

傣族服饰

傣族男子多穿无领对襟或大襟小袖短衫，下长裤，衣服的颜色朴素，通常是白色或青灰色。傣族男子用白布、水红布或蓝布包头，文身比较普遍。

十一 黎族服饰

黎族服饰

黎族男子穿无领对襟上衣，下穿前后两幅布的吊幨，结鬃缠头。妇女穿黑色圆领贯头衣，配以诸多饰物，领口用白绿两色珠串连成三条套边，袖口和下摆以花纹装饰，前后身用小珠串成彩色图案。下穿紧身超短筒裙。有些身着黑、蓝色平领上衣，袖口上绣白色花纹，后背有一道横条花纹，下着色彩艳丽的花筒裙，裙子的合口褶设在前面，盛装时头插银钗，颈戴银链、银项圈，胸挂珠铃，手戴银圈。头系黑布头巾。女子束发于脑后，披绣花头巾，盛装时戴项圈、手镯、脚环、耳环等。有些地方妇女耳环多且重，耳根下垂至肩，俗称“儋耳”。妇女有纹面文身的习俗，被称为“雕题”。

十二 壮族服饰

壮族妇女擅长纺织和刺绣，所织壮布和壮锦，均以图案精美和色彩艳丽著称，还有风格别致的“蜡染”为人们所称道。壮族男性多穿青布短领对襟上衣，上缝一排（六至八对）布结纽扣，胸前缝小兜一对，腹部有两个大豆，下摆往里折成宽边，并于下沿左右两侧开对称裂口。穿宽大裤，短及膝下。有的缠绑腿，扎头巾。冬天穿鞋戴帽（或包黑头巾），夏天免冠跣足。随着民族的不断融合，男子服装几乎与汉族服装相差无几，只是腰间束带而已。

壮族服饰

妇女多穿无领、斜襟、绣花绲边上衣，下身穿绣花绲边宽裤或青布蜡染的褶裙，腰束绣花围腰，喜欢戴各类银首饰，特别喜欢在鞋、帽、胸兜上用五色丝线绣上花纹、人物、鸟兽、花卉，五花八门，色彩斑斓。

十三 东乡族服饰

东乡族的服饰与回族有相似之处，但其特点也颇为明显。东乡族男子多戴平顶的无檐帽，有黑、白两色，穿白衬衣，外套黑坎肩，穿青蓝色裤，老年人则以黑、灰、白为上。冬季穿羊皮袄，不挂布面。妇女多穿圆领、大襟、宽袖的绣花上装。下穿套裤，裤筒后面开小衩，裤筒、裤脚有镶或绣的花边。喜庆节日则穿绣花裙、绣花鞋。妇女在家戴绣花便帽，外出戴遮住全部头发的丝绸盖头。盖头长至腰际，头发全被遮住，只露出脸孔。盖头分绿、黑、白三种颜色，少女和新婚者戴绿色，婚后及中年妇女戴黑色，老年妇

东乡族服饰

女戴白色。妇女的首饰以银质耳环及手镯、玛瑙珠子为主。

东乡族男子在访友做客时喜欢穿宽大的长袍，老年人也喜穿长袍和“仲白”。东乡族妇女的帽子非常别致，小女孩戴一种圆形帽顶为绿色或蓝色，帽檐有红色或绿色皱褶花边的帽子，帽檐上坠有彩色线编成的穗子和各色珠子。结婚后换成黑色，老年戴白色。

十四 裕固族服饰

裕固族服饰

裕固族男子戴毡帽，穿高领的左大襟长袍，束红蓝色腰带，穿高筒靴。已婚妇女戴喇叭形白毡帽子，前缘镶有两道黑边，帽顶缀有大红彩络。过去，裕固族未婚女子有带头面的习俗，但头面很重，垂在发上对劳动和健康都有妨碍，现在已经去掉。

随着时代的变化，裕固族男女平时大都以内地流行的服装为主，只有在重大节日或喜庆活动中才穿戴传统服饰。服饰文化中以精美工艺品而著称的“头面”最为精彩。

十五 保安族服饰

保安族男子喜戴白色或青色的号帽，穿白布衫，套青布坎肩；逢节庆时，一般头戴礼帽，穿翻领大襟长袍，外扎彩色腰带、挂腰刀，足蹬牛皮长筒靴。妇女穿紫红色或黑绿色灯芯绒大襟上衣，蓝色或黑色裤子，有的喜欢穿过膝的长袍，下身多穿水红的花色裤。

保安族服饰

【视频】布依族服饰

【视频】羌族服饰文化

问题与思考

1. 简述我国古代“衣”的构成要件。
2. 脱掉一只袖子的装束为什么是藏族服装特有的风格特色？
3. 举例说明我国古代服饰形制。
4. 探究判断，举例说出《清明上河图》中不同人物衣着特点代表的职业身份。

模块二 饮食文化

能力目标

通过完成本任务，你应该能够：

1. 了解我国饮食文化的起源和发展历程；
2. 掌握我国烹饪的风味流派及文化内涵，增强民族自信心和自豪感。

核心能力

1. 掌握八大菜系的构成和特色菜名；
2. 了解茶叶分类和茶文化的基本常识；
3. 掌握酒的基础知识，感受我国酒文化的博大精深。

中国自古注重饮食养生，有“民以食为天”之说。各民族所处的地理环境、历史进程以及宗教信仰等方面的差异，使得饮食习俗也不尽相同，构成了中华民族食俗庞大纷繁的体系。饮食是人类与自然界的物质交换，也是人类适应自然、改造自然的结果。“一方水土养一方人”，不同自然环境和社会环境，对民族饮食有决定性作用。了解中国传统饮食文化，是从民俗角度对中国传统文化精神的透视。

任务一 饮食文化的起源和发展

任务先行

探秘苏东坡的美食经并解读成语“五谷丰登”“五味杂陈”“五谷杂粮”“六畜兴旺”。

任务导入

《水浒传》中，武大郎与潘金莲开的夫妻店，经营的主要项目炊饼是今天的什么食物?

一 饮食文化的起源

《礼记·礼运》“（昔者）未有火化，食草木之食、鸟兽之肉，茹其毛，饮其血”；《韩非子·五蠹》“上古之世，民食果蓏蚌蛤，腥臊恶臭，而伤肠胃，民多疾病，有圣人作，钻燧取火，以化腥臊，而民悦之，使王天下，号之燧人氏”。上古时期，原始先民靠天吃饭，除了采摘山林野果主要还是通过打猎、捕鱼来维持生活。在学会用火之前，只能活剥生吞。火的使用，结束了茹毛饮血的时代，由生食进入熟食阶段。北京人遗址发现大量地用火遗迹。灰烬中还发现了用火烧过的石头、动物骨骼及树籽，表明北京人已懂得用火，学会了保存火种，并已知道熟食。从炮、煲、烫、焙炒到学会制作一些简单的器皿之后用水煮，也是经历了漫长的过程。

考古证明，早在距今1万至8000年前的新石器时代，已经有了一些原始的农耕部落，以粟类种植作为获得食物来源的主要生产手段。中国古代将栽培谷物统称为五谷或百谷，主要包括稷（粟）、黍、麦、菽（豆）、麻、稻等，除麦和麻以外，其他作物都有7 000年以上的栽培史。原始农耕的发展，还使得另一个辅助性的食物生产部门——家畜饲养业产生了。中国传统家畜的“六畜”，即马、牛、羊、鸡、犬、豕，在新石器时代均已驯育成功，我们当今享用的肉食品种的格局，早在史前时代便已经形成了。

二 饮食文化的发展

我国烹饪的发展，大体上可以分为先秦、汉魏六朝、隋唐宋元和明清四个时期。

（一）先秦时期

从烹饪产生到公元前 221 年秦始皇统一中国，共 7 800 多年。这个时期是我国饮食文化的形成期。其中包括新石器时代（约 6 000 年）、夏商周（约 1 300 年）、春秋战国（约 500 年）三个各有特色的发展阶段。

随着原始时代饮食的产生和初步发展，中国饮食文化到了先秦时期有了很大的发展，表现在：

（1）食物原料显著增加。首先表现为粮食作物已作为日常食源。在最早的农书《夏小正》中，已记载种植有麦、黍（黄米）、菽（大豆）糜。商周时期，除了黍、稷、麦外，麻、稻、菽、菰已在人们日常食物中占有较大比重。《周礼·天官·疾医》“以五味、五谷、五药养其病”。《诗经》中也有许多以五谷为主的篇章，如《王风·黍离》“彼黍离离，彼稷之苗”、《邶风·载驰》“我行其野，芃芃其麦”、《魏风·硕鼠》“硕鼠硕鼠，无食我黍”、《豳风·七月》“菽稷重穋，禾麻菽麦”加上“十月获稻”可谓六谷俱全。

其次是蔬菜和水果的丰富。《尔雅·释天》曰：“谷不熟曰饥，菜不熟曰馑”，可见蔬菜和谷物同样重要。先秦时期蔬菜和水果已经十分丰富，仅《诗经》中涉及的蔬食植物就包括：葵、藿（大豆的嫩叶）、枸杞、蔓菁（芜菁）、苋、芥菜（榨菜的茎腌）、香椿、瓠瓜、藕、慈姑、菱角、荸荠、莼、萝卜、冬瓜、丝瓜、笋、葱、姜、韭等 50 余种，还有采集野生菌类、木耳、石耳的记载。从反映的蔬菜种类来看，不仅有漫山遍野的野菜，如《周南·卷耳》“采采卷耳，不盈顷筐”（卷耳，就是苍耳，嫩苗可以吃也可以入药）、《召南·采蘋》“于以采蘋，南涧之滨”（蘋，一种野生的水菜，可食），也有人工种植的韭菜和萝卜等蔬菜。

【视频】中国食文化和饮食礼仪

【图文】五谷

最后是动物性食物在饮食中的地位日渐重要。甲骨文中就有马厩的记载，殷代对畜养的马、牛、犬等分类很细，并有役使、祭祀和食用的各种区别。商代后期的妇好墓出土的玉雕动物造型，说明早在三千多年前家畜家禽就已定向驯养。《诗经》中涉及的动物有九十多种，从家畜到野味应有尽有。《魏风·伐檀》“不狩不猎，胡瞻尔庭有县貆兮？不狩不猎，胡瞻尔庭有县特兮？”（貆，兽名；特，指大兽）；《豳风·七月》“曰杀羔羊，跻彼公堂”；《陈风·衡门》“岂其食鱼，必河之鲂”（鲂即鳊鱼，鳊鱼和鲤鱼被当时认为是最好吃的鱼）。殷墟出土的鲻鱼、黄颡鱼、鲤鱼、青鱼、草鱼、赤眼鳟等说明当时养鱼和捕鱼业也有很大发展。

（2）饮食器具不断革新。餐具从无到有，从简单到复杂，不仅改变了以往的饮食结构，同时也改变了饮食方式。我国被认为是世界上最讲究饮食的国度。崇尚饮食，必然讲究饮食用具。青铜食器的问世，不仅提高了烹饪工效和菜品质量，还装饰筵席，显示礼仪，展现出奴

【图文】《诗经》——绿油油的菜园子

隶主贵族饮食文化的特殊气质。我国出土的商周青铜器物4000余件中多数是炊餐具，仅常用的食器就有鼎、簋、鬲、盂、敦、盆、豆、铺等十余种。

①鼎。最早的炊具之一，用于煮肉，常见的是三足两耳。周代成为礼器，贵族专用，被视为权力的象征。

②鬲（li）。古时一般用来煮粥，出现于殷代，周中期发达，周末衰落，汉代绝迹。基本特征是三个肥大形似布袋的足，三足皆空，中可容物，便于炊煮加热。贵族盛馔用鼎，常饪则用鬲。

③簋（gui）。相当于现在的大碗。早期无耳，后出现双耳、三耳或四耳簋。《周礼·地官·舍人》“凡祭祀，共簠”。宴飨和祭祀时，以偶数与鼎配合使用。天子用九鼎八簋，诸侯用七鼎六簋，卿大夫用五鼎四簋，士用三鼎二簋。

④簠（fu）。一种长方形的盛装食物的器具，用途与簋相同，故有“簠簋对举”的说法。

鼎

鬲

簋

簠

⑤盂。盛饮之器，敞口，深腹，有耳，下有圆形之足。

⑥敦（dun）。春秋战国时期用于盛放黍、稷、粱、稻等饭食的青铜器皿。由鼎、簋的形制结合发展而成。与鼎中盛肉食相配套的盛饭食的器物，西周是簋，春秋是敦，战国后是盒。《礼·名堂位》载：“有虞氏之两敦。”说明其很早就已从盛储器演变为礼器。

⑦豆。像高脚盆，本用来盛黍稷，供祭祀用，后来渐渐用来盛肉酱与肉羹。

⑧铺。其上为一平的直壁浅盘。铺与豆的区别在于它没有细长的把柄，在盘下连铸一较宽的高圈足。明杨慎《丹铅总录》“铺，亦古器名，有公刘铺，形亦如簠，但簠方而铺圆耳。”

盂

敦

豆

铺

以上食器一般百姓多用竹、木、陶制成，贵族的食器则以青铜居多。古代统治者所用的筷子，有的用金、银或象牙制成。

（3）烹饪技艺飞速提高。表现在食材的选择上更为精细。周代的肉类加工，尤其是周王室贵族在祭祀、宴会时所享用的各种肉类，其选割及烹制，由专设的官署“内饔”与“外饔”执掌。据《周礼·天官·内饔》记载：“牛夜鸣则臭；羊泠毛而毳，膻；犬赤股而躁，臊；鸟苎色而沙鸣，狸（腐臭）；豕盲视而交睫，腥；马黑脊而斑臂，蝼。”《礼记·内则》载：“牛曰一元大武，豕曰刚鬣，豚曰循肥，羊曰柔毛，鸡曰翰音，犬曰羹献，雉曰疏趾，兔曰明视……”可见周人已懂得如何选择无病、无特殊腥臊异味而又健壮的畜禽，并辨别畜禽各部位，然后施行宰割。由于原料充实和炊具改进，这时的烹调技术有了长足进步。

（4）进食制度初步成形。从夏朝起，宫中首设食官，配置御厨，迈出了食医结合的第一步，重视帝后的饮食保健，这一制度一直延续到清末。周代从进食方式到筵席宴飨，都对等级之别有着严格的规定，《周礼》中官员有 60% 是负责管理、提供饮食事务的。《周礼·天官》所记“膳夫”的职责为“掌王之食、饮、膳、羞，以养王及后、世子，食用六谷，膳用六牲，饮用六清，羞用百有二十吕。”简而言之，就是饮食：分为饭、膳、羞、饮四部分，标志着中国传统烹饪方法的初步定型。

【图文】周八珍

（二）汉魏六朝时期

自公元前 221 年秦始皇吞并六国，至公元 589 年隋文帝统一南北朝，共 810 年。这一时期农业、手工业、商业和城镇都有较大的发展。民族间的沟通与对外交往日益频繁，烹饪文化不断出现新的特色。这一时期的后半段，战争频繁，诸侯割据，改朝换代快，烹饪在社会大变革中博采各地区各民族饮馔精华，焕发出新的生机。

（1）烹调原料扩充。在先秦基础上，汉魏六朝的食料进一步扩充。张骞通西域以后，相继从阿拉伯等地引进的蔬菜和水果（黄瓜、大蒜、胡芫、苜蓿、石榴、葡萄等）增加了素食的品种，大大丰富了烹饪原料。用于烹调的禽畜、乳制品、水产品的品种有所增加，调味料的生产规模进一步扩大，豆腐在东汉时出现，使豆类和豆制品广泛地应用于烹调中。特别重要的是，从西域引进芝麻后，人们学会了用它榨油。从此，植物油（包括稍后出现的豆油、菜油等）开始登上中国烹饪的大舞台，为油烹法的诞生奠定了基础。

（2）烹饪功效提升。铁制炊具的发明和使用和炉灶的改革，促进和加速了烹饪技术的发展和烹饪功效的提高，在一些经济发达地区，铁质锅釜崭露头角，也为油烹法的问世奠定了基础。

（3）烹饪技法长进。秦汉时期红白两案和炉与案的分工，有利于厨师集中精力专攻一行，提高技术；锋利轻巧的铁质刀具广泛使用，改进了刀工刀法，使菜形日趋美观；不同的季节选用原料的不同，使菜肴原料的搭配上更加重视颜色、质感、口味、形状及荤素等方面的结合。新的烹调方法如齑、蒸、鰒、羹、烧、烩、煎、炒等广泛运用，使菜品的色、香、味、形，都提上了新的高度，涌现出了一大批有代表性的名菜。

（4）饮食市场繁荣。在汉代，饮食市场已经相当繁荣，形成了“熟食遍列，肴旅城市”的红火景象，并开始呈现三个特色：网点设置相对集中；公务人员的食宿多由驿馆提供；出现了一些专为权贵报务的特供店。饮食市场的兴盛，使地方风味也得以发展。先秦时的“北菜”转以秦、豫为主，并充实进“胡食”。“南菜”逐步分化为：西南和中南以荆、湘、巴、蜀为主导；华东一带淮扬菜和金陵菜有较大影响；岭南地区则是粤、闽菜品渐占优势。至此，黄河、长江、珠江三大流域的肴馔差异化形成，鲁、苏、川、粤四大菜系酝酿发育。

（5）烹饪理论完善。《神农本草经》《伤寒病杂论》《脉经》等新著的问世，总结出脏腑经络学说，奠定了辨证论治的理论基础，探索用阴阳五行观解释食饮与健康的关系，医食同源的理论进一步得到发展，膳补食疗渐受重视。《淮南王食经》《太官食方》《食珍录》等食书的面世，为后世菜谱的编写提供了依据。

（三）隋唐五代宋金元时期

起自公元589年隋朝统一全国，止于公元1368年元朝灭亡，共779年。这一时期，政局较稳定，经济发展快，饮食文化成就斐然，是中国烹饪发展史上的第二个高潮。

（1）食源继续扩充。陆上丝绸之路和水上丝绸之路的开通，给菠菜、莴苣、胡萝卜、丝瓜、菜豆等蔬菜的引进提供了便利条件；近海捕捞业的昌盛，海味也可相继入馔；各地向朝廷进贡的食中上品种类极其丰富，厨师选料范围十分广泛；油、茶、酒琳琅满目；由于生产的发展和生活水平的提高，烹调原料的需求量增加，胡椒、茴香、豆蔻、丁香等进口货物品种和数量也相应增多；《禾谱》《鱼经》《酒经》等一大批理论专著应运而生。

（2）炊饮器具进步。这一时期，不仅燃料质量提高，人们也认识到不同燃料烹饪性能的差别。通过革新炉灶，发明"镣炉"（小炉外镶框架，能自由移动，利用炉门拔风加大火力）、六格大蒸笼和精致铜火锅等炊具，与现代锅近似的金代双耳铁锅更是引人瞩目。食品加工机械的推出，刀功经验逐步成熟。瓷质餐具丰富多彩，金银餐具制作完美。

（3）工艺菜式兴起。在烹调技法方面，隋唐宋元的突出成就是工艺菜式（包括食雕冷拼和造型大菜）的蓬勃兴起。食品雕刻技术从先秦的"雕卵"（鸡蛋），经过汉魏"雕酥油"进入唐宋开始雕瓜果、蜜饯。食雕的发展，推动了冷菜造型、拼碟造型日渐精进，大批名厨纷纷涌现，菜式花色丰富多样，小吃精品层出不穷，宴会格局规模升级。最具代表性的"烧尾宴"极尽奢华，大型风景冷拼盘辋川图小样菜上有山水，盘中溢诗歌。

（4）饮食市场繁荣兴旺。胡姬酒肆别开生面，地方风味概念首次正式提出，菜系在孕育中日渐成熟，烹饪著作建树卓著。

（四）明清时期

从公元1368年明朝建立，至1911年辛亥革命推翻清王朝，共543年，是饮食文化的成熟定型期，也是中国烹饪发展史上的第三个高潮。

这一时期的最大变化是饮食原料结构发生改变。首先表现为主要原料的不断增减更替，比如延续了近两千年、在人们饮食中占有重要地位的菰米，在宋代时逐渐减少，明清已完全淘汰，而小麦、小米、高粱的比例不断增加，成为北方地区的主要粮食作物。麻籽逐渐退出主食行列变成了油料，大豆、绿豆、扁豆、莞豆等豆类作物，随着豆制品的发展，成为主副兼用的粮食。其次是人工培育蔬菜瓜果的日渐增多，而食用野菜日渐绝迹。同时，数百年来陆续从域外引进的甘蓝、苴蓝、菜花、丝瓜、黄瓜、苦瓜、南瓜、辣椒等，大大地丰富了中国饮食的原料和味道。肉类原料中，人工畜养的畜禽成为肉食主要来源，此前的野禽野兽已逐渐被家禽所代替。再次是花卉类原料进入饮食原料的行列，参与了饮食的制作，各种花卉可以入茶、酿酒，如茉莉、玫瑰、芍药、蔷薇、茱萸、玉兰、菊花、金银花、桂花、蜡梅花、百合花、桃花等。花卉还可以用来制作各类糕饼饭粥，美味佳肴、制酱，甚至可以直接食用。最后是烹饪技法吸收了满蒙特点，满汉全席代表了清代饮食文化的最高水平。

中国人的饮食文化在时代的发展中渐渐融入了众多的新元素，比如在讲究色、香、味的同时，也讲究营养的均衡，视觉的享受，这是饮食文化的进步。中国的饮食文化伴随着中国与世界交流的增多与加深，又酝酿出了新的特色。

任务二　烹饪的风味流派

任务先行

烹饪是人类在烹调与饮食的实践活动中创造和积累的物质财富与精神财富的总和。我国幅员辽阔，各地自然条件、人们生活习惯、经济文化发展状况和历史时期的不同，在饮食烹调和菜肴品类方面，逐渐形成了不同的地方风味。请录制一种家乡美食的烹饪方法，并探究其背后的文化元素。

任务导入

中国烹饪、法国烹饪和土耳其烹饪被公认为世界三大烹饪流派。你知道中国菜系著名的有几个？你最喜欢的是什么菜系？

一　风味流派划分

烹饪风味指食品选料、加工及制作所显示的独特风格特点。

按菜肴派系划分，清代出现“帮口”“帮口菜”的叫法，如“扬帮菜”，20 世纪 50 年代出现“菜系”一词，人们通常把中国菜划分为鲁、川、淮扬和粤“四大菜系”。在此基础上，加上浙、徽、湘、闽四个菜系，谓之“八大菜系”，“八大菜系”加京、沪两菜系形成十大菜系，加豫、陕两菜系即“十二大菜系”。

按民族划分，我国 56 个少数民族就有 56 个民族风味流派。

按原料性质划分，可分为素荤两个流派。素食从南朝梁开始形成流派，到清代形成宫廷、寺院、民间三个派别。

按功用划分，可分为普通食品风味和保健医疗风味。

按时代划分，可分为仿古风味和现代风味。

二 各地烹饪风味流派

（一）山东菜系

一品豆腐

葱烧海参

又称鲁菜，特点是注重以当地特产为条件选料，擅制海味，口味清淡，精于制汤，以汤调味。烹调以爆、炒、扒、溜最为突出，味型以咸鲜为主，善用葱香调味。代表菜有用奶汤和大明湖名产蒲叶制作的“奶汤蒲菜”，色味鲜美，“九转大肠”兼具酸、甜、香、辣、咸五味；还有汤爆双脆、锅塌豆腐、德州扒鸡等。

（二）四川菜系

鱼香肉丝

宫保鸡丁

由成都（上河帮）、重庆（下河帮）、自贡（小河帮）和传统素食斋菜等组成。特点是取料广泛，技法中以小炒、小煎、小烧、干烧、干煸见长，味型丰富。一菜一格，百菜百味。以味多、广、厚、浓而著称，以麻辣、鱼香、怪味、家常味、豆瓣味以及陈皮味等擅长。川菜以家常菜为主，高端菜为辅。代表名菜有宫保鸡丁、水煮牛肉、樟茶鸭子、麻婆豆腐、灯影牛肉、夫妻肺片、鱼香肉丝等。

（三）江苏菜系

金陵烤鸭

彭城鱼丸

又称淮扬菜，春秋战国时吴地风味已露端倪，唐宋时已成“南食”重要组成部分。明清时期形成流派。其特点是取料不拘一格而物尽其用，重鲜活，菜肴制作特别讲究刀工、火工和造型，擅长炖、焖、煨、焐，调味清爽鲜淡。重于酥烂鲜香，原汁原汤，醇厚入味，浓而不腻。代表名菜有荷包鲫鱼、三套鸭、蟹黄狮子头、松鼠鳜鱼、金陵盐水鸭等。

（四）广东菜系

白切鸡

蜜汁叉烧

又称粤菜。南宋后始具雏形，有“南烹”“南食”之称。清末有“食在广州”之说，特点是取料广博奇杂而重“生猛”，尤以蛇馔驰名。烹调方法多而善变，长于炒泡、清蒸、煲，尤其擅长焗、软炒等，调味重清，脆鲜爽嫩而突出原味，吃法注重滋补营养和季节搭配。代表名菜有明炉乳猪、盐焗鸡、油泡虾仁、烧雁鹅、梅菜扣肉和蛇羹等。

（五）浙江菜系

西湖醋鱼

东坡肉

南宋时就有“京杭大菜”之称。由杭州、宁波、绍兴三部分组成，其中杭州菜最负盛名，特点是选料时鲜，烹调精细，注重火候，口味重清嫩清脆，讲究鲜轻油、轻浆、轻糖。代表名菜有西湖醋鱼、生炒膳片、清炖甲鱼、东坡肉、叫花童鸡、龙井虾仁、清汤越鸡、蜜汁火方、干炸响铃等。

（六）福建菜系

又称闽菜。以偏甜、偏淡、偏酸的“三偏”为特色，擅长炒、溜、煎、煨。代表名菜有佛跳墙、燕子归巢、太极芋泥、鸡汤氽海鲜、沙茶焖鸭块等。

佛跳墙

鸡汤氽海蚌

（七）安徽菜系

徽州毛豆腐

红烧臭鳜鱼

口味以咸鲜香为主，擅长烧、炖，讲究火工，并以火腿佐味，冰糖提鲜，不少菜肴都是用木炭火单炖、单㸆，原锅上桌，注重食补，重油重色。代表名菜：清炖马蹄、火腿炖甲鱼、问政山笋、徽州毛豆腐、红烧臭鳜鱼等。

（八）湖南菜系

口味重辣香鲜软脆，以好辣、好酸、好咸“三好”闻名。烹调方法以小炒、滑溜、清蒸为主，并以腊、炖见长，重视原料入味和成品的软烂，颜色美观。代表名菜有东安鸡、麻辣仔鸡、腊味合蒸、肥鱼肚、冰糖湖莲、干锅茶树菇、剁椒鱼头等。

干锅茶树菇

剁椒鱼头

三 宫廷风味菜

宫廷菜，就是专供宫廷皇室的菜肴，是中华菜肴的杰出代表。因受建都地点的影响，有南味、北味两大风格。其共同特点是选料华贵珍奇，配菜讲究典式规格；多厨精烹细调、形色美观悦目。元明以来，宫廷菜主要是指北京宫廷菜。

黄焖鱼翅

清康熙、乾隆年间，物阜民丰，天下太平，人民得以休养生息，烹饪艺术得到了充分发展。当时清宫内的膳房已有相当规模。皇帝、太后、后妃等都各有膳房，分别称为御膳房、寿膳房等，从保存在故宫的乾隆御膳档案来看，当时的宫廷菜的确是南北荟萃，蔚为大观。不仅如此，各地的风味名菜名点也被引进清宫，发展为满汉全席。

雍亲王府烧鹿筋

满汉全席是中华菜系文化的瑰宝。一般至少一百零八种，包含南菜 54 道和北菜 54 道，菜点精美，取材广泛，用料精细，用全套粉彩万寿餐具，配以银器，富贵华丽。席间要专门请名师伴奏古乐，礼仪严谨庄重。著名的菜点有凤尾鱼翅、金蟾玉鲍、一品官燕、油攒大虾、宫门奉鱼、金鱼鸭掌、熘鸡脯等和豌豆黄、芸豆卷、小窝头、肉末烧饼等名点。

四 素菜

又名素食、斋菜或斋食。起源于周代，早期因佛教传入，创制了具有中国特色的佛门素菜，其后民间素菜也得到发展。特点是以时鲜为主，清爽素净；花色繁多，制作考究；富含营养，健身疗疾。代表菜有罗汉斋、炒豆腐脑、糖脑素鲤、糟烩鞭笋、半月沉江和桑莲献瑞等。

五 药膳

“寓医于食，药借食力，食助药威”，代表菜有虫草鸭子、天麻炖甲鱼、荷叶凤脯、核桃仁炒韭菜、马齿苋粥、山药茯苓包子等。

【视频】药膳

任务三　酒文化

任务先行

作为一个具有独特历史传统的民族，饮食文化的独特性不仅仅表现在食品的来源和烹饪习惯、饮食习俗上，更表现在一些具有浓厚的中国风格，并在世界产生重大影响的饮品，如茶、酒等方面。我国酒的种类繁多，根据生产方法是如何分类的呢？

任务导入

“琴、棋、书、画”是人在文化上的四件雅事，“吃、喝、玩、乐”是人在生活中的四个乐趣，请说出你对其中“喝”的理解。

一 酒的起源和发展

中国的酒有 5 000 年以上的悠久历史。我国是世界上具有悠久酿酒历史的国家之一，早在殷商时期的甲骨文里就已经有了酒的象形字，至周朝，我国的酿酒技术就已发展到了相当高的水平。约在三千多年前的商周时代，中国人独创酒曲复式发酵法，开始大量酿制黄酒。南北朝贾思勰的《齐民要术》记载了酒曲的制作方法、酒的酿造方法和药酒的配制方法。宋代有人发明了蒸馏法，白酒从此成为中国人饮用的主要酒类。朱翼中的《壮山酒经》是一部较全面的酿酒专著。

酒渗透于整个中华五千年的文明史中，从文学创作、文化娱乐到饮食烹饪、养生保健等各方面，酒在中国人生活中都占有重要的位置。客从远方来，无酒不足以表达深情厚谊；良辰佳节，无酒不足以显示欢快惬意；丧葬忌日，无酒不足以表达哀伤肠断；蹉跎困顿，无酒不足以消除寂寥忧伤；春风得意，无酒不足以抒发豪情壮志。逢年过节，必然要有酒相伴，且各有特色，如端午节饮“菖蒲酒”，重阳节饮“菊花酒”，除夕夜喝“年酒”。

仪狄是原始社会末期大禹时代司掌造酒的官员，相传是我国最早的酿酒人，虞舜的后人。在吕不韦的《吕氏春秋》、刘向的《战国策》等先秦典籍中均有仪狄造酒的记载。杜康，传说就是夏代国王少康。据史料记载杜康把剩饭放在树心被朽空的桑树中，饭自然发酵，散发出一种芬芳的气味，并流出一种液体，杜康取而饮之，感觉味道甘美。受此启发，杜康发明了酒。因杜康善酿酒，后世将杜康尊为酒神，制酒业则奉杜康为祖师爷。中国酒历史源远流长，品种繁多，名酒荟萃，享誉中外。我国古人将酒的作用归纳为三类：酒以治病，酒以养老，酒以成礼。

【视频】中国酒文化

二 酒的分类

我国酒的品种众多，按商业习惯可分为白酒、黄酒、果酒、啤酒与配制酒等五大类。

（一）白酒

白酒也称“烧酒”，是我国特有的一种蒸馏酒，是用各种含淀粉糖分的原料，加上辅料、酒曲、酒母及水等，经过糖化发酵后，用蒸馏法制成的饮料。一般在40~65度的为高浓度酒，40度以下的为低度酒。以其香型作为分类的依据，白酒分酱香、浓香、清香、米香、复香等五种香型。

1. 酱香型

又称茅香型，属大曲酒类，采用超高温制曲等酿造工艺，在石窖或泥窖内发酵制成。特点是酒体醇厚，清澈透明。酒香馥郁，微有焦香，但苦不留口，回味绵长，以贵州茅台酒为代表。

2. 浓香型

又称窖香型，在陈年老窖或人工酒窖内发酵制成。其特点是窖香浓郁、清冽甘爽、绵柔醇厚、协调适口。以四川泸州老窖特曲和五粮液、剑南春、沱牌曲酒、古井贡酒为代表。

美酒

3. 清香型

在地缸内发酵制成。其特点是清亮透明、酒味纯净、醇厚芳香、入口绵软、口味协调、微甜清润、余味爽净。以山西汾酒为代表，汾酒以“色、香、味”三绝著称于世。

4. 米香型

米香型又称密香型，系采用酱香、浓香两种型的某些特殊工艺酿造而成的。以广西桂林三花酒为代表。桂林三花酒因经摇动、静放后酒面出现大、中、小三种泡花得名。

5. 复香型

工艺独特，具有一酒多香的风格，故又称混香型。其主要特点是清澈透明、入口绵柔、醇香浓郁、余味悠长。它以复香型陕西西凤酒为代表。

（二）黄酒

黄酒也称“压榨酒”，是我国特有的酿造酒，也是我国最古老的饮料酒，已有 3000 多年历史。黄酒度数一般在 15 度 ~ 18 度，色泽红亮，营养价值高，富含糖、氨基酸、维生素等多种成分，主要产于长江下游一带，其中以浙江绍兴老酒、福建沉缸酒和江苏丹阳封缸酒最为著名。绍兴酒是我国黄酒中的代表，品种主要有加饭酒、花雕酒、元红酒、善酿酒。

（三）果酒

果酒是以葡萄、苹果等各种水果或浆果为原料，经糖化发酵后压榨过滤的低度酒。我国著名的葡萄酒有烟台红葡萄酒、中国红葡萄酒和金奖白兰地。

（四）啤酒

啤酒是用大麦芽和啤酒花为原料制成的，其酒精含量大多在 11~12 度以下。按色泽可分为黄啤酒、黑啤酒。按加工时是否经过均衡程序及杀菌，可分为生啤酒和熟啤酒。啤酒的营养价值较高，有“液体面包”之誉。山东青岛啤酒在我国家喻户晓。

（五）配制酒

配制酒包括露酒和药酒，均以白酒、葡萄酒或黄酒作为酒基，配以各种中药材及糖料等制成，是具有民族特色的健身、滋补、治病的饮料。其中北京的虎骨酒、广州的三花酒、百岁酒和汕头的长春酒，是我国著名的“四大药酒”。此外，山西汾阳竹叶青酒、湖北的园林清、广州的五加皮酒、烟台的三鞭酒也享有盛誉。

三 饮酒的礼俗

酒与礼仪，有着千丝万缕的联系。饮酒礼是礼乐文化的重要组成部分，不但具有仪式意义，还蕴含着古人的政治与伦理观念。

（一）酒与祭

在古代祭祀仪式中，酒是不可或缺的重要祭品。酒的使用，可以反映对主祭者的敬重程度，以及仪式的隆重程度。《诗经》中不少篇目都提到了酒在祭祀中的重要性，如《诗经 · 小雅 · 楚茨》就是一首描写祭祀全过程的乐歌，“我仓既盈，我庾维亿。以为酒食，以享以祀。”是祭祀前的准备，粮食堆满谷仓，囤里也装得严实紧密。用它们做成美酒佳肴，作为对列祖列宗的献祭；“为宾为客，献酬交错。礼仪卒度，笑语卒获。”是祭祀中的主宾互动，主人与宾客敬酒酬答，举手投足都彬彬有礼，谈笑也把握分寸合乎时宜；“尔肴既将，莫怨具庆。既醉既饱，小大稽首。”是祭祀后的欢庆，这些酒菜味道实在好，大家都欢悦而不再烦恼。酒足饭饱后，老老少少行礼致谢。整个祭祀过程无不依靠着酒的推动。

（二）酒与礼乐制度

古人在饮酒之礼之中，贵在节制尽礼。当酒成为一种礼制中不可或缺的工具后，不同阶级、不同场合不仅使用的酒有贵贱，而且盛放酒的酒器也被赋予了等级差别。

《礼记·坊记》载：“醴酒在室，醍酒在堂，澄酒在下。”说的是同为祭祀之酒，因酒质差别，地位不同，味薄的放在上面，味厚的放在下面。可见，古人以味道淡薄的酒为贵。古礼中最贵重酒“玄酒”，实际上是清水。《礼记·乡饮酒义》中道：“尊有玄酒，贵其质也。”“凡尊，必上玄酒。”《礼记·郊特牲》说：“酒醴之美，玄酒明水之尚，贵五味之本也。”味道厚重的酒虽然香甜可口，在祭祀时却是以寡味的玄酒明水作为上品，这是以味寡为贵，而味寡乃是五味的根本。

《礼记·礼器》说：“有以小为贵者：宗庙之祭，贵者献以爵，贱者献以散，尊者举觯，卑者举角。”爵、觯、角、散都是酒器，它们的容量依次是：爵一升，觯三升，角四升，散五升。就是说饮酒器越小，主人地位越显赫。

（三）酒与娱乐

1. 赋诗

中国古代的文学作品，以酒为题材的数不胜数。《诗经》中就有大量涉及酒的诗篇，记录了周代的人们以酒祭天地、祭祖先的盛况，其中大多数涉及的是贵族的饮酒之礼。李白用“路上齐桡乐，湖心泛月归。白鸥闲不去，争拂酒筵飞”的诗句描述了在湖光山色、白鸥拂筵翻飞、令人陶醉的意境中饮酒的欢乐。襄阳的“好风日”、石鱼湖的“大浪”，使得唐代诗人王维和元结浮想联翩，发出了“留醉与山翁”“我持长瓢坐巴丘，酌饮四座以散愁”的欢声；江上清风，山间明月，更使宋代文人苏轼赤壁江中畅饮竟夕，写下了千古流芳的《赤壁赋》。

2. 乐舞

在酒席中，乐舞是必不可少的，它的安排也是极有讲究的。不同阶级所使用的乐器种类不一样，乐器数量不一样，乐器的排列方位也不一样。而舞蹈的表演人数和种类，同样也能表明宾客的身份，以及主人对宾客的敬重程度。

3. 射礼

古代在“乡射”的时候也喝酒，“乡射”的目的是观礼，观仁，观义，观勇，选拔人才，激励斗志，端正人品。“乡射”也好，喝酒也好，还是一种休息，“百日之劳，一日之乐，一日之泽，非尔所知也。张而不弛，文武弗能，弛而不张，文武弗为。一张一弛，文武之道也。”

任务四 茶文化

任务先行

茶文化是中华文化教育的重要组成部分，历史悠久，内涵丰富，对社会文明进步与经济发展作用很大。在经济快速发展的今天，如何进一步弘扬茶文化，发挥茶文化在大茶业中的积极作用，是值得考虑的重要问题。

任务导入

平时你喝茶吗？如何识别好茶，怎么泡茶？

一 茶叶的起源和发展

茶叶、咖啡、可可并称为世界三大饮料。中国是茶树的原产地，也是最早发现茶叶功效、栽培茶树和制成茶叶的国家。在中国的文化发展史上，往往是把一切与农业、与植物相关的事物起源最终都归结于神农氏。有人认为茶是神农在野外以釜锅煮水时，刚好有几片叶子飘进锅中，煮好的水，其色微黄，喝入口中生津止渴、提神醒脑。以神农过去尝百草的经验，判断它是一种药而发现的，这是有关中国饮茶起源最普遍的说法。

茶叶

唐代茶圣陆羽的《茶经》是我国第一部茶叶科学专著，记述了茶的起源、品质、种植方法、产地、采制、烹饮及器具等。根据陆羽《茶经》推论，我国发现茶树和利用茶叶迄今已有四千七百多年的历史。茶叶在我国西周时期是被作为祭品使用的，到了春秋时代茶鲜叶被人们作为菜食，而战国时期茶叶作为治病药品，西汉时期茶叶已成为主要商品之一。从三国到南北朝的三百多年时间内，特别是南北朝时期，

【视频】茶文化与饮茶

佛教盛行，佛家利用饮茶来解除坐禅瞌睡，于是在寺院庙旁的山谷间普遍种茶。饮茶推广了佛教，而佛教又促进了茶灶的发展，这就是历史上有名的所谓“茶佛一味”的来源。到了唐代，茶叶才正式作为普及民间的大众饮料。

二 茶叶的分类

中国茶叶历史悠久，茶类品种繁多，在国际上享有很高的声誉。依据生长区自然环境条件的差异，加工方法以及外观特征的不同，茶叶可以分为：绿茶、红茶、白茶、乌龙茶、花茶及紧压茶等六大类。

（一）绿茶

绿茶

绿茶是我国最古老的茶叶品种，也是我国产量最多的一类茶叶，其花色品种之多居世界首位。绿茶是不发酵的茶叶，因其叶片及汤呈绿色而得名。具有香高、味醇、形美、耐冲泡等特点。其制作工艺都经过高温杀青—揉捻—干燥的过程。由于加工时干燥的方法不同，绿茶又可分为炒青绿茶、烘青绿茶、蒸青绿茶和晒青绿茶。著名的绿茶有西湖龙井、太湖碧螺春、黄山毛峰、庐山云雾、屯溪珍眉、都匀毛尖、阳羡雪芽等。

1. 西湖龙井

产于浙江省杭州西湖龙井村及其附近而得名。西湖龙井在历史上曾分为狮、龙、云、虎、梅五个品种，其中以狮峰龙井为第一，被誉为“龙井之巅”。每年清明节前采摘的西湖龙井芽茶称为“明前茶”，亦称“莲心”，极为名贵。西湖龙井外形挺直削尖、扁平俊秀、茶色泽绿中透黄，其茶汤清碧，清高鲜爽，宛如茉莉清香。世人称西湖龙井有“色翠、香郁、味甘、形美”四绝。以虎跑泉水冲泡，号称杭州“双绝”。

2. 太湖碧螺春

产于江苏吴中区太湖的东西两山上，原名“吓煞人香”，康熙皇帝曾嫌这个名字太土，于是改名为“碧螺春”。具有茶色碧绿清澈、清香沁人心脾，外形卷曲成螺、叶芽布有白茸的特点。

3. 黄山毛峰

产于安徽黄山。其形如雀舌且多白毫，具有色泽油润光亮，冲泡后雾气结顶，入口醇香鲜爽、回味甘甜、沁人心脾。黄山毛峰中的特级黄山毛峰，又称黄山云雾茶，采制精细，工艺复杂，产量极少。

4. 庐山云雾

产于江西九江庐山的汉阳峰一带。该茶具有条索精壮、青翠多毫、汤色明亮、叶嫩匀齐、香凛持久、醇厚味甘等特点。

5. 屯溪珍眉

产于安徽休宁、歙县、祁门等地。屯溪珍眉具有外形匀整、条索紧结、色泽灰绿、香气馥郁、汤色清亮的特点。

6. 都匀毛尖

产于贵州黔南地区。都匀毛尖外形纤细披茸，毛似雪花，条索紧卷如银钩，冲泡时汤色鲜绿明亮、清香馥郁、醇厚回甜。

7. 阳羡雪芽

产于江苏宜兴，宜兴古称阳羡，此茶又因过去每年进贡皇宫，故又称“阳羡贡茶”。它具有形态美观、色泽艳丽、香味浓郁的特点，可与西湖龙井相媲美。阳羡雪芽与宜兴的金沙泉水、紫砂陶器并称为“宜兴三绝”。

（二）红茶

红茶出现于清代，是全发酵的茶叶。茶叶色泽乌黑，水色叶底红亮，茶叶具有浓郁的水果香气和醇厚的酒味，耐冲泡。红茶主要有小种红茶、工夫红茶和红碎茶三大类。以祁门红茶、宁州红茶、云南红茶等较为著名。

1. 祁门红茶

红茶

产于安徽省祁门及其附近一带，具有条索紧细秀长、色泽乌润、毫色金黄、汤色红艳、叶底鲜红、回味隽厚、含有浓郁果香及兰花香等特点。在国际茶叶市场上被称为“祁门香”，祁门红茶与印度大吉岭茶、斯里兰卡乌伐茶并称为世界三大“高香名茶”。

2. 宁州红茶

宁州红茶产于江西修水、武宁、铜鼓等地，简称“宁红”。它具有条索紧结、锋苗挺拔、色泽乌润、香高持久、叶底红亮、浓醇鲜爽的特点。

3. 云南红茶

也称“滇红”，产于云南澜沧江流域的凤庆县等地，具有芽叶肥壮、条形重紧、色泽乌润、金毫显露、汤色红亮、滋味浓郁、香味持久的特点。

（三）乌龙茶

乌龙茶属半发酵茶，因色泽青褐，故名乌龙茶，又名青茶。特点是叶色青绿、汤色金黄。其制作方法介于绿茶与红茶之间，使茶叶形成“七分绿、三分红”，使之既有绿茶的清香，又有红茶的醇厚，从而具有“绿叶红镶边”的独到之处。乌龙茶以铁观音、武夷岩茶及凤凰茶等较为著名。

铁观音

1. 铁观音

产于福建省安溪，其叶呈长方形，绿叶上镶着红边，叶面纹细，叶肉肥厚，有“重如铁、美如观音”之誉，故称为“铁观音”。铁观音色泽砂绿翠润，肉质香气清高，冲泡时滋味醇厚甘鲜，有天然的兰花香，俗称“观音韵”。因铁观音为慢火烘焙，茶叶内的咖啡碱随水分蒸发而升华，凝成一层白霜，使香气持久而清高，故有“七泡有余香”的奥妙。铁观音具有饮时微苦、瞬即回甜、耐冲泡的特点，历来受到海外侨胞的喜爱。

2. 武夷岩茶

产于福建省武夷山市的武夷山。武夷岩茶外形条索紧壮，色泽红润，具有香清味醇、茶味绵绵的特点。一般以春茶品质最好。武夷岩茶有大红袍、名枞、肉桂、水仙、奇种等五类产品。

3. 凤凰茶

产于广东省潮州市凤凰山，茶叶边缘呈银米色，叶片绿色带黄，茶汤澄黄，既有绿茶的清香，又有红茶的甘醇，具有色翠、形美、味甘、香郁的特点。

（四）花茶

又名香片、香花茶，是我国独特的一种再制茶类。它是以茉莉、珠兰、桂花、菊花等鲜花使嫩茶获得鲜花的香气。花茶的种类可分为：花绿茶、花红茶、花乌龙茶三大类，以茉莉花茶、珠兰花茶、玳玳花茶、桂花茶等较为著名。

1. 茉莉花茶

产于福建福州和江苏苏州等地。茉莉花茶具有芬芳馥郁、鲜灵甘美、叶色嫩绿、冲泡多次后仍有余香的特点。茉莉花茶可分为：茉莉烘青、茉莉炒青、茉莉红茶三类。

2. 珠兰花茶

产于安徽歙县，历史悠久。珠兰花茶具有香味清幽纯正的特点。

（五）白茶

白茶是我国的特产，因茶叶表面上有一层白茸茸的细毛而得名，产于福建和台湾。白茶是仅经过萎凋便将茶叶直接干燥的茶。白茶茸毛多，色白如银、汤色素雅，初泡无色，毫香明显。白茶以白毫银针、君山银针、白牡丹等茶较为著名。

1. 白毫银针

产于福建福鼎市政和县山区，因色白如银、形状似针而得名，具有外形美观、芽肥茸厚、汤色碧清、香味清淡的特点，是我国十大名茶之一。

2. 君山银针

产于湖南岳阳洞庭湖的君山岛，其茶芽挺直，长短匀称，恰似银针，故名。具有芽头茁壮、白毫显露、清爽甘洌、齿舌留香的特点。

（六）紧压茶

它是用绿茶、红茶等作为原料，经过蒸软后压制成各种不同形状的加工茶，因此茶多销往边疆少数民族地区，故称“边销茶”。紧压茶可分为：沱茶、砖茶、方茶、饼茶、圆茶等几类。其中以沱茶、砖茶等著名。

1. 沱茶

产于云南大理、四川宜宾及重庆。沱茶外形似倒置的碗状，具有紧结端正、色泽暗绿、显露白毫、汤色橙黄、香气清正、耐冲耐泡等特点。

2. 砖茶

因所用原料、加工方法的不同，在性质特征上略有差异。砖茶可分为茯砖茶、黑砖茶、花砖茶、青砖茶、康砖茶、米砖茶及普洱方茶等。

（七）黑茶

主要产于湖南、四川、云南、湖北等地，属于后发酵茶，随着时间的不同，发酵程度会发生变化。干茶颜色为青褐色，茶汤橙黄或褐色，有陈香，滋味醇厚回甘。黑茶花色品种丰富，茶性温和，久藏不坏，耐泡煮。著名的黑茶有普洱茶。

普洱茶因产于云南普洱而得名。以云南大叶种晒青毛茶为原料，经过发酵加工成散茶和紧压茶。茶色褐红，汤色红浓明亮，香气独特陈香，滋味醇厚回甘。“越陈越香”是普洱茶区别于其他茶类的最大特点，还有一定的减肥降脂功效。

三 茶文化的内涵、形式和社会功能

茶文化的内涵极其丰富，包含着茶叶生产消费及其对人的精神生活产生影响的各个方面。既有物质形态的，也有精神形态的。表现为物质形态的，诸如茶的历史文物、遗迹、茶书、茶画、各种名优茶、茶馆、茶具、茶歌舞和茶艺表演等。表现为精神形态的，诸如茶德、茶道精神、以茶待客、以茶养廉、以茶养性等。由于茶文化的内涵极其丰富，茶文化在发展过程中所发挥的社会功能和作用也必然是多方面的。传统的茶文化与人们社会生活的关系，向来就是非常密切的，无论是历史文人生活中的“琴棋书画酒诗茶”，还是平民百姓生活中的“柴米油盐酱醋茶”，茶都是不可缺少的。

任务五 中国饮食特点及文化内涵

任务先行

饮食除了满足人类的发展需求外，在社会、养生等方面体现了其博大精深的文化作用，中国的饮食能有如此大的魅力，是与其中的文化内涵休戚相关的。孙中山曾说，“中国不独食品发明之多，烹调方法之美，为各国所不及，而中国人的饮食习尚合乎学卫生，尤为各国一般人所望尘莫及也。”

任务导入

国人历来讲究“民以食为天”。对于“吃”不单单是要求“饱”，在我国的“吃”文化中它还包含了国人对人生的思考，对世间万物的认识，其中蕴涵了众多的人生哲理。请说出与“吃”有关的成语。

一 中国饮食的特点

中华饮食文化博大精深、源远流长，在世界上享有很高的声誉。中华文明五千年，饮食文化也随着中华文明源远流长，呈现出以下几个特点。

（一）风味多样

由于中国幅员辽阔，地大物博，各地气候、物产、风俗习惯都存在着差异，长期以来，在饮食上也就形成了许多风味。中国一直就有“南米北面”的说法，口味上有“南甜北咸东酸西辣”之分。

（二）四季有别

按季节变化来调味、配菜，是中国烹饪又一大特征。中国人善于根据四季变化搭配食物，夏天多吃清淡爽口食物，冬天多吃味醇浓厚食物。

（三）讲究美感

中国的烹饪，不仅技术精湛，而且有讲究菜肴美感的传统，注意食物的色、香、味、形、器的协调一致。

（四）注重情趣

中国烹饪注重品味情趣。仅以命名可见一斑，如“全家福”“将军过桥”“狮子头”“叫花鸡”“龙凤呈祥”“鸿门宴”“东坡肉”等。

（五）中和为最

中和之美是中国传统文化的审美理想。中国先哲认为天地万物都在“中和”的状态下找到自己的位置以繁衍发育。《古文尚书·说命》有“若作和羹，唯尔盐梅”的名句，意思是要做好羹汤，关键是调和好咸（盐）酸（梅）二味。与“中和”相反的是极端，极端在烹饪上被视为不正宗，那些“咸过头，辣过头，酸过头”的食品虽然会受到一些人的追捧，但从长远看来它们对身体是有害的。

（六）食医结合

中国的烹饪技术，注重饮食的营养保健，主张营养成分合理搭配，通过调配食用五谷、五果、五畜、五菜等气味、功用各不相同的食品，以达到阴阳平衡、脏腑协调、补精益气、养身健体的目的。早在春秋战国时期，孔子就提出了“食不厌精，脍不厌细”的饮食观，同时还概括了十条“不食”以及注重卫生，遵守时节，讲究营养，有节制不过量的科学饮食法则。

二 中国饮食的文化内涵

不同的文化背景，有着不同的饮食观念和饮食习俗，最终形成不同的饮食文化。中国饮食文化的历史源远流长，博大精深。它经历了几千年的发展，已成为中国传统文化的一个重要组成部分。中国饮食文化内涵大致可以概括成四个字：精、美、情、礼。这四个字，反映了饮食活动过程中饮食品质、审美体验、情感活动、社会功能等所包含的独特文化意蕴，也反映了饮食文化与中华优秀传统文化的密切联系。

（一）精

精是对中华饮食文化内在品质的概括。孔子“食不厌精，脍不厌细”反映了先民对于饮食的精品意识。这种精品意识作为一种文化精神，却越来越广泛、越来越深入地渗透、贯彻到整个饮食活动过程中。选料、烹调、配伍乃至饮食环境，都体现着一个“精”字。

（二）美

美作为饮食文化的一个基本内涵，它是中华饮食的魅力之所在，美贯穿在饮食活动过程的每一个环节中。中华饮食之所以能够征服世界，重要原因之一就在于它美。这种美，是指中国饮食活动形式与内容的完美统一，是指它给人们所带来的审美愉悦和精神享受，突出表现为味道美。美味的产生，主要在于五味调和。色、香、味、形、艺的有机统一，使人们得到了视觉、触觉、味觉的综合享受，构成了以美味为核心、以养身为目的的中国烹饪特色。

（三）情

情体现了饮食活动对于社会心理的调节功能，也是对中华饮食文化社会心理功能的概括。“聚食制”是我国饮食方式的特色，起源于古人的围火聚食。聚食制的形成不仅与围火聚食有关，还是古代宗法社会重视血缘亲族关系和家族家庭观念在饮食上的反映。如《小雅·楚茨》写祭毕：“诸父兄弟，备言燕私。”围坐共享一席，美味佳肴放在中心，既是一桌人欣赏、品尝的对象，又是一桌人感情交流的媒介物。中华饮食之所以具有抒情功能，是因为“饮德食和、万邦同乐”的哲学思想和由此而出现的具有民族特点的饮食方式，从形式上造成了一种团结、礼貌、共趣的气氛。

（四）礼

礼是指饮食活动的礼仪性。《礼记·礼运》中说：“夫礼之初，始诸饮食”。中国饮食讲究“礼”，这与我们的传统文化有很大关系。生老病死、送往迎来、祭神敬祖是“礼”；座席的方向、箸匙的排列、上菜的次序也是“礼”。礼是一种秩序和规范，是一种内在的伦理精神。“礼”的精神，贯穿在饮食活动过程中，从而构成中国饮食文明的逻辑起点。

问题与思考

1. 中国基本茶类有哪些？
2. 查资料，解释烧尾宴、周八珍和油烹法。
3. 简述中国饮食特点及文化内涵。
4. 列举川菜和闽菜的特点及其代表菜品。
5. 简述酒文化的产生和发展。
6. 为什么鲁菜是八大菜系之首？

【视频】中秋饮食文化

模块三 古代建筑文化

能力目标

通过完成本任务，你应该能够：

1. 掌握中国古代建筑的基本知识；
2. 了解中国古代建筑的特点及艺术成就；
3. 提高对我国古建筑艺术的欣赏能力。

核心能力

1. 掌握古建筑的基本常识；
2. 增强对祖国建筑及悠久文化的热爱及民族自豪感；
3. 体会古建筑中的智慧与文化内涵，增强民族自信心。

建筑是智慧和文明的结晶，是历史沧桑的见证，更是文化和思想的外现。中国古代建筑在几千年的历史演变过程中，无论是宏伟的宫殿、庄严的寺庙、幽静的园林，还是丰富多彩的民宅，都以其独特的形式语言，打上了中国传统文化的烙印。

任务一　古代建筑概述

任务先行

建筑被誉为“凝固的音乐”，是人类文明的重要载体。中国古代建筑以汉族木结构建筑为主体，也包括各少数民族的优秀建筑。这些古代建筑在中国传统文化的土壤中生长、发展、成熟，自公元前2世纪至公元19世纪中叶，形成了封闭而独立的体系，具有极高的审美价值和工艺水平，蕴涵着深远的人文寓意。

任务导入

通过查找网上资料，回答问题：为什么墙倒屋不塌。

一　中国古代建筑的历史沿革

原始社会早期，原始人群建造穴居和巢居，或利用天然崖洞作为居住住所，或构木为巢。到原始社会晚期住所逐步发展到地面上，黄河流域出现了木骨泥墙房屋，长江流域多水地区出现了干栏式木构建筑。

商代有了成熟的夯土技术，加上大量青铜工具的使用，建造了相当规模的宫室和陵墓。西周与春秋时期，木构造已成为中国建筑的主要结构方式。瓦的出现和使用解决了屋顶防水问题，是中国古建筑的一个重要进步，从而使西周建筑进入比较高级的阶段。

战国时期，铁制工具和砖的出现与应用促使木架建筑施工质量和结构技术大为提高，宫室多建于高大夯土台上。

秦汉时期，中国建筑体系已经形成，砖石建筑和拱券结构有了发展，后来常见的抬梁式和穿斗式两种主要木结构已经形成，斗拱普遍使用，屋顶形式也多样起来，已有完整的廊院和多层楼阁，并出现了彩画。西汉末年，豪强地主急剧发展，逐渐出现了坞堡式的庄园住宅。秦汉时期修建了规模空前的宫殿、坛庙、陵基、长城和水利工程。

魏晋南北朝时期的建筑主要继承与运用汉代的成就，佛教的传入促进了建筑业的发展，出现了高层的佛塔，来自印度和中亚的雕刻、绘画艺术也使建筑艺术更为成熟。这一时期最突出的建筑类型是佛寺、佛塔和石窟。河南登封嵩岳寺塔的建造，标志着石结构建筑技术的巨大进步，四大石窟的开凿，标志着石工的雕凿技术也达到了很高的水平。

隋唐时期是中国古代建筑体系的成熟时期。其基本特征是屋顶坡度平缓，出檐较深，斗拱尺度比较大，柱子粗壮，门窗朴实无华。隋唐时期建造了规划严整的大兴城，即长安城，建筑群处理手法趋于成熟。不仅加强了城市总体规划，宫殿、陵基等建筑也加强了突出主体建筑的空间组合，强调中轴线方向的陪衬手法。

宋代是中国古代建筑体系大转变时期，出现了建筑规范文献《营造法式》。其中构件的标准化，各工种的操作方法和工料的估算都有严格的规定，建筑装修与色彩有了很大发展，形成了新的艺术风格，虽然建筑规模比唐代小，但是华丽的彩画和琉璃瓦的大量使用使建筑绚丽而多彩；单体建筑的屋顶坡度增大，出檐不如前代深远，门窗多采用菱花扇，建筑风格渐趋柔和。这一时期，园林兴盛。

元代历时较短，但建筑风格很有特色，梁架构造有所创新，减柱法普遍使用，出现了钟、鼓楼和酬神演戏的舞台。元大都按照汉族传统都城的布局建造，是自唐长安城以来又一规模巨大、规划完整的都域。元代城市进一步发展了各行各业的作坊、店铺和戏台、酒楼等娱乐性建筑。

明清时期是中国古代建筑体系的又一个高峰时期，建筑群的布置更加成熟，单体建筑的特色是出檐较浅，斗拱比例缩小，应用斜梁，门窗装饰日趋华丽，官式建筑已经高度标准化、定型化。明代由于制砖工业的发展，砖的生产大量增长，砖已普遍应用于民居砌墙和城墙建设，明代还出现了全部用砖拱砌成的无梁殿。琉璃面砖、琉璃瓦的数量和质量大为提高，各民族的建筑也有了发展，地方特色更加显著。

二 中国古代建筑的结构

中国古代建筑以木构架结构为主要的结构方式，具体包括三种结构：抬梁式、穿斗式、井干式。

（一）抬梁式

在地面上先立柱，柱上架梁，每两组平行的梁之间安置与梁成垂直角度的檩，这些檩上排列若干椽子，从而形成完整的木构架，每两组平行梁之间的空间称为“间”。

（二）穿斗式

在地面上立柱，但柱上不架梁，而是直接安檩，柱子的间距较密，柱与柱用数层“穿”贯通联结，组成构架。这种结构较省木材，尤其是不需要大型的柱材。从地域上看，我国南方建筑多用这种结构。

（三）井干式

将木材横竖交叉，层层垒叠构成房屋的壁体。这种形式如同井筒一样，故名井干式，这种形式的房屋较少见。

三 中国古代建筑物的类型

中国古代建筑按所有者的社会地位设置建筑的规模和形制。从西周到清末，这是中国古代社会重要的典章制度之一。根据等级，中国古代建筑可以分为三种类型：

（一）殿式

殿式是宫殿的样式，为帝王后妃所居。寺观的大殿也属此类。其特点是宏伟华丽，屋顶可用琉璃瓦，用斗拱建重檐屋顶，彩画用龙凤图案等。

（二）大式

大式是各级官员和富商大贾的宅第。这种建筑不许施琉璃瓦，斗拱彩饰也有严格限定。

（三）小式

小式是普通百姓的住房，其建筑结构则受到种种限制。

四 中国古代建筑的基本构件

中国古代建筑与世界其他各国建筑迥然不同，这种独特的建筑外形，是由建筑的功能、结构和艺术结合而产生的，中国古典建筑的外观特征极为明显，都由台基、屋身、屋顶三部分组成，史称“三段式”。

（一）台基

又称基座。台基是中国古代建筑不可缺少的部分，系高出地面的建筑物底座，用于承托建筑物，并具有防潮、防腐功能，同时增强建筑物的高大雄伟形象，可分为普通台基和须弥座台基。

1. 普通台基

普通台基早期用素土或灰土或碎砖三合土夯筑而成，后也用砖石，常用于小式建筑。但在台基上面建汉白玉栏杆，用于大式建筑或宫殿建筑中的次要建筑。

2. 须弥座台基

须弥座又称金刚座，原为佛像下的基座，由汉白玉雕刻而成，随着佛教文化传入中国，被选为宫殿主体建筑的基座。一般用于高级建筑，如宫殿，坛庙的主殿及塔、幢的基座等。

天坛祈年殿

台基的等级从用材、高度和式样三个方面体现，其级别大小是：台基级数多的高于级数少的；白玉台基的（宫殿和著名寺院中的主要殿堂建筑）高于其他台基的；有围栏的高于无围栏的。最高等级的基座是三级须弥座，只用于皇宫朝政殿堂和最高等级的礼制建筑，如故宫三大殿、太庙大殿和天坛祈年殿等。

（二）屋身

屋身是中国古典建筑的主体部分。包括：

1. 开间

四根木圆柱围合成的空间称为“间”，间是中国古代建筑的基本单位。木构建筑正面两檐柱间的水平距离称为“开间”，或称“面阔”；建筑的纵深间数称“进深”。中国古代以奇数为吉祥数字，所以平面组合中绝大多数的开间为单数，开间越多，等级越高。按传统的建筑规制，单体开间分为五等，宫室面阔九间，进深五间，屋顶高度为九架；王公贵族为七间九架；一二品官员是五间九架；六至九品是三间七架；庶民百姓是三间五架。北京故宫太和殿、北京太庙大殿的开间为十一间。保和殿面阔九间，中和殿面阔五间。

中和殿六根柱子面阔五间

太和殿面阔十一间

2. 大梁

即横梁，架于木头圆柱上的一根最主要的木头，以形成屋脊，其断面多为矩形和圆形，是中国传统木结构建筑中骨架的主件之一。

3. 木头圆柱

常用松木或楠木制成的圆柱形木头。置于以石头（有时是铜器）为底的台上。多根木头圆柱用于支撑屋面檩条，形成梁架。

斗拱

4. 斗拱

斗拱是我国古代木结构建筑特有的构件，由方形的斗、弓形的拱和斜而长的昂组成。一般处于柱顶、额枋与屋面之间，用来支撑荷载梁架，挑出屋檐。其大小和出挑的层数有关，层数越多，等级越高。

5. 彩画

木构表面施油漆彩画，初为保护木材，起到防腐、防潮、防蛀的作用，后逐渐突出其装饰性。宋代以后彩画已成为宫殿不可缺少的装饰艺术，明清时期最常用的彩画可分为三个等级：

（1）和玺彩画。是等级最高的彩画，仅限于宫殿、坛庙的主殿、堂、门。其特点是主要线条全部沥粉贴金，画面由各种不同的龙凤图案组成，间补以花卉图案。

和玺彩画

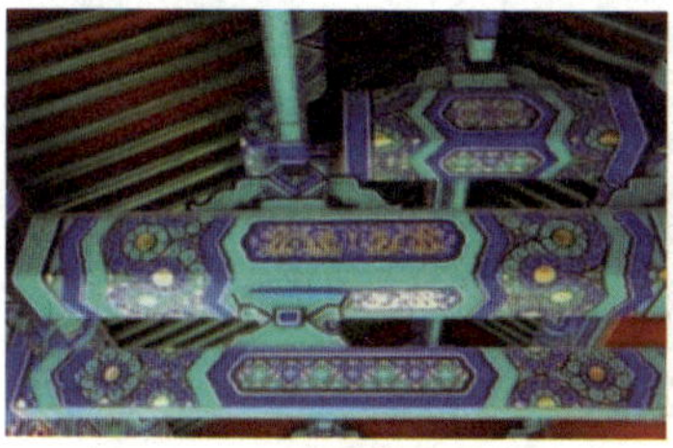

旋子彩画

（2）旋子彩画。等级次于和玺彩画，二者在构图上有明显区别。画面用简化形式的涡卷瓣旋花，有时也画龙凤，主要线条有的贴金粉，有的不贴金粉。一般用于官衙或寺庙中。

（3）苏式彩画。等级低于前两种，画面绘以山水风景、人物故事、花鸟鱼虫、博古器物等，基本上不用金。一般用于住宅和园林中。苏式彩画便是从江南的包袱彩画演化而来的。

苏式彩画

（三）屋顶

屋顶是中国古代建筑最有特色的部分，是中国古典建筑区别于西方古典建筑最鲜明的特征。尤其是展翅的大屋顶，有很强的民族特征，古代文人形容其为“如鸟斯革，如翚斯飞”，成为整座建筑极富神韵和艺术表现力的部分。

1. 有关术语

（1）正脊。屋顶前后两个斜坡相交而形成的屋脊。

（2）垂脊。庑殿屋顶正面与侧面相交的屋脊，歇山、悬山和硬山前后两坡至正吻沿博风板下垂的屋脊都叫垂脊。

（3）戗脊。歇山是悬山和庑殿结合而成，因此有九条脊。除正脊外，上半是四条垂脊，下半自博风板到套兽间，就叫戗脊，它与垂脊在平面上成45° 角。

（4）博脊。歇山的山花板与下边山面屋面接缝处，按前后方向平置的屋脊，叫博脊。

（5）角脊。垂脊的垂兽之前的三分之一部分，叫兽前，也叫角脊、岔脊。此外，庑殿或歇山重檐的四角，亦称角脊，脊饰同上檐。（下层檐的檐角屋脊也可是戗脊，称重檐戗脊。）

（6）元宝脊。卷棚顶的两坡相交处，不像通常那样做一条正脊，而是做成弧线形曲面，叫元宝脊，也叫罗锅脊。

（7）山。在建筑物左右两侧，由前屋顶和后屋顶的斜坡形成的三角形部分，很像古体的山字，在古代营造术语中，称之为山。

（8）山花。歇山屋顶两端博风板下的三角形部分，在明代以前多为透空，仅用悬鱼、惹草等加以装饰。明代则多以砖和琉璃，清代多以木板封闭透空部分，并施雕刻或花卉装饰于其上，谓之山花。

（9）博风板。悬山和歇山屋顶，桁（檩）都是沿着屋顶的斜坡伸出山墙之外；为保护这些桁头而钉在它上面的木板，叫作博风板。

（10）重檐。在同一层高度内，有两重屋檐的建筑，叫重檐建筑。

2. 屋顶形制

古建筑屋顶是森严礼制等级的体现，在传统中国建筑中有压倒性的位置，越高级的殿宇，屋顶就越大。

（1）庑殿式。俗称四面坡式（四阿顶）。屋顶由位于顶端的正脊和四个角的斜脊构成，有正面前后两个大坡面和侧面左右两个小坡面。前面两坡相交成正脊，左右两脊和前后两坡相交成四条垂脊，形成四坡五脊，因此也叫五脊殿。

故宫博物院

（2）歇山顶。歇山顶又称九脊顶，由四个倾斜

孟庙

的屋面、一条正脊、四条垂脊、四条戗脊构成。由于其正脊两端到屋檐处中间折断了一次，分为垂脊和戗脊，好像“歇”了一歇，故名歇山顶。

（3）悬山顶。俗称挑山顶，有五脊二坡。屋顶伸出山墙之外，并由下面伸出的檩承托。因其檩挑出山墙之外，“挑山”之名由此而来。悬山式建筑在中国封建社会的等级制度中，属级别较低的一种建筑，多为宫廷、官署、寺庙中的杂用性建筑，也是民居的一种形制。

（4）硬山顶。有五脊二坡，屋面以中间横向正脊为界分前后两面坡，左右两面山墙或与屋面平齐，或高出屋面。高出的山墙称风火山墙，其主要作用是防止火灾发生时，火势顺房蔓延。与悬山顶不同之处在于，两侧山墙从下到上把檩头全部封住，宫墙中两庑殿房以此顶为多。

（5）攒尖顶。无正脊，只有垂脊，只应用于面积不大的楼、阁、塔等，平面多为正多边形或圆形，顶部有宝顶。根据脊数多少，分三角、四角、六角、八角攒尖顶等。此外，还有圆角攒尖顶，也就是无垂脊。攒尖顶多作为景点或景观建筑。

（6）盝顶。盝顶亦分多角，但垂脊上端有横脊，横脊的数目与角数相同。各条横脊首尾相连，故亦称圈脊，如故宫御花园及太庙中的井亭即六角盝顶。

（7）卷棚顶。屋面双坡，没有明显的正脊，即前后坡相交处不用脊，而是砌成弧形曲面。左右两山墙有悬山和硬山的不同。故宫宫殿建筑群中，太监、佣人等居住的边房，多为此顶。

3. 脊兽

脊兽是一种装饰性建筑构件。最初是为了保护木栓和铁钉，防止漏水和生锈，对脊的连接部起固定和支撑作用。后来脊兽发展出了装饰功能，并有严格的等级意义。

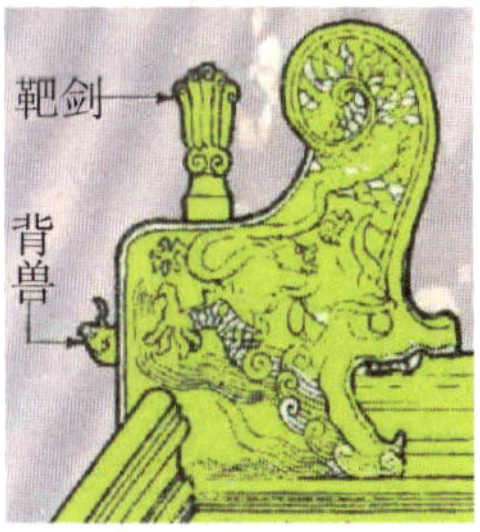

脊兽

正脊两头安放面朝里的龙首形瓦件称“正吻”“螭吻”，一般被认为是龙的第九子鸱吻，因其性情好望喜吞，经常被安排在中国宫殿建筑的屋脊上，做张口吞脊状，又称“吞脊兽”。正吻由吞着正脊的龙口，吻头后部的背兽、向上卷的尾和背上插着的宝剑等几个部分组成。相传宝剑是“神功妙济真君”许逊的，上插宝剑的说法，其一是妖魔鬼怪最怕许逊的这把扇形剑，取辟邪用意；其二是怕鸱吻擅自离职，所以要把它困在屋顶，好好工作。实际上鸱吻是由好几块构件拼构而成，剑把在鸱吻结构上起到串联构件的作用。这里具有建筑文化意义和实际功能的双重作用。

重脊

脊兽按其口的朝向，可分为两类：一类是口向下，呈含脊状，称为螭吻；另一类是口向上，或张嘴或闭嘴，叫作垂兽、望兽、蹲兽。望

【图文】重脊前为什么用仙人骑凤?

【视频】中国古代建筑的屋顶形式

【视频】歇山顶

兽的等级不如吻兽，常用于城墙上的城楼、铺房，如北京鼓楼、正阳门城楼和箭楼、德胜门箭楼、北京国子监正脊上均用望兽。

在宫殿建筑中，往往在庑殿顶的垂脊上，歇山顶的戗脊上塑有蹲兽，蹲兽又称走兽、仙人走兽，其排列和数目有着严格的等级区别。最前面领头的是骑凤的仙人，其余依次是：龙、凤、狮子、天马、海马、狻猊、狎鱼、獬豸、斗牛、行什。故宫太和殿的走兽最多，达十一个。这在中国宫殿建筑史上是独一无二的，显示了其至高无上的重要地位。其余等级则依次递减成奇数，且减后不减前。如乾清宫、中和殿、保和殿、天安门使用九个走兽；皇后的寝宫为七个；妃嫔居住的东西六宫为五个；有些配殿仅有一个。古代的宫殿建筑多为木质结构，易燃，檐角上使用了传说能避火的小动物。这些美观实用的小兽端坐檐角，“使本来极无趣笨拙的实际部分，成为整个建筑物美丽的冠冕”（梁思成）。

4. 琉璃瓦件

在五行中，黄色居中，故黄色在我国是最尊贵的色彩。自唐代始，黄色被定为皇室特用的色彩，级别高于绿色，绿色又高于其他颜色。在故宫中，黄色的用于帝王宫殿；蓝色的用于天坛，代表天；绿色用于皇子居住地；紫、黑、翠等各色用于园林建筑。

五 中国古代建筑的特征

（一）中国古代建筑的基本特征

1. 受自然条件影响，南北建筑风格差异大

古代的黄河中游一带，气候比现在温暖湿润，森林茂密，木材就成为古建筑的主要材料，为抵御严寒，北方的房屋朝向采取南向，以便冬季阳光射入室内，并使用火坑与较厚的外墙和屋顶，建筑外观厚重庄严；在温暖潮湿的南方，房屋多采用南向或东南向，以接受夏季凉爽的海风，或在房屋下部用架空的干栏构造，流通空气，减少潮湿；建筑材料除木、砖、石外，还利用竹与芦苇；墙壁薄，窗户多，建筑风格轻盈疏透。

2. 以木材为主要建筑材料，以木构架为主要结构方式

中国建筑素有“土木之功”之说，这概括了中国传统建筑的结构特色。中国古代，从一般的民宅到宏伟的宫殿、寺庙，普遍采用木构建筑。中国建筑也是世界唯一以木结构为主的建筑体系，其基本形式是在地面上立好木头柱子，在柱子上架设横向的木梁和木枋。梁枋上再用木料做成屋顶的构架，最后在这些构架上铺设瓦顶屋面。围绕柱子四周有砖、土或其他材料铸造的墙体，但是这些墙并不起承受房屋重量的作用，所以才有墙倒屋不塌的现象。

3. 完整的院落组织，多样的平面布局

在平面布局上对称与自由两种形式共存。“中庸”是中国传统思想的最高价值原则，这个观念体现在古代建筑上就是建筑的平面对称均齐布置，布局上必须有一条庄重的南北中轴主线，起着中枢神经作用。这一格局成为中国古代各类建筑组合方式的缩影——如宫殿、王府、衙署、庙宇、祠堂、会馆、书院等。民居和风景园采用“因天时、就地利”的灵活布局方式

与“源于自然，高于自然”的造景方式，体现自由随意的变化。

4. 建筑造型优美，装饰丰富多彩

造型以丰富多彩的屋顶为特色，既稳重协调又飞动轻盈。古代建筑的屋顶，由于木结构的关系，体形都显得庞大笨拙，但工匠们将屋顶做成曲面形，屋檐到四个角也都微微向上翘起，把屋脊上的构件加工成各种小兽，妙趣横生。不同的屋顶形式适用于不同类型、不同等级的建筑。在石造台基和栏杆、砖造大门门头墙头以及木制门窗上，凡是稍微讲究的房屋，几乎都装饰有石雕、砖雕或者木雕。

5. 创造斗拱结构形式

如果说中国传统建筑体系的框架结构和标准是中国古人恒久思想的体现，那么中国古代建筑中榫卯结构的不同组合方式就是中国人善于变通思想的体现。中国人自古就有“穷则变，变则通”的思想意识，体现在中国古代建筑斗拱结构的榫卯上，就是它既可以左右相连，也可以前后相接，又可以上下相叠，还可以错落组合，或加以变通而成八角、六角、圆形、扇形或其他形状。

6. 注重建筑与环境协调，讲究天人合一

在建造设计营造时，我国古人特别注意与周围大自然环境的协调。无论是宫殿、坛庙、民居、园林还是陵墓，都充分根据当地的山川形势、地理特点、气候条件、林木植被等情况，力求建筑布局、形式、色调与周围环境的协调统一，达到“虽由人做，宛自天开”的境界。在山清水秀、四季常青的南方，房屋色彩受气候、环境、社会等方面的影响，多用白墙、灰瓦和栗、黑、墨绿等色的梁架、柱装修，形成了与环境相调和、秀丽淡雅的格调。

任务二 殿堂庙宇

任务先行

遍布中华大地上的历代建筑是中国古代文明的标志，历代文化、艺术、科技的丰碑，国之瑰宝。无论是中国古代建筑中最高级、最豪华的帝王宫殿，还是集中体现中国礼制思想的宗教祭祀建筑，以及“事死如事生”的帝王陵寝，无不以其独特的形式语言，表达出了丰富而深刻的中国传统思想观念和浓郁的民族特色。

任务导入

墨子曰：“古之民，未知为宫室时，就陵阜而居，穴而处，下润湿伤民，故圣王作为宫室。为宫室之法，曰室高足以辟润湿，边足以圉风寒，上足以待雪霜雨露”，请说出这段话的含义并谈谈你知道的宫室建筑。

一 宫殿建筑

（一）宫殿的沿革

上古时代，“宫”与“殿”泛指一般的房屋住宅，没有贵贱之分。秦汉以后，字义缩小，专指帝王住所。我国现知最早的宫殿遗址是河南偃师二里头商代宫殿遗址，其次是商代中期的湖北黄陂盘龙城遗址和商晚期的河南安阳殷墟。至春秋战国时，宫殿建筑开始流行建造台榭，即在高大的夯土台上再分层建造木构房屋。秦汉以后，宫殿规模更为宏伟，如秦朝的阿房宫、汉代的未央宫等。东汉时流行将宫殿分为南北二宫，以阁道相通，而高台风尚渐趋衰落。魏晋南北朝时开创东西堂制度，即以太极殿为大朝正殿，侧殿建东西堂为上朝及宴会、居住用。隋以后改用“三朝五门”制。元明清的宫殿规模更加雄伟，布局严整、对称，且有使用工字形殿和设千步廊金水桥的特点。

（二）宫殿的布局

1. 严格的中轴对称

为了体现君权受命于天和以皇权为核心的等级观念，宫殿建筑采取严格的中轴对称的布局方式。中轴线上的建筑高大华丽，轴线两侧的建筑矮小简单。这种明显的反差，体现了皇权的至高无上；中轴线纵长深远，更显示了帝王宫殿的尊严华贵。

2. 左祖右社

又称左庙右祀。“左祖”，指在宫殿左前方设祖庙（帝王祭祀祖先的地方），又称“太庙”；“右社”指在宫殿右前方设社稷坛，社为土地，稷为粮食，社稷坛是帝王祭祀土地神、粮食神的地方。体现了中国礼制思想中崇敬祖先、提倡孝道、民以食为天的思想。

3. 三朝五门

根据帝王朝事活动内容的不同，分别在不同规模的殿堂内举行。自古就确立了三种朝事活动的殿堂，名为“三朝制”。所谓“三朝”是指大朝、内朝、外朝。与三朝相对应的建筑，是奉天殿（太和殿）、华盖殿（中和殿）、谨身殿（保和殿）。“五门制”，是在举行大型朝事活动的宫殿庭院前，沿中轴线以五道门及辅助建筑构成四座庭院，作为大朝宫殿前的前导空间，这五道门由内向外依次为朝门（奉天门或太和门）、宫门（午门）、宫城前导门（端门）、皇城门（天安门）、皇城前导门（大清门）。

4. 前朝后寝

前朝，是帝王上朝理政、举行大典的地方，因位于整个建筑群的前部，称“前朝”。后寝是帝王、妃子及其子女生活起居的地方，因位于建筑群的后部，称“后寝”。

【视频】慈宁宫

5. 前宫后苑

宫殿前面是皇宫建筑，后面往往为宫苑。

（三）北京故宫

北京故宫是中国明清两代的皇家宫殿，位于北京中轴线的中心，是中国古代宫廷建筑之精华，是世界上现存规模最大、保存最为完整的木质结构古建筑之一。它始建于明永乐四年（1406 年），永乐十八年（1420 年）基本建成。故宫建成后，经历了明、清两个王朝，到 1911 年清帝逊位约五百年间，先后有 24 位皇帝在此登基执政。依照中国古代星象学说，紫微垣（即北极星）位于中天，乃天帝所居，天人对应，是以故宫又称紫禁城。故宫南北长 961 米，东西宽 753 米，房屋 980 座，建筑面积 15 万平方米，四面围有高 12 米的城墙，城外有宽 52 米的护城河。紫禁城内的建筑分为外朝和内廷两部分。

【视频】建章宫

北京故宫

外朝的中心为太和殿、中和殿、保和殿，统称三大殿。太和殿是最富丽堂皇的建筑，俗称“金銮殿”，是皇帝举行大典的地方，也是中国古建筑中著名的三大殿之一。中和殿是皇帝去太和殿举行大典前稍事休息和演习礼仪的地方。保和殿是举行殿试及除夕皇帝赐宴外藩王公的场所。三大殿都建在汉白玉砌成的 8 米高的三层须弥座台基上，更显得高大、宏伟、庄严。内廷的中心是乾清宫、交泰殿、坤宁宫，统称后三宫，是皇帝和皇后居住的正宫。整个故宫建筑布局严谨，主次有序，青白石底座，红墙黄琉璃瓦顶，飞檐翘首，既庄严稳重，富丽堂皇，又不乏生动活泼。故宫不仅以其宏大的古代宫殿建筑群闻名于世，而且以丰富的宫廷史迹和灿烂的古代文化艺术享誉海内外。1987 年被列入《世界文化遗产名录》。

1. 宫殿外陈列

（1）华表。古代设在宫殿、城垣、桥梁、陵墓前作为标识和装饰用的大柱。起源于墓碑（木制），后作为识别道路的标志。设在陵墓前的别名墓表。设在宫殿的华表一般为石制。柱身通常雕有蟠龙等纹饰，上为方板和蹲兽，是皇家建筑的特殊标志。

（2）石狮。石狮雕刻在我国最早见于东汉，随佛教从印度传入，初被排列在陵墓前以示辟邪，后现于石窟和桥头，表示佛力浩大、无物不降和桥的坚实耐用，明清石狮移于宫殿和庭院的大门前，一可把守门阙，以示辟邪；二可显主人的威严和势力。

（3）日晷。我国发明最早、秦汉时期即已广泛使用的一种计时器，它利用太阳的投影与地球自转的原理，借指针所生阴影的位置来显示时间。

（4）嘉量。我国古代容积的综合标准量器，全套量器从大到小依次为：斛、斗、升、合、龠。嘉量放在宫殿门前有统一度量衡的意义。表示皇帝的公正和至高无上，也象征着国家的统一和强盛。

（5）吉祥缸。置于宫殿前庭院中，盛满清水以防火灾的金属大缸。古代称之为“门海”，以比喻缸中水似海，可以扑灭火灾，故又被誉为吉祥缸，一般有铜、铁、鎏金三种。

（6）鼎式香炉。有盖为鼎，无盖为炉。我国古代举行大典时用来燃烧檀香和松枝的一种礼器。

（7）铜龟、铜鹤。用来象征长寿。最有名的被称为龙头龟、仙鹤。

日晷

嘉量

铜鹤

铜龟

2. 宫殿内的陈列

乾清宫

（1）“金”砖墁地。专为京城皇宫烧制的细料方砖，边长约二尺，其表面润泽如墨玉，平滑如镜，脚踏上去，不滑不涩；颗粒细腻，质地坚硬密实，敲起来有金石之声。

（2）藻井、柱色。中国传统建筑中天花板上的一种装饰，含有五行中以水克火、预防火灾之意。一般在寺庙佛座上或宫殿的宝座上方平顶的凹进部分，有方格形、六角形、八角形或圆形，上有雕刻或彩绘，常见的有“双龙戏珠”。

（3）太平有象。宫殿皇帝宝座旁立象，既表示了皇帝的威严，又象征社会的安定和政权的稳固，象身上驮一宝瓶，瓶内盛五谷或吉祥物，含有五谷丰登、吉庆有余之意。

龙凤藻井

（4）角端、仙鹤。角端是古代传说中的神异之兽，日行一万八千里，通晓四夷之路。仙鹤为传说中的神鸟，能青春常在，置其于帝座侧显示皇帝是圣明之君，表示江山永世长存。

（5）盘龙香亭。初形为香炉，后发展为香筒，再演变为香亭。亭下盘内燃放檀香，缕缕青烟从镂空的亭身升起，恰如置身云雾间，因亭子有安定之意，置其于殿内可显示天下大治，国家稳固。

（6）如意。寓吉祥如意、长生不老的灵芝如意、五福捧寿如意、事事如意、岁岁平安如意等。

（四）沈阳故宫

沈阳故宫

沈阳故宫位于沈阳旧城中心，是我国现存仅次于北京故宫的完整的皇宫建筑，是清朝前期的皇宫，努尔哈赤和皇太极曾在这里居住。清军入关前称盛京宫阙，入关后称奉天行宫。

皇宫是一座融满、汉民族风格为一体的宫殿建筑群。全部宫院分东、中、西三路。东路为清太祖努尔哈赤时期建造的大政殿与十王亭。中路为清太宗皇太极时期续建的大中阙，包括大清门、崇政殿、凤凰楼以及清宁宫、关雎宫、衍庆宫、启福宫等。西路则是乾隆时期增建的文溯阁、嘉荫堂和仰熙斋等。

（五）布达拉宫

布达拉宫位于拉萨市区玛布日山上，始建于公元 7 世纪，相传是松赞干布为迎娶文成公主而建。原建筑毁于战火，明代由五世达赖修复和重建。高117米，共13层，建筑面积13万平方米，共有房间999间，全部为石木结构。包括宫殿、灵塔殿、佛殿、经堂、僧舍等建筑。

布达拉宫

布达拉宫依山垒砌，群楼重叠，殿宇嵯峨，金碧辉煌。其建筑风格体现了藏式建筑的鲜明特色和汉藏融合的特点。宫内藏有大量壁画雕塑、诏敕、印鉴、金册、玉册、经文、匾额、典籍等大量文物，是西藏最珍贵的历史、宗教、文化、艺术的宝库，也是世界上海拔最高、规模最大的宫堡式建筑群，是高原上一颗璀璨的明珠。1994年被列入《世界文化遗产名录》。

二 坛庙建筑

中国古代依礼治家治国。中国的礼制思想集中体现在两个方面：其一是对自然的崇拜，相信“天”是人类的主宰，帝王的一切行为都是受命于天的，因此不可违抗；其二是崇尚祖先。用以宣讲、传播礼学的礼制，举办各种“礼”所规定的祭奠活动的建筑称礼制建筑。礼制建筑有官修和民建两种，包括坛庙、祭祠和祠堂。

（一）坛

祭祀天、地、日、月、社稷、山川、神仙的场所，多筑在平地上的高台上。

【图文】天坛

（1）封禅。“封”是指“祭天”，“禅”是指“祭地”。

（2）郊祀。明成祖在北京南郊建天地坛，合祭天地，后又将天地分祭，在北郊另建地坛祭地，把南郊原建的改名为天坛，专门祭天。祭日于东郊，祭月于西郊，所以统称为郊祭。

（3）北京社稷坛。是帝王祭祀土地神和谷神的地方，五行中中为黄，东为青，南为红，西为白，北为黑，以象征“普天之下莫非王土”和祈求全国风调雨顺，五谷丰登。

（二）庙

庙是中国古代祭祀先祖先贤的场所，如太庙、孔庙、关帝庙、宗庙（先祖庙）、君师庙、神庙等，也常称为祠，如司马迁祠、武侯祠、各地的先贤祠和家庭祠堂。其中最著名的是北京的太庙。

1. 太庙

太庙是明清两代皇帝祭祀祖先的家庙，始建于明永乐十八年（1420年），占地200余亩，是根据中国古代“敬天法祖”的传统礼制建造的。现为北京劳动人民文化宫，也是现代仅存的一座皇家太庙。

2. 文庙（孔庙）

祭祀孔子及其七十二弟子的地方。儒家创始人孔丘被尊为“万世师表”，唐玄宗开元二十七年（公元739年）封孔子为文宣王，因此，人们称孔庙为文宣王庙。明永乐年间，因武庙多建于文庙旁，民间就把与武圣人并列的文圣人孔子的庙，称为文庙。

3. 武庙

即关帝庙，是三国蜀汉大将关羽的祠庙。后代帝王把他当作忠义和气节的化身，从宋朝开始不断加官晋爵，明神宗时追奉为关圣大帝；明崇祯时称他为关夫子，与孔夫子并列。山西解州关帝庙为武庙之首。

4. 孔庙

位于山东省曲阜市南门内，是祭祀孔子的庙宇。孔庙是中国现存规模仅次于故宫的古建筑群，堪称中国古代大型祠庙建筑的典范。

孔庙

孔庙、孔府、孔林闻名全国，并称“曲阜三孔”，与北京故宫、承德避暑山庄及周围寺庙、山东泰安岱庙，被誉为“中国四大古建筑群”。

（三）祠堂

宗祠为一族一姓祭祀祖先的建筑，过去几乎遍及城乡。如广州陈家祠堂为清末广东72县陈姓联合建造，其建筑以装饰精巧、富丽堂皇而著称。

三 陵墓建筑

陵墓建筑是中国古代建筑的重要组成部分和最宏伟、最庞大的建筑群之一。中国古人基于人死而灵魂不灭的观念，普遍重视丧葬，因此，无论任何阶层对陵墓皆精心构筑。

（一）帝王陵寝

1. 古代帝王葬制的演化

（1）单葬制。如秦始皇陵。汉武帝前的帝王葬制。

（2）陪葬制。如茂陵、乾陵。始于汉朝，至唐朝成了一个固定的制度。

（3）群葬制。如西夏王陵、明十三陵。始于北宋，沿用于明清。

2. 封土的沿革

经历了从秦汉两代的“方上”，唐代的“因山为陵”、宋代的小规模恢复“方上”的形式，到明清两代的“宝城宝顶”这样一个漫长的发展过程。

方上指的是在帝王的墓穴之上用土层夯筑，使它成为一个上小下大的方锥体，就像倒扣的斗，因它的上部是方形平顶，没有尖部，所以叫“方上”，也称“覆斗”。到唐代，李世民认为平地筑高坡劳民伤财，同时为了防止水土流失和盗墓，于是改用以山为陵的形式。宋代恢复了“方上”形式，但规模比秦汉小。它利用山的丘峰作为陵墓的坟头。明清时期，帝王陵的封土完全改变了方上之制，两个朝代30多个皇帝和上百个后妃的封土都采用了宝城、宝顶的形式，这种建筑形式是在墓穴上面砌筑一个高大的砖城，然后在砖城内填土，使土高出城墙，形成一个圆顶，在城墙上面设置垛口和女墙，

秦始皇陵

宛如一座小城，城墙叫作“宝城”，高出城墙的圆顶叫作“宝顶”。这种宝城、宝顶和方城明楼构成的坟头，在建筑构造上比以前的方上复杂多了。它不仅突出了陵墓的庄严气氛，也增加了建筑的艺术性。

（二）陵园的建筑布局

中国陵园的布局大都是四周筑墙，四面开门，四角建造角楼。陵前建有甬道，甬道两侧有石人、石兽雕像，陵园内松柏苍翠、树木森森，给人肃穆、宁静之感。明十三陵、清东陵、西陵是其中典型的代表。

1. 祭祀建筑区

为陵园建筑的重要部分，供祭祀之用。

2. 神道

十三陵神道

“墓前开道，建石柱以为标，谓之神道。”（李贤）神道两侧置放的石人石兽，古称石像生。陵墓前的石人又称翁仲。明十三陵石兽造型有狮子、獬豸、骆驼、大象、麒麟、骏马，石人分勋臣、文臣、武臣三种造型，文武各4人。

3. 护陵监

护陵监是专门保护和管理陵园的机构。

（三）墓室结构

原始社会早期，墓穴形式很简单，只在地下挖一土坑，墓坑一般较小，只能容纳尸体，无棺椁，尸体也无特殊东西包裹。到新石器时代晚期，在大汶口文化后期，少数墓坑面积很大，坑内沿四壁用天然木材垒筑，上部用天然木材铺盖。随着社会的发展，墓室结构也发生了很大变化。主要有以下三种类型：

（1）木椁地宫。椁是盛放棺木的“宫室”，即棺外的套棺。“黄肠题凑”是木椁玄宫的发展，其规模、复杂程度为木椁地宫高峰。

（2）砖石地宫。从汉代开始，普遍采用砖石筑墓室，墓室的结构和布局，仿照现实生活中的住宅。最著名的地下宫殿是定陵。

（3）土洞地宫。北方黄土富集地区，利用土层厚，黏性强，质地均和降水少的特点，开凿成土洞土宫，壁面有精美雕刻和壁画。如乾陵永泰公主、章怀太子和懿德太子墓，唐僖宗靖陵地宫等。

【图文】黄肠题凑

【视频】宗祠

（四）中国现存的著名古代陵墓

1. 黄帝陵

黄帝陵是中华民族始祖轩辕黄帝的陵墓，是保留至今最古老的帝陵，素有天下第一陵的称号。

2. 秦始皇陵

秦始皇陵是中国古代最大的帝王陵墓，也是世界上最大的一座陵墓。秦兵俑坑被誉为“世界第八奇迹”。

3. 明十三陵

明十三陵是国内现存最集中、最完整的陵园建筑群，共埋葬了十三位皇帝、二十三位皇后、两位太子、三十余名妃嫔、一位太监。其中规模最宏伟的是长陵（明成祖朱棣）和定陵（明神宗朱翊钧），结构最精美的是永陵，规模最小的是思陵。

4. 清陵

清代帝王陵墓主要集中在四个地区：辽宁新宾的永陵，为清太祖以前的肇、兴、景、显四陵；今辽宁沈阳附近的清太祖福陵与太宗昭陵；河北遵化原清东陵，包括孝陵、景陵、裕陵、定陵、惠陵及诸后妃之陵；河北易县原清西陵，有泰陵、昌陵、慕陵、崇陵及诸后妃之陵。中国现存陵墓建筑中规模最宏大、建筑体系最完整的皇家陵寝是清东陵，占地 78 平方千米，其中埋葬着清朝 5 位皇帝，14 位皇后，百余名嫔妃。

5. 孔林

孔林又名至圣林，是孔子及其后裔墓地，是我国现有规模最大、持续年代最长、保护最完整的一处宗族墓葬地，为全国重点文物保护单位。1994 年 12 月被联合国教育、科学及文化组织列入世界文化遗产名录。

四 佛塔建筑

一座塔一般由地宫、塔座、塔身、塔刹组成。由于这几部分形态的不同，塔也可以分为不同的类别。相传，佛祖圆寂后，为了安放佛祖的舍利，弟子们按照佛祖生前的暗示，将他的坟墓建成方基、覆钵、尖顶的形状。梵文叫“st ū pa”，即窣堵波，在中国译为“浮屠”，这就是最早的佛塔。中国佛塔按照形态可分为楼阁式、密檐式、覆钵式、金刚宝座式等类型。

（一）楼阁式塔

大雁塔

楼阁式塔是由我国高层楼阁发展而来，其塔身是一座多层楼阁，每层都有飞檐翘角、平座和门窗，可以登临眺望。塔顶是一个高大华丽的塔刹。这种形式的塔，巍峨壮观，在我国古塔中占的数量最多，历史最悠久，造型优美。由于我国古时以奇数为阳，所以塔的层数以奇数为多，尤以七、九、十一层多见。应县木塔是我国现存最古老、最高的一座木构大塔。大雁塔是现存最早、规模最大的唐代楼阁式砖塔。山东历城神通寺四门塔，保留了窣堵波作为墓塔的功能，但吸收了中国传统楼阁的造型，是中国现存的唯一的一座隋代石塔，也是中国现存最早的单层庭阁式石塔。

（二）密檐式塔

密檐式塔，塔基为须弥座，与楼阁式塔的最大区别是密檐式檐下部有一层相当于楼阁层高的塔身，上饰以佛龛、佛像，雕以门窗、柱子等；自第二层起，层与层之间的距离特别短，塔上没有门窗，有的只有一些通光的小孔，内部大都是实心，不能登临远眺。密檐式塔著名的有河南登封嵩岳寺塔、西安小雁塔、云南大理千寻塔等。位于河南登封嵩山南麓的嵩岳寺塔建于北魏正光四年（523 年），塔身为十二角形，塔高 41 米，是我国现存最古老且艺术水平最高的密檐砖塔。全塔分为塔身、塔檐、塔刹三部分。塔室底层东、西、南、北四面都有入口，可直接进入塔心内室，内室除底层为正十二边形，往上直到顶部均为八角形直井式，中间用楼板分为十层。塔身外表为白色，轮廓柔和，外形刚健而秀丽。

（三）喇嘛塔

喇嘛塔又称白塔，主要建在喇嘛寺院中，所以被称作喇嘛塔，塔基为一个高大的须弥座，上面安置一个巨大的瓶形塔肚，再上面是瘦长的塔颈。塔颈上一般有十三层相轮，称十三天，顶上还有华盖和仰月宝珠等装饰。我国从元代起出现此类型塔，因其通体皆白色，俗称白塔。我国现存最大的喇嘛塔是北京北海琼岛白塔。

（四）金刚宝座塔

金刚宝座塔是佛教密宗的一种佛塔建筑形式，用来供金刚界五智和如来。金刚宝座塔建筑由方形的塔座（金刚宝座）加上部的五座塔构成。中塔为主塔，塔身较高大，四角的塔略为矮小。宝座上的塔有密檐式、楼阁式、覆钵式等多种，有的金刚宝座塔还建在佛教建筑顶上。北京真觉寺金刚宝座塔是我国同类塔中最早、雕刻最精美的一座。北京香山碧云寺金刚宝座塔是我国现存最高的金刚宝座塔。

碧云寺金刚宝座塔

任务三　城防桥梁

任务先行

建筑是人类智慧和文明的结晶，是历史沧桑的见证，更是文化和思想的外现。城防文化是防卫文化，其核心是和平文化。作为文化的载体，长城既是中华民族不屈不挠、抵抗外辱的象征，又是民族团结融合发展的象征；正如万里长城体现我国劳动人民举世无双的创造能力一样，我国古代桥梁建筑艺术，也充分显示了古代劳动人民非凡的智慧与才能。

任务导入

通过情景剧《孟姜女哭长城》表演导入修建长城的时代背景和意义。

一 现存城市防御建筑

（一）城的基本建筑

城，旧时在都邑四周用作防御的城垣。一般有两重：里面的称城，外面的称郭。中国古代，上自天子王侯的都城，下至州郡府县的治所，都有城墙围绕。城墙上有城楼、角楼、垛口等防御工事，构成一整套坚固的防御体系。

1. 门楼

门楼是权力的象征，同时也常是一个城的重要标志，所以一般门楼建得比较高大雄伟。门楼在平时作瞭望守卫，储备粮食武器之用，战时则是作战指挥中心和守卫要地。

2. 角楼

角楼位于城之四角，因它双向迎敌，所以是城防中的薄弱点，需要努力加强防卫。战时，一般角楼中集中较多的兵力和武器。

角楼

3. 敌台

敌台又称“马面”，敌台的防御作用是很大的，因城墙正面不便俯射，将士若探身伸头射杀敌人，容易遭到对方的射击，有了突出的城台，进逼城墙脚下的登城者，就会遭到左右敌台上的射击，而使登城无法进行。所以敌台的距离一般均在两个敌台能够控制的射程之内。

4. 敌楼

敌楼骑墙而筑，高出城墙之上，有的二层，有的三层，是供储备粮草、军械、火药和士兵居住、躲风避雨以及作战之用。

垛口

5. 垛口

筑在城墙迎敌面的顶部，呈上下凹凸状，凸出部分称垛口。垛口中有上下两孔：其上为望眼，用以瞭望来犯之敌；下有射孔，用以射击敌人。垛口的作用很大，它既能隐身防敌，又能有力地打击敌人，使自己始终处于不败之地。

6. 墙顶

城墙顶部是军队防御活动的通道，迎敌一面筑有 2 米高的垛口，另一面筑有高 1 米左右用以护身的女墙，墙顶通道一般较宽，可五马并骑，十人排行而走。

7. 瓮城

瓮城呈长方形或圆弧形加筑在迎敌的城门之外，以使城门增加一道有力的防线，其迎敌的城台上往往还筑有箭楼。

8. 箭楼

箭楼

一般雄峙在瓮城的迎敌城台上，与门楼遥遥相对，迎敌三面都开有一排排多层的箭孔，当敌人来犯时，可形成密集的射击点，给敌人以毁灭性的打击。

9. 护城河

即紧接城墙外面深阔的城濠，它一正一负构成了双重的防御体系，在城门处往往还有吊桥。

10. 钟鼓楼

古时，为“晨钟暮鼓”的报时以及报警之需，凡是重镇城内多建有钟鼓楼。如果四边的城门都开在中央，南、北、东、西四门相对，城内的街道便成十字形，一般钟鼓楼就坐落在这个十字路口附近，西安市内的钟鼓楼便是如此。

（二）著名的城防建筑

1. 明南京（原称应天府）城墙

明南京城墙

建于元至正二十六年（公元1366年）至明洪武十九年（公元1386年）。原建宫城、皇城、外郭城已毁，仅剩都城城垣。原有城门十三座：其中聚宝（中华）、石城、神策、清凉四门保存至今。由于规模大，构思奇巧，建造精良，所以工事极为坚固，适宜防守。

明南京城墙城垣内侧周长33千米，不仅是全国第一，而且为世界第一。城垣用巨大的条石砌基，用巨砖砌成，城墙高14 ~ 21米，是用桐油、石灰、糯米拌石灰灌浆作黏合剂，垒砌巨砖而成，极为坚固。

2. 明西安城墙

是中国现存规模最大、保存最完整的古代城垣。始建于明太祖洪武三年（1370年），洪武十一年（1378年）竣工，是在明太祖“高筑墙、广积粮、缓称王”思想指导下，在隋、唐皇城的基础上建成的，当时是西安的府城。明太祖朱元璋将次子朱樉册封为秦王，藩封、府治同在一城，因而城池规模宏大坚固，再加上后来明清多次修葺、增建，至今保存完好。墙高12米，顶宽12 ~ 14米，底宽15 ~ 18米，轮廓呈封闭的长方形，周长13.74千米。

3. 明平遥城墙

城墙建于明代，周长达6.4千米，整座城大体上呈正方形，墙高12米左右，城墙外表全部为砖砌，墙上筑有垛口，墙外有护城河，深广各4米。平遥古城为现存最为完整的明清县城，它是中国汉民族中原地区古县城的典型代表。清道光三年（1823年），全国第一家票号“日升昌”在平遥古城创立，在中国古近代金融史上具有划时代意义。

明平遥城墙

二 古长城

（一）长城的历史沿革

长城是古代中原政权为防御北方游牧部落向南侵扰而采取的军事防御措施之一。早在春秋时期，“楚国”就修筑了长数百千米的非封闭性城墙，叫作方城。战国时，燕、赵、魏、秦等国都相继兴筑。秦始皇统一六国后，为了防御北方匈奴的南侵，于公元前216年至公元前208年，历时9年，在原秦、赵、燕北部长城的基础上，连接、加固，形成一条西起甘肃临洮、东到辽东，绵延一万余里的长城，俗称“万里长城”。中国历史上修城时间最长的朝代是明朝，自洪武元年到明末历时270多尚未修完。明长城也是历代修筑的长城中技术水平最高，工程最坚固，防御体系最完整的万里长城。明长城西起嘉峪关，东至鸭绿江，全长7000千米以上，在长城沿线保存了许多雄关隘口。1987年，长城被列入世界遗产名录。

（二）长城的主要结构

长城

明长城的防御体系由军事建筑和与之配套的军事机构组成，基本结构有城墙、敌台、烽堠、关隘与烽火台。

1. 明长城

明长城的主体是城墙，城墙多建在蜿蜒曲折的山脉的分水线上。其构造按地区特点有条石墙、夯土墙和砖墙等。墙高3至8米，顶宽4至6米。

2. 敌台

城墙上每隔30至100米建有敌台。敌台有实心、空心两种。实心敌台只能在顶部瞭望射击，而空心敌台下层能住人，顶上可瞭望射击。

3. 烽堠

烽堠是报警的墩台建筑，都建在山岭最高处，相距约1.5千米。一般烽堠用夯土筑成，重要的在外包砖，上建雉堞和瞭望室。雉堞是城上排列如齿状的矮墙，做掩护用。台上贮薪，遇有敌情，日间焚烟，夜间举火，依规定路线，很快即传至营堡。

4. 关隘

凡长城经过的险要地带都设有关隘。关隘是军事孔道，防御设置极为严密。一般在关口置营堡，加建墩台，并加建一道城墙以加强纵深防卫。重要关口则纵深配置营堡，多建城墙数重。

（三）长城代表段落

北京延庆区的八达岭长城、北京怀柔区的慕田峪长城、河北滦平县的金山岭长城、天津蓟州区的黄崖关长城、河北省秦皇岛市的山海关、甘肃省嘉峪关市的嘉峪关等都是长城的代表段落。

1. 八达岭长城

我国明长城中保存最完整、最具有代表性的段落之一。因地势险要，历代都设重兵把守。

2. 金山岭长城

盘桓在河北省滦平县的大小金山岭上。明代初年徐达督修长城。1567年，戚继光镇守北疆，继续兴建众多敌楼和战台，使之成为万里长城上构筑最复杂、楼台最密集的一段。

（四）著名的关隘

1. 山海关

万里长城第一关。其北踞燕山，南抵渤海，位居东北、华北间的咽喉要冲，自古为兵家必争之地。山海关筑于洪武十四年（公元1381年），关城平面呈方形，有城门四座，各门之上高筑城楼，现仅有东门保存完好。关城四周有瓮城、东罗城等军事设施，形成关城外围的屏障。

山海关

2. 居庸关

居庸关

位于北京市昌平区。“居庸关”一名始自秦代，相传因秦始皇“徙居庸徒”（佣工）到此修筑长城而得名。三国名西关，北齐称纳款关，后改今名。现存的关城建于明初。关城位于长达20千米的深谷之中，是北京西北的门户。明代在关城设卫所，驻重兵把守，并统辖附近长城沿线的守军。关城中心有一过街塔基座，名云台。云台建于元至正五年(公元1345年)，以白色大理石砌成，正中开一石券门，门道可通车马。券门和券洞刻有浮雕图案，艺术价值很高。

3. 嘉峪关

明代万里长城西端的终点、丝绸之路的交通咽喉，有“河西第一隘口”之誉，始建于明洪武五年（1372年）。关城平面呈梯形，西城墙外侧又加筑了一道厚墙，使防御更加坚固。南北城墙外侧有低矮土墙与其平行，构成罗城。关城有东西二门，上面均有城楼。东西二门外建有瓮城。关城四隅有角楼，高两层，形如碉堡。

嘉峪关

相传，当年建关时，工匠们计算用料十分精确，竣工后只剩一块砖。此砖今仍存于西瓮城门楼后檐台上。

三 桥梁建筑

桥出现在汉代，先秦时期只有“梁”。《说文解字》载：“桥，水梁。梁，水桥也”。桥、梁可以互为解释，均指跨于水面上的建筑物。中国的古桥梁遍布于祖国江河之上，是勤劳智慧的中国人用自己的聪明才智和艰苦劳动修建的建筑，便利了交通，装点了江山，是中国古文明的标志。

（一）基本类型

从汉代开始，中国古桥形成了拱桥、梁桥、索桥和浮桥四大基本类型。

1. 拱桥

拱桥是以拱圈为主要承重结构而建造的桥梁。如安济桥、玉带桥和扬州五亭桥。

2. 梁桥

又称平桥，是一种以桥墩和横梁为主要承重构件而建造的桥梁。

3. 索桥

一种以绳索为桥身主要承重构件而建造的桥梁，多建于沟深水急的峡谷中，以西南地区较为多见。

4. 浮桥

又名舟桥，战桥，是一种以船、筏和木板为桥身而建成的桥梁。这种桥梁将数只、数十只或数百只木船、木筏和木板为桥身而建成的桥梁。

（二）四大名桥

1. 赵州桥

又称安济桥。位于河北省赵县的洨河上，由隋朝石匠李春设计建造，距今已有近 1400 多年的历史，是世界上现存最完整的古代单孔敞肩石拱桥。

赵州桥

2. 洛阳桥

原名“万安桥”。位于福建省泉州市东郊的洛阳江上，是北宋泉州太守蔡襄主持修建的工程，是中国现存最早的跨海梁式大石桥。“种蛎固基”法是世界上第一个把生物学应用于桥梁工程的先例。

【视频】夯土

3. 卢沟桥

卢沟桥坐落在北京西南的永定河上，始建于金代，为华北最长的古代石桥，因横跨卢沟河（即永定河）而得名。卢沟桥总长约 266.5 米，有 281 根望柱，柱子上形态各异的狮子据记载有 627 只，现存 501 只。

【视频】户对

4. 广济桥

俗称湘子桥。位于广东省潮州市古城东门外，横跨韩江，始建于南宋，是古代广东通向闽浙交通要津。该桥集梁桥、浮桥（中间 18 只木船）、拱桥（两端第一孔）于一体，以其“十八梭船二十四洲”的独特风格被著名桥梁专家茅以升誉为“世界上最早的启闭式桥梁”。

【视频】琉璃瓦

任务四　中国传统民居

任务先行

中国历史悠久，幅员辽阔，自然环境多种多样，社会文化环境不尽相同。在漫长的历史发展过程中，逐步形成了各地不同的民居建筑形式，这种传统的民居建筑深深地打上了地理环境的烙印，生动地反映了人与自然的关系。

任务导入

你见过的传统民居有哪些？请说说它们各有什么特点。

一　木构架庭院式

木构架庭院式是中国传统住宅的最主要形式。其数量多，分布广，为汉族、满族、白族等民族大部分人及其他少数民族中的一部分人使用。这种住宅以木构架房屋为主，在南北向的主轴线上建正厅或正房，正房前面左右对峙建东西厢房。由一正两厢组成院子，即通常所说的“四合院”“三合院”。长辈住正房，晚辈住厢房，妇女住内院，来客和男仆住外院，这种分配符合中国封建社会家庭生活中要区别尊卑、长幼、内外的礼法要求。因各地区的自然条件和生活方式的不同而各具特点，北京四合院可以代表其主要特点。

二　一颗印式

云南省的“一颗印”式住宅可以作为这类住宅的代表。这类住宅布局风格与“四合院”大致相同，只是房屋转角处互相连接，组成一颗印章状，故称“一颗印”式。建筑为木构架，土坯墙，多绘有彩画。是由汉、彝先民共同创造，实际上是北方四合院在南方的形式。南方的四合院受人口密集、建筑面积所限，加上云南地形多山地，

一颗印式民居

气候多雨的诸多客观条件限制，北方四合院在云南就变成“一颗印”。

三 四水归堂式

平面布局与北方的“四合院”大体一致，只是院子较小，院子称为天井，仅作排水和采光之用。是皖南民居特有的一种布局方式。四水归堂指的是各屋面内侧坡的雨水都流入天井，意为水聚天心，财不外流。这种住宅第一进院，正房常为大厅，院子略开阔，厅多敞口，与天井内外连通。后面几间院的房子多为楼房，天井更深、更小些。屋顶铺小青瓦，室内多以石板铺地，以适合江南温湿的气候。徽州民居可以代表其主要特点。

四水归堂式

徽州明清住宅主要分布于安徽南部徽州地区。多为砖木结构的楼房，其基本形式多为三合或四合式楼房布局。大门饰以山水人物石雕砖刻，门楼重檐飞角，各进皆开天井，通风透光，四水归堂。四周白色山墙宽厚高大，墙头高出屋顶，作阶梯状。砖墙抹灰，覆以青瓦墙檐，白墙黛瓦，明朗而素雅，是南方建筑一大造型特色。皖南民居古村落的代表西递、宏村被联合国列入“世界文化遗产名录”。儒家严格的等级制度，以及尊卑有别、男女有别、长幼有序的封建道德观表现得也十分明显。

四 干阑式住宅

主要分布在中国西南部的云南、贵州、广东、广西等地，为傣族、景颇族、壮族等的住宅形式。干阑是用竹、木等构成的楼居。它是单栋独立的楼，底层架空，用来饲养牲畜或存放东西，上层住人。这种建筑能隔潮，并能防止虫、蛇、野兽侵扰。

五 窑洞式住宅

窑洞式住宅主要分布在中国中西部的河南、山西、陕西、甘肃、青海等黄土层较厚的地区。利用黄土壁立不倒的特性，水平挖掘出拱形窑洞。窑洞节省建筑材料，施工技术简单，冬暖夏凉，经济实用。按大类分为崖窑、地窑和箍窑三种。崖窑是沿直立土崖横向挖掘的土洞；地窑是在平地掘出方形或矩形地坑，形成地院，再在地坑各壁横向掘窑，多用在缺少天然崖壁的地段。箍窑是以砖或土坯在平地仿窑洞形状箍砌的洞形房屋，不是真正的窑洞。

六 福建土楼

福建土楼

大土楼是闽西南地区客家人聚族而居、围成环形的楼房。外形有方、圆、前方后圆之别，酷似庞大碉堡，其外墙用土、石灰、沙、糯米等夯实，厚 1 米，一般为 3~4 层，最高 6 层，房间总数多的可达 300 余间。含庭院，可住 50 多户人家。庭院中有厅堂、仓库、畜舍、水井等公用房屋。客家人为防卫侵袭而创造的独特建筑形式，至今仍在使用。福建地处东南沿海地震带，气候暖热多雨，坚固的土楼既能防震、防潮，又可保暖隔热，可谓一举多得。

【视频】东阳卢宅

七 藏族碉房

碉房是中国西南部青藏高原以及内蒙古部分地区常见的居住建筑形式，一般为 2 ~ 3 层。底层养牲畜，楼上住人。墙体下厚上薄，外形下大上小，建筑平面都较为简洁，一般多方形平面，也有曲尺形的平面。因青藏高原山势起伏，建筑占地过大会增加施工难度，故一般建筑面积较小，而向空间发展。西藏那曲民居外形是方形略带曲尺形，中间设一小天井。内部精细隽永，外部风格雄健。

【视频】瓦房

任务五 园林建筑

任务先行

与我国古代宫殿建筑同样显示出鲜明的民族特色和高度的艺术成就的，是中国古代的园林艺术。我国园林建筑不仅具有悠久的历史和高度的成就，而且独树一帜，自成体系，与欧洲、阿拉伯园林建筑共称为世界三大园林体系。

任务导入

你会写“园”的繁体字吗？

一 中国古代园林的起源与发展

根据文献记载，早在商周时期，我国先民就已经开始了利用自然的山泽、水泉、鸟兽进行初期的造园活动。园林的最初形式为囿。囿是指在圈定的范围内让草木和鸟兽自生自育。囿中还挖池筑台，供帝王和贵族们狩猎和娱乐。公元前 11 世纪，周武王曾建“灵囿”。

春秋战国时期的园林中有了进一步的风景组合，园林的组成要素已经基本具备。秦汉时期出现了以宫室建筑为主的宫苑，“一池三山”为代表的布局初步形成。魏晋南北朝时期是中国园林发展中的转折点。私园已从利用自然环境发展到模仿自然环境的阶段，筑山造洞和栽培植物的技术有了较大的发展，造园的主导思想侧重于追求自然情致，如北魏张伦在宅园中“造景阳山，有若自然”，产生了“自然山水园”。佛教的传入及老庄哲学的流行，私家园林逐渐增加，寺庙园林开始兴起。唐宋时期园林达到成熟阶段。唐宋写意山水园林在体现自然美的技巧上取得了很大的成就，如叠石、堆山、理水等，都有了一定的程式。明清时期，园林艺术进入精深发展阶段，园林创作理论化，无论是江南的私家园林，还是北方的帝王宫苑，在设计和建筑上，都达到了高峰。计成的《园冶》一书，对造园艺术具有指导性作用。

二 中国古代园林的特色

（一）造园艺术，“师法自然”

“师法自然”，在造园艺术上包含两层内容。一是总体布局、组合要合乎自然。山与水以及假山中的各种景象要素的组合要符合自然界中山水生成的客观规律。二是每一山水景象之中要素的形象组合要合乎自然规律。如花木布置应疏密相间，形态天然。水池常作自然曲折、高低起伏状。假山峰峦叠砌时要仿天然岩石纹脉，尽量减少人工拼叠的痕迹。

（二）分隔空间，融于自然

中国古代园林用种种办法来分隔空间，其中主要是用建筑来围蔽和分隔空间。分隔空间力求从视角上突破园林实体空间的局限性，使之融于自然，表现自然。

（三）园林建筑，顺应自然

中国古代园林中，有山有水，有堂、廊、亭、榭、楼、台、阁、馆、斋、舫、墙等建筑。人工的山，石纹、石洞、石阶、石峰等都显示自然的美色。人工的水，岸边曲折自如，水中波纹层层递进，也都显示自然的风光。所有建筑，其形与神都与天空、地下自然环境吻合，同时又使园内各部分自然相接，以使园林体现自然、淡泊、恬静、含蓄的艺术特色，并收到移步换景、渐入佳境、小中见大等观赏效果。

（四）树木花卉，表现自然

中国古代园林对树木花卉的处理与安设，讲究表现自然。松柏高耸入云，柳枝婀娜垂岸，桃花数里盛开，乃至于树枝弯曲自如，花朵迎面扑香，其形与神，其意与境都重在表现自然。

师法自然，融于自然，顺应自然，表现自然——这是中国古代园林体现“天人合一”民族文化所在，是独立于世界之林的最大特色，也是永具艺术生命力的根本原因。

三 中国古典园林构成的基本要素

（一）筑山

“石乃园之骨”。山是园林的第一构成要素。秦汉的上林苑开创了人工造山的先例。东汉时期在园中垒土构石为山，转向对自然山水的模仿，标志着造园艺术以现实生活作为创作起点。魏晋南北朝时期采用概括、提炼手法，力求体现自然山峦的形态和神韵。这种写意式的叠山，比自然主义的模仿大大前进一步。宋徽宗的艮岳是历史上规模最大、结构奇巧、以石为主的假山。明清造山艺术有了进一步发展。

（二）理池

为表现自然，理池也是造园最主要因素之一。不论哪一种类型的园林，水是最富有生气的元素，无水不活。自然式园林以表现静态的水景为主，以表现水面平静如镜或烟波浩渺的寂静深远的境界取胜。

古代园林理水之法，一般有三种：一为掩。以建筑和绿化将曲折的池岸加以掩映。临水建筑，除主要厅堂前的平台，为突出建筑的地位，不论亭、廊、阁、榭，皆前部架空挑出水上，水犹似自其下流出，打破岸边的视线局限，或临水布蒲苇岸、杂木迷离，造成池水无边的视觉印象。二为隔。在水中筑堤，或在水面上架桥，或涉水点以步石，正如计成在《园冶》中所说，“疏水若为无尽，断处通桥”。增加深和空间层次，使水面有幽深之感。三为破。水面很小时，如曲溪绝涧、清泉小池，可用乱石为岸，怪石纵横、犬牙交齿，并植配以细竹野藤、朱鱼翠藻，虽是一洼水池，也有深邃山野风致的美感。

（三）植物

古木繁花，可形成古朴幽深的意境，对创造园林气氛非常重要。花木犹如山峦之发，水景离开花木也没有美感，植物是造山理池不可缺少的因素。自然式园林着意表现自然美，对花木的选择标准，一讲姿美，二讲色美，三讲味香，四讲意境。除花木外，草皮也十分重要，平坦或起伏或曲折的草皮，也令人陶醉于自然。

（四）动物

中国古典园林重视饲养动物。园中动物可以观赏娱乐，也可以借以扩大和净化自然境界，令人通过视觉、听觉产生联想。

（五）建筑

园林中建筑有十分重要的作用。它可满足人们生活享受和观赏风景的愿望。中国自然式园林，其建筑一方面要可行、可观、可居、可游，另一方面起着点景、隔景的作用，使园林移步换景、渐入佳境，以小见大，又使园林显得自然、淡泊、恬静、含蓄。

中国自然式园林中的建筑形式多样，有堂、厅、楼、阁、馆、轩、斋、榭、舫、亭、廊、桥、墙等。

【图文】中国古典园林的要素

（六）匾额、楹联与刻石

匾额是指悬置于门振之上的题字牌，楹联是指门两侧柱上的竖牌，刻石指山石上的题诗刻字。园林中的匾额、楹联及刻石的内容，多数是直接引用前人已有的诗句，或略做变通。如苏州拙政园的浮翠阁引自苏东坡诗中的“三峰已过天浮翠”，不论是匾额楹联还是刻石，都能够陶冶情操，抒发胸臆，还能够起到点景的作用，为园中景点增加诗意，拓宽意境。

【视频】亭子

四 中国古典园林的基本构景手法

（一）抑景

园林入口常迎门挡以假山、花木等。这种处理方式叫作抑景，常采取的方法有山抑、树抑、墙抑、房抑等。采取抑景的办法可以达到“先藏后露”“欲扬先抑”“山重水复疑无路，柳暗花明又一村”的效果。

（二）添景

风景点在远方，如没有其他景点在中间近处过渡就显得虚空而没有层次。如果在中间、近处植以乔木、花卉作过渡景，这些乔木和花卉便叫作添景。

（三）对景

造成在甲点观赏乙点，从乙点观赏甲点的构景方法叫对景。

（四）框景

园林中建筑的门窗或乔木树枝合抱成的景框，往往把远处的美景包框其中，似一幅图画，便是框景。

（五）漏景

园林中常设露窗为装饰，透过漏窗的窗隙，可见园外或院外的美景，这便叫漏景。

（六）借景

借景有远借、邻借、仰借、应时而借之分。先扬后抑，欲扬先抑，借远方的山林亭台叫远借；借临近的大树建筑叫邻借；借空中的飞鸟浮云叫仰借；借池塘中的游鱼浮萍叫俯借；借四季之花或春夏秋冬自然之景叫应时而借。

（七）夹景

风景在远方，视线两侧空荡无物，显得单调乏味。如果两侧用建筑物或树木花卉屏蔽起来，使远处风景显得更有诗情画意，这种构景手法即为夹景。

五 园林的类型

（一）按照园林的隶属关系或占有者身份

1. 皇家园林

皇家园林是专供帝王休息享乐的园林。其特点是规模宏大，设计精美，真山真水较多，园中建筑色彩富丽堂皇、建筑体形高大，如北京的颐和园和北海公园。

2. 私家园林

私家园林是供皇家的宗师外戚、王公官僚、富商等休闲的园林。其特点是规模相对较小，常用假山假水，建筑小巧玲珑，色彩淡雅素净。著名园林有北京的恭王府，苏州的拙政园，留园、沧浪亭、网师园、上海的豫园、扬州的个园等。

（二）按所在地域分

1. 北方园林

北方园林占地面积较大，建筑富丽堂皇，园林雄伟壮美。山体面积较大，高度较高，自然条件不如南方，风格粗犷。著名园林有：北京的颐和园、北海公园、承德避暑山庄等。

2. 江南园林

江南园林受诗文绘画的影响，追求园林的“诗情画意”。特点是面积小，明媚秀丽、淡雅朴素，曲折幽深，且多奇花珍木，如拙政园中的山茶和明画家文徵明手植藤，但略显局促。著名园林有：苏州的拙政园、留园、网师园、浪沧亭、无锡的畅园、上海的豫园等。

3. 岭南园林

岭南园林因地处亚热带，终年常绿，又多河川，所以造园条件比北方、江南都好。其明显的特点是具有热带风光，建筑物都较高。现存岭南园林，著名的有广东顺德的清晖园、东莞的可园等。

六 中国现存的著名园林

（一）颐和园

颐和园位于北京海淀区，原为帝王的行宫和花园，清乾隆十五年改为清漪园。咸丰十年（1860 年）被英法联军毁掉，光绪十四年（1888 年），慈禧太后挪用海军经费重建，改称今名，作避暑游乐地。全园由万寿山、昆明湖组成，占地 190 公顷，主要景物有佛香阁、德和园大戏楼、谐趣园、南湖岛、十七孔桥、长廊、石舫等。

颐和园

（二）北海

北海位于北京西城区、故宫的西北，是我国现存历史悠久、规模宏伟的一处古代帝王宫苑，距今已有 800 多年的历史（始于辽代）。其主要景点有琼华岛、白塔、五龙亭、太液池、濠濮涧、静心斋、九龙壁等。

沧浪亭

（三）沧浪亭

沧浪亭位于苏州市城南，是苏州四大名园之一，始建于北宋，其特色是未入园林先成景，一泓清水绕园而过。隔河相望，廊阁起伏，波光侧影，漫步渡桥始能入园。主要景点有：明道堂、五百名贤祠、看山楼、藕香水榭、闻妙香室、瑶华境界等。

（四）狮子林

狮子林位于苏州市园林路，是苏州四大名园之一，始建于元代。狮子林以假山著称，位于园东南部的假山奇峰林立，园北竹林下的怪石状如狮兽。全园布局东南多山，西北多水，长廊萦绕，楼台隐现，别具一格。

拙政园

（五）拙政园

拙政园位于苏州市楼门内，是苏州四大名园之一，始建于明代。此园水池面积很大，但有聚有分，山光水影，富有自然景色，布局采取分割空间，利用自然，对比借景的手法吸收传统绘画艺术，因地造景，景随步移，是具有江南特色的典型园林。

（六）留园

留园位于苏州市阊门外，是苏州四大名园之一。始建于明代，清代改建始称留园。分东、西、中、北四部，中部以水为胜，池于中央，四周环以假山和亭台楼阁；东部以建筑为主，楼阁廊屋富丽堂皇；西部假山；北部桃园。园内的“冠云峰”是北宋花石岗遗物，高约 9 米，为江南最大的太湖石。

（七）寄畅园

寄畅园位于江苏省无锡市西郊，惠山东麓。此园在元朝时曾为僧舍，明代扩建成园。全园布局得当，艺术手法巧妙，体现了山林野趣、清幽古朴的园林风貌。今北京颐和园、谐趣园即仿寄畅园造园意境。

（八）豫园

豫园位于上海市旧城厢东北，始建于明代，为江南名园之一，位于东北角的点春堂是 1853 年上海小刀会起义时的指挥部。

豫园

（九）清晖园

清晖园在广东顺德，与东莞可园、佛山十二石斋、番禺余荫山房合称清代广东四大名园。原为仿照苏州园林风格建造起来的私人宅第，设计上吸收了岭南建筑的地方色彩，从门外看平庸无奇，进门后别有天地。几个不同格调的小院，建筑物虚实隐现，景观丰实。

问题与思考

1. 概述中国古代宫殿的特点。

2. 很多中国园林门外设有荷花池、桥等美丽的景物，但是围墙高筑，仅露出园内一些屋顶、树木，游人看不到里面全景。说说这样设计的原因。

3. 简述宫殿建筑的文化内涵。

模块四 交通文化

能力目标

通过完成本任务，你应该能够：

1. 了解古代交通的历史沿革；
2. 掌握古代交通的相关知识。

核心能力

1. 了解交通民俗；
2. 熟悉古代著名交通线路的相关知识。

衣、食、住、行是人类社会最基本的生活方式，四者缺一不可。其中，行即通常意义上的交通，是指人们有意识地进行人或物的空间移动，以实现两地之间的交流。

任务一　古代交通概述

任务先行

交通是人类历史发展进程的一个重要的侧面。在历史发展的每一阶段，几乎都可以看到交通进步的轨迹。交通条件决定着历史上文化圈的规模，也影响着各个文化圈相互之间的联系。

任务导入

风火轮与愚公移山。

一　中国古代交通历史沿革

古代“交通”一词与今“通信和交通的总称”有所不同。《说文解字》曰：“交，胫也”，指小腿，指行走中运动频率最高的部位；“通，达也”。“交通”相组，就是通过双腿的运动而达及四方。《易经》：“天地交而万物通”，包含的意义甚为广泛，交错相通。即人们之间的交往、信息的传递、万物的生长都可作“交通”一说。

原始社会时期是中国传统交通的萌芽时期。这一时期，人们依血缘关系生活在一起，以采集和狩猎为生，活动范围相当有限。为了生存和交流，人们开始制造简易的交通工具来实现短距离的往来。独木舟、车子的出现为后世交通工具的发展奠定了基础。

夏商周时期是中国传统交通文化的初步形成时期。这一时期的农业、商业、科技、文化都得到了较大的发展，为各民族间的融合提供了物质基础。而各个民族通过不断的融合与交往，又促进了交通区域的扩大。

秦汉时期是中国历史上第一个大统一时期。这一时期中国传统社会的交通文化走向了一个新的时代格局——全国性交通网络初步形成，域外交通开辟，交通模式开始呈现多样化发展态势，交通工具也有所改良，交通制度逐步发展了起来。

魏晋南北朝时期是中国古代史上的分裂与整合时期，一方面是各个民族、各方政权的分裂与割据，另一方面是各民族的交流与融合，为中华文明的发展提供了新鲜血液。

隋唐五代时期是中国传统交通文化的成熟时期。其疆域扩大，国力增强，再加上唐朝时期开放的特点，形成了以唐朝为中心的“东亚文化圈”。表现在交通上，则是国内更加严密的交通路线的往还交织、邮驿制度的发展、交通工具的发展、交通设施的发展、交通习俗的定型以及域外交通的昌盛。

宋元时期，我国的交通走向了成熟阶段，其总体面貌出现了较大的变化。一是在域外交通方面，陆路交通呈萎缩之势，海上交通全面繁荣；二是在国内交通方面，陆路交通线更加成熟；三是在交通制度方面，《仪制令》成为人人都需遵守的规则。

明清时期的交通无论在交通路线、交通技术、交通习俗还是交通制度方面都进一步发展，是中国传统交通文化的总结时代。这一时期的内陆交通网经过前朝的发展已达到完善，政府所做的无非是对道路的修缮与整治。交通习俗与交通制度也渐渐固定下来。人们乘车坐船的规则、出行的禁忌、漕帮与马帮的习俗都在这一时期得到沉积并传承下来。

二 交通文化习俗

古代的文化传播与交通状况是分不开的。无论是物质文化还是精神文化，都依赖于交通。没有丝绸之路的开辟，葡萄、胡萝卜就无法来到中原；没有哥伦布发现新大陆，玉米、马铃薯就不能成为欧亚大陆的食品。同样，没有玄奘西行和鉴真东渡，大量佛教典籍就无法从印度传到中国本土并从中国传到日本。可以说，社会的发展与进步，处处与交通密切相关。

“愚公移山”的故事，“五丁开道”的故事，“夸父逐日”的故事，都依稀透露出我国先民们发展交通事业的艰苦努力。中华民族的始祖黄帝，被后人称为“轩辕氏”或“轩皇”“轩帝”，实际上就是对他在交通方面创制的赞颂。《太平御览》卷七七二引（释名）说，黄帝是车辆的发明者，因此而号为“轩辕氏”。司马迁在《史记·五帝本纪》中写道，各地诸侯都尊奉轩辕为天子，是为黄帝。天下有不顺从者，黄帝则予以征抚，“披山通道，未尝宁居”。黄帝的事迹，反映了远古时代交通发展的情形。

三 交通规则及管理制度

（一）交通规则

中国古代的交通规则在很大程度上是以伦理为基础，即以礼让为先作为基本准则。先秦时期，采取的是男右女左，即男女走的路不同。《礼记·王制》中记载：“道路，男子由右，妇人由左，车从中央。”即男的要靠右走，女的要靠左走，而车辆则在道路中间通行。到了唐太宗时期，国家相对统一，经济发展，人们的生活水平有了提高，各种交通工具越来越多，如车、船、轿子、牲口，再加上行人，道路拥堵，交通秩序极为混乱，造成守城士兵对车辆行人进行例行检查时，费时费力。唐太宗就让一帮大臣想办法，马周提出“来左去右”，规定人们进城的时候，靠左边走，回来的时候靠右边走。这样既方便了守城士兵检查，又缓解了交通压力。

隋唐时期的交通制度更加成熟、更加细化，政府对于人们的行船、闹市走车马、出入关津都以法律的形式做了严格的规定。另外，唐朝还颁布了《仪制令》，这是中国最早的关于交通礼仪的规范。

“贱避贵，少避长，轻避重，去避来。”是唐朝《仪制令》的内容。宋代后，《仪制令》被刻在石碑或木板上，并立于道路中间，以提醒来往车辆和行人。虽然“贱避贵”是封建等级制度的表现，但除去其消极方面，里面的“礼让为先”的价值准则对于现代社会仍有借鉴意义。

（二）交通管理制度

夏朝时，官方设立了车政部门以及负责车政工作的官员。后来，夏朝开始推行车马使用制度，且得到了一定发展。西周司空既要负责道路、沟渠的营建，也要负责平时的巡查、检修、保持道路畅通等。秦汉时期同样注重对道路的维护工作，作为地方政府，如果道路、桥梁、驿站等不维修，就会被惩罚。但是秦汉时期道路的维护任务也让百姓不堪重负。

春秋战国时期，以各诸侯国国都和著名的经济都会为中心的交通网络已经形成，各国设置了关津保境安民，交通制度也进入草创阶段。安徽寿县曾经出土战国时期楚王颁发给鄂君的免税凭证，即著名的“鄂君启节”。

秦统一六国以后，令“车同轨”，无论是车辆的制作还是驰道的修筑，都有了统一的标准。随着交通工具日趋多样化，交通规则在这一时期慢慢确定了下来，如男女异路、贱避贵等规则都带有封建色彩。为了更好地维持治安以及保卫国家，全国性的关津制度建立起来，加上“传”这种通关凭证，人们被严格地控制在政府的密网之下。

任务二　古代交通工具

任务先行

在现代社会中，交通工具给了人们带来很大的便利，我们常见的交通工具就有自行车、摩托车、电瓶车、小汽车、公交车、地铁、高铁、飞机、轮船等，大家知道古人出行采用什么方式吗？通常运用什么交通工具？

任务导入

如果宋朝的一位普通百姓出远门，通常使用的交通工具是什么？

一　木棒

木棒不是严格意义上的交通工具，它不是乘坐人的，而是搬运货物的，在木棒的一边放置重物，另一边由人来扛，或者木棍中间放置重物，木棍的两边由人来担，这样不仅可减轻负担，还能增加运送货物量。

二 橇

橇是人类早期发明的另一个工具。相比木棍来说，橇更加省时省力。当时人们并不懂物理概念，只是发现放在地上拖着走要比扛在肩上省力。橇，可载人也可承载货物。《史记·夏本纪》写到“陆行乘车，水行乘船，泥行乘橇，山行乘樺”，苏轼《秧马歌》对“橇”作了解读，即“《史记》禹乘四载，泥行乘橇。解者曰，橇形如箕，擿行泥上。”说明古时橇是在人们泥路上行走时所乘的工具。

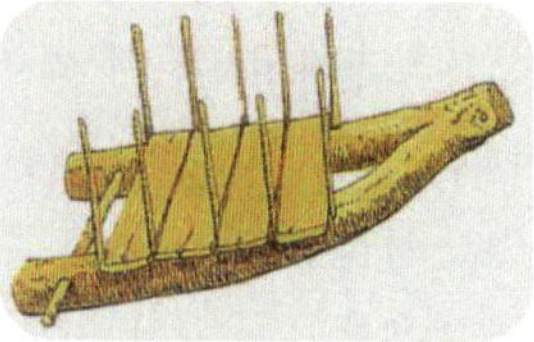

橇

三 车

从《古史考》中“黄帝作车，少昊时略加牛，禹时奚仲驾马”的记载可知，车的发明时间大概在公元前5000至公元前3000年。甲骨文里的“车”也证实了这一点。先有车后有驯马拉车。牛车是最早的畜力车，华商始祖王亥在商丘服牛驯马发展生产，用牛车拉着货物，到外部落做买卖，开创了商业贸易的先河，久而久之，人们就把从事贸易活动的商部落人称为“商人”。历史上，牛车是非常重要的交通工具。一是因为当时牛是一种常见的牲畜，二是商朝时期道路大多崎岖不平，车轮子都是木头的，车跑得越快，颠簸就越厉害，且飞起的尘土也就越多。那时，车身大多敞露，对乘车人的仪容又有严格要求，出于追求舒适的本能，人们把目光投向牛车。牛的行动速度很慢，颠簸的程度较马车自然要轻，扬起的尘土也少。故从东汉末年起，一改以前对牛车的轻视，牛车逐渐成为官员、贵族乃至皇帝的代步工具。

古代马车

安阳殷墟的考古发掘表明，中国在商代晚期已使用双轮马车。或载人，或运货，还用以作战。由于马奔跑的速度要比牛快得多，战争又导致马匹奇缺，故在东汉中期以前，牛车被视为低级别的车辆。《晋书·舆服志》载：“古之贵者不乘牛车，汉武帝推恩之末，诸侯寡弱，贫者至乘牛车，其后稍见贵之。自灵献以来，天子至士遂以为常乘。”《后汉书·舆服志上》：“贾人不得乘马车。”可见，马车也是权力与身份的象征。战争中的马车，也称“戎车”。春秋战国时期，战车数量的多少成为一个国家强弱的标志。商代的车的形制为独辕、双轭、两轮、多辐并且车毂很长，转位于车轴的中央，其舆门开在后面。从目前考古成果来看，中国古代车的发展在商代到达了一个高潮，这个时期，中国古代车形制基本定型。

【图文】中国古代车的各部位名称

汉代，四川民间出现了“鸡公车”。这种车系用硬木制造，长4尺，车架安设在独轮两侧，由一人掌扶两个车把推行，有时也可前拉后推，载人载物均可。现在有的农户还在用。

四 马

刘向《世本》记载“相土作乘马”，指出商朝的第十一代世祖相土执政的时候，就已经下令饲养驯化马匹。春秋战国时期，人们出行以御车为主，君主更是采用九马拉车，还有车千乘之说。马车最主要的动力来自马匹，一匹马的好坏关乎马车的质量。春秋之前，车马仅是连接起来使用，不会单独一人驱骑。赵武灵王“胡服骑射”揭开了我国中原地区单骑的序幕。到隋唐时，乘骑之风自上而下已普及整个社会。不但男子在隆重的场合骑马，就是贵族妇女出游时也热衷于乘骑。之所以造成骑马历史（指中原地区）比乘车历史晚，即所谓“驾车在前，乘骑在后”，究其原因有二：一是受社会风俗习惯约束，因骑马的姿势类似当时世俗认为不礼貌的踞坐；二是马具的不完善造成乘骑难度较大。马因善跑且快，成为古代交通工具首选。历朝历代的驿站，都备有若干马匹，以供递送文书的人或过往官员骑乘。将士们也以自己有一匹好马为荣。马作为一种重要的交通工具，存在了很长一段历史，即使在今天，依然有很多地方将马作为一种交通工具。

五 舆——轿子

轿子

轿子是我国古代一种特殊的交通工具，“轿”的名称起于宋代。据史书记载，最早的轿子出现在夏朝初期，到隋唐时代，成为通用的出行工具。宋朝马匹稀缺，人们出行多用牛车，也有乘驴车的，士大夫一般骑驴或骡子。北宋初年开始，舆轿流行于社会的各个阶层。南宋时期，轿子的使用数量超过了车，官方加强了对于轿子等级的划分，同时取消了对车的等级规定。这表明，宋朝上流社会已经把轿当成了首要的出行工具。

轿子，不仅是代步工具，更是一种地位身份的象征，宋代明确规定，“非品官不得乘暖轿”。暖轿指轿顶使用布盖，四周饰有布帷的封闭型轿子，又称暗轿。明朝规定，只有官级在三品以上，才有资格在京城乘坐轿子，而明朝的宰相张居正，曾经乘坐过 32 人抬着的大轿子。清代明确规定，四品官位以下的官员可以乘坐两人到四人的蓝帷轿子，三品及以上的官员可以乘坐八个人架起来的绿帷轿子。

五 船

刘向《世本》“古者观落叶因以为舟。”《淮南子》“古人见窾木浮而知为舟。”意思是说，古人通过观察叶子漂浮在水上且随水流游走这一现象，做出了最早的水上交通工具——筏子。继编木为筏后，又有了《易经》“刳木为舟”。“刳”是剖开、挖空的意思，就是挖空木头制成的独木舟。春秋战国时期，较大的诸侯国都有自己的造船部门。其中尤以地处长江中下游的楚、吴、越三国及雄踞山东半岛的齐国最为发达。此时，舟已经广泛地应用于日常生活和作战。秦汉时期，中国的造船技术更为先进，船上除桨外，还有锚、舵。隋炀帝时期建造的船舶有四层高，上层有正殿、内殿、东西朝堂，中间二层有 120 个房间。唐代李

古代的船

皋发明了利用车轮代替橹、桨划行的车船，朝发白帝，暮到江陵已是寻常。宋代，船舶普遍使用罗盘针，并发明了避免触礁沉没的隔水舱。此时，还出现了十桅十帆的大型船舶。中国古代航海造船技术，在宋朝时期达到顶峰。15 世纪，中国的帆船已成为世界上最大、最牢固、适航性最好的船舶。郑和下西洋，书写了世界航海史上光辉灿烂的一页。

任务三　交通线路与设施

任务先行

习近平主席在 2013 年 9 月和 10 月分别提出建设“新丝绸之路经济带”和“21 世纪海上丝绸之路”的战略构想，这一构想既与古老的丝绸之路一脉相承，又充分体现了时代特点。在历史坐标系上，我们可以更清楚地认识新丝绸之路经济带构想的内涵。站在新的起点上，只要沿线国家和衷共济、相向而行，就一定能够谱写建设丝绸之路经济带和 21 世纪海上丝绸之路的新篇章，让沿线各国人民共享“一带一路”倡议的成果。

任务导入

在电视剧中，我们往往会看到我国边关遭受侵扰时，戍边将领会向朝廷递交 800 里加急信件。信息的快速沟通是很重要的，晚一点就有可能吃败仗。那么什么是八百里加急呢？八百里加急又是怎么个递送方法呢？古代有高速公路吗？

传说中黄帝炎帝和尧舜禹担当部落首领的时候，各地的交通有了明显的进步。商朝时期已经用陶器碎片铺路。为加强与诸侯方国的联系，商王朝修建了六条主要道路。

一　陆路交通线路

（一）周道

西周时期，我国道路已经初具规模。武王姬发灭商后，除都城镐京（今西安附近）外，还根据周公姬旦的建议，修建了东都洛邑（今洛阳），以便控制东方新得到的大片疆土，为了有效发挥两京的政治经济文化中心作用，在它们之间修建了一条宽阔平坦的大道，号称周道。周道的特点一是十分平坦，《诗经·小雅·大东》中说“周道如砥，其直如矢”，形容“周道”如同磨石一样平整，如同射出的箭一样端直，体现了这种交通干道规划设计的合理和修筑施工的严谨。二是道路宽阔，《考工记》记载“国中九经九纬，经涂九轨”“环涂七轨，野涂五轨”等。“环涂”指环城路，“野涂”指城外的道路。“轨”相当于车轮之间的距离，王城内的道路九轨，大约相当于今天的 15 米，环城路七轨，约合 15 米，城外的道路宽五轨，大约 8.5 米。2017 年，考古人员在陕西省周原考古遗址发现残存的西周时期道路，残存路面宽约 8 米，地基厚约 30 厘。这充分印证了郊外的道路 8.5 米一说。三是道路的政治意义高于经济意义。周道是西周王室的生命线，也是国家交通的中轴线。这条交通线是横贯东西的大动脉，在我国历史上，起了奠基性的作用。

（二）驰道、直道

驰道是中国历史上最早的“国道”，始于秦朝。公元前 221 年秦始皇统一六国，第二年（前 220 年），就下令修筑以咸阳为中心、通往全国各地的驰道。著名的驰道有 9 条，有出今高陵通上郡（陕北）的上郡道；过黄河通山西的临晋道；出函谷关通河南、河北、山东的东方道；出今商洛通东南的武关道；出秦岭通四川的栈道；出今陇县通宁夏、甘肃的西方道；出今淳化通九原的直道等。秦始皇统一六国。从《汉书·贾山传》中可知，秦驰道宽广壮丽，道宽 50 步（约 69 米），在驰道的中间，以树木隔出三丈宽（6.9 米）的路面，这是专供皇帝行车的御道，其他人、车不能使用。路基构筑坚实，高于两侧，利于排水。路面全部用金属工具夯击，形成硬面大道，道旁种植了松树。

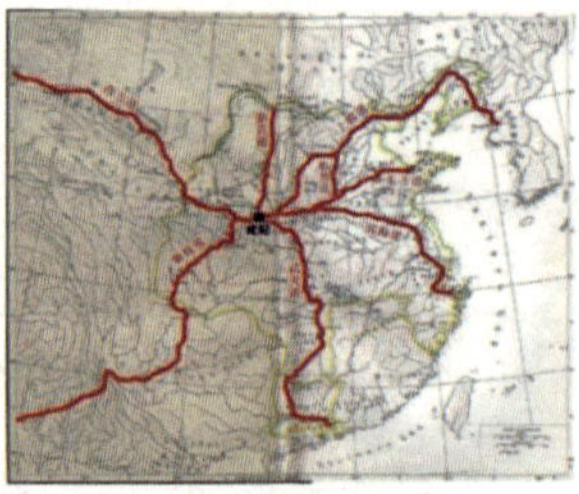
驰道

直道

直道，专指自云阳（陕西省淳化县）直达九原（内蒙古包头），由蒙恬监修的一条重要军事要道。《史记·秦始皇本纪》记载“道九原，抵云阳，堑山眼堙谷，直通之。”秦直道是秦始皇为加强北边防务，抵御匈奴南犯而开筑的交通大道。道全长 700 多千米，路面最宽达 60 米以上，直通南北，规模极其宏大。因道路通畅、路基优良被称为是我国古代第一条“高速公路”。

（三）丝绸之路

“丝绸之路”亦称“丝路”，通常是指西汉时张骞和东汉时班超出使西域开辟的以长安（今西安）、洛阳为起点，经甘肃、新疆，到中亚、西亚，并连接地中海各国的陆上通道。这条道路也被称为“陆上丝绸之路”，因为由这条路西运的货物中以丝绸制品的影响最大，故得此名。其基本走向定于东汉时期，包括南道、中道、北道三条路线。

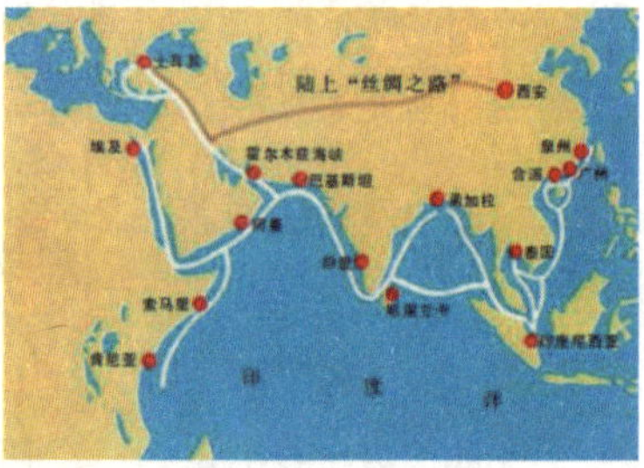

丝绸之路

广义的丝绸之路指从上古开始陆续形成的、遍及欧亚大陆甚至包括北非和东非在内的长途商业贸易和文化交流线路的总称。除了上述的路线之外，还包括于前 5 世纪前后形成的草原丝绸之路，在宋代发挥巨大作用的海路丝绸之路和与西北丝绸之路同时出现，在宋初取代西北丝绸之路成为路上交流通道的是南方丝绸之路。

丝绸之路的全面繁荣实现了东、西方文明的直接对接，也促进了中亚、西亚等地经济、文化的发展。另外，朝鲜、日本在唐朝发达的交通基础上往来频繁，它们在吸收唐朝先进文明的基础上迎来了本国的大发展时期。

（四）茶马古道

茶马古道起源于唐宋时期的“茶马互市”。因西藏属高寒地区，藏民以糌粑、奶类、酥油、牛羊肉为主要食物，而高寒地区蔬菜短缺，摄入体内过多的热量高又燥热的脂肪不易分解，藏民在长期的生活中，创造了喝酥油茶以分解脂肪的生活习惯，但藏区不产茶。而在内地，民间役使和军队征战都需要大量的骡马，但供不应求，藏区和川、滇边地则产良马。这种具有互补性的交易即“茶马互市”便应运而生。藏区和川、滇边地出产的骡马、毛皮、药材等和川滇及内地出产的茶叶、布匹、盐和日用器皿等，在横断山区的高山深谷间南来北往，流动不息，并随着社会经济的发展而日趋繁荣，形成了一条延续至今的“茶马古道”。

二 水路交通线路

（一）战国人工运河

春秋战国时期诸侯争霸，社会经济文化融合，为促进地区交流，各国均修建了规模不同的道路。但最令人称道的是不再拘泥于天然河道的流向，而是通过开凿人工运河的方式实现了几条河流的汇合，促进了水上交通的发展。《左传·哀公九年》“秋，吴城邗，沟通江淮。”是说鲁哀公九年的秋天，吴国在邗国建城，开凿沟渠来沟通江、淮。邗沟的开通，是中国古代运河建设史上的创举。邗沟通航，实现了南北水路的连接，促进了南北文化的交融。此后，吴王夫差为了引舟北上称霸中原，又把邗沟向北延伸，进一步沟通了淮河以北的水路。魏惠王十年，又开凿了鸿沟，将黄河、济水、淮水几大水系联结为一个水上的交通运输网，沟通了黄河水系和淮河水系，进一步便利了南北往来。

【图文】中国大运河

（二）隋唐大运河

公元 605 年，隋朝为了加强南北交通，巩固隋王朝在全国的统治，动用百余万民工建设大运河。隋朝大运河是在天然河道和古运河基础上开通的运河，分为永济渠、通济渠、邗沟和江南河四段。隋朝大运河以洛阳为中心，北达涿郡，南至余杭，全长 2700 余千米，连接海河、黄河、淮河、长江和钱塘江五大河流，成为南北交通的大动脉，大大促进了南北经济的交流。隋唐大运河是世界上最雄伟的工程之一。

【视频】驰道

（三）京杭大运河

【视频】唐蕃古道

【视频】丝绸之路

京杭大运河是中国第46项世界文化遗产，更是我国劳动人民智慧和汗水的结晶，是中华民族伟大创造力和文化的象征。

京杭大运河全长约1797千米，是中国仅次于长江的第二条“黄金水道”，也是世界上开凿最早、里程最长、工程最大的运河。长为苏伊士运河的16倍，巴拿马运河的33倍，与长城并称为中国古代的两项伟大工程。从公元前486年始凿，历隋、元二代而全线贯成。北起北京（涿郡），南至杭州（余杭），自北而南流经京、津两市和冀、鲁、苏、浙4省20多个地级市，贯通海河、黄河、淮河、长江、钱塘江五大水系和一系列湖泊的交通大动脉，对中国南北地区之间的经济、文化发展与交流，特别是对沿线地区工农业经济的发展和城镇的兴起均起了巨大作用。

（四）海上丝绸之路

海上丝绸之路，是古代中国与外国交通贸易和文化交往的海上通道，也称“海上陶瓷之路”和“海上香料之路”，1913年由法国的东方学家沙畹首次提及。由东海航线和南海航线组成。南海航线，起点主要是广州和泉州。经中南半岛和南海诸国，穿印度洋，进红海，抵达东非和欧洲，途经100多个国家和地区，成为中国与外国贸易往来和文化交流的海上大通道。东海航线，通往朝鲜半岛和日本列岛。宋代，宁波成为中韩日海上贸易的主要港口。

三 交通设施

春秋时期，交通建设有了新的进步。在这一时期，太行山、秦岭等险山峻岭都已经有车路通行。《国语·周语》中记载，周定王时，单襄公奉使自守前往楚国，途经陈国时，看到道路不修，馆舍不整，便预言陈国将要灭亡。以交通道路为主体的交通设施是否修整，当时已经是体现政府行政能力的重要标志之一。据《左传·襄公二十一年》载，晋平公当政时，晋国道路馆舍失修，也曾经受到郑国政治家子产的批评。

以交通干道的建设为基础，相应的交通设施也得以进一步健全。《周礼·地官·遗人》说，贯通都市和村野的交通大道上每隔十里，设置有“庐”，“庐”可以为人提供行旅饮食；每隔三十里，有可以止宿的“宿”，“宿”设有“路室”，并且有服务于行旅的粮草储备；每隔五十里有“市”，“市”有住宿条件更为优越的“候馆”，行旅消费品的储积也较为充足。

当时，中原各政权普遍沿交通干道设立交通站，置备车马和专职管理人员，遇到紧急情形，则乘传疾驰，次第相继，使军情政令能得以迅速通达。孔子说：“德之流行，速于置邮而传命。”（《孟子·公孙丑上》）就是说，德政的流行普及，比邮驿系统传达政令还要迅速快捷。可见，当时驿政的发达，突出表现为信息传递的神速。

在交通设施方面，私人旅舍兴盛起来，收入可观，在都城、重要的港口、码头随处可见私人旅舍。它的兴盛与这一时期外商的大量涌入密切相关。

驿站，古时设在沿途的馆舍，是供传递官府文书和军事情报的人或来往官员途中食宿、换马的场所。驿站使用的凭证是勘合和火牌。凡需要向驿站要车、马、人运送公文和物品都要出示“邮符”，官府使用时凭勘合；兵部使用时凭火牌。驿站管理至清代已臻于完善，并且管理极严，违反规定均要治罪。到了清代末期，由于设立了文报局与驿站相辅而行，继而废除了驿站，同时有文报局专司其事，以后又设邮政，而文报局也逐渐废止。

古代驿站

古代驿站为当时信息的传递起到了不可磨灭的作用。马传曰置，步传曰邮。在递送800里加急信件时，每隔20里路就有一个驿站。每一个驿站都会有最快的马和充足的物资，保证信息传输的速度。传递信息的人每到一个驿站就会快速换马。这样就可以保证用最快的速度进行信息传递。封建时代官员出差主要是通过朝廷的驿站到达目的地，对于出差官吏用驿的日程、速度，也会因身份的不同而不同。如唐代京官外出，例由门下省发给往返驿凭，类似于现在的往返机票或火车皮票；若是地方官出差，自道一级以下的各级地方政府只有开具单程驿凭的权力，出差人完成使命后，须请当地政府另出返程驿凭。行程方面也因出差官吏的职级和使命缓急有所区分，有的写明每日不得过二驿和三驿，有的则写每日不得过四驿，用现代的语言表达，就是“普快”“特快”的意思。而在用马方面也有讲究，有四马、三马、二马，相当于软卧、硬卧和软座之类。

问题与思考

1. 隋朝开凿大运河的意义何在？

2. 材料：宋朝缺马，人们多用牛车，也用驴车。达官贵人出门乘轿已很普遍，士大夫一般骑驴、骡。

问：（1）上述材料反映了宋代交通工具有什么新特点？

（2）上述特点表明宋代交通事业达到什么程度？

3. “材料：（秦）为驰道于天下，东穷燕齐，南极吴楚，江湖之上，濒海之观毕至。道广五十步，三丈而树，厚筑其外，隐以金椎，树以青松。为驰道之丽至于此，使其后世曾不得邪径而托足焉。”——《汉书·贾山传》

问：结合所学知识概括秦朝驰道的主要特点，并指出秦朝修建驰道的目的。

引言

制度文化是人们为适应生存、社会发展的需要而创制出来的以规则、标准为核心内容的规范体系。制度可以代表思想和理论的『凝固化』与『物质化』，当思想的演进达到制度层面，影响才能深入持久。国家政权组织形式、行政管理制度、人才选拔制度等是保障人们物质生活和精神生活秩序的传统力量，服务和制约着人类的群体活动，在文化体系中具有相对稳定的特性。中国政治制度的历史经过数千年的发展，源流分明，沿革清晰。制度以君权为中心，权力高度集中，儒家经典是君主专制的理论基础，宗法制度和观念渗透入政治制度中，政治生活的主流是人治而非法治。

中篇 制度文化

开篇名言

文化不能从上向下压，因为它应该是从下面高涨起来的。

——里德

文化虽然不像文明那样具有地区的广泛性，但是，它相应地和各个国家的每一个人的喜、怒、哀、乐具有深刻的联系。

——森谷正规

模块一 古代政治制度

能力目标

通过完成本任务，你应该能够：

1. 了解中国古代的政治制度；
2. 熟悉中国古代君主专制时期的中央、地方行政制度；
3. 了解中国古代的选官制度。

核心能力

1. 掌握中国古代宗法制度的基本特点以及各时期的发展；
2. 掌握中国传统政治制度的基本特征。

政治制度是人类社会一定发展阶段的产物。从某种意义上说，政治制度的历史就是国家产生和发展的历史。中国作为一个有五千年文明史的统一的多民族国家，其“政治制度发展变化的线索之绵长、体系之完备、经验之丰富、影响之深远，都是世界上其他任何一个国家或民族所无与匹畴的”。

任务一　夏商周时期的政治制度

任务先行

政治制度是人类社会发展到一定阶段的产物，是关于国家权力的组织形式、权力分配、行政治理等方面的规范制度，是国体与政体的总和。中国古代政治文化的内涵十分丰富，在其形成与发展的过程中，也逐渐形成了具有中国特色的权力逻辑。中国政治历史的发展贯穿着中央集权不断加强、君主专制不断加强、人才选拔不断公正规范的脉络。集权化是中国传统政治社会化权力逻辑的总特征。

任务导入

为什么中国传统政治制度的发展走向了集权化？

一　概述

夏商周时期是中华民族早期政治文明的形成时期。夏朝时期，王位世袭制代替了禅让制，王位世袭制度正式开启。商朝时期形成方国联盟，中央对地方的控制力有限。西周时期，周王利用分封制与宗法制相结合的手段确定了一套严密的体系，统治效果加强。春秋战国时期，诸侯割据混战，分封制、宗法制逐渐瓦解。

二　主要政治制度

（一）禅让制

禅让是指在原始社会末期，统治者在世的时候把首领之位让给别人，“禅”意为“在祖宗面前大力推荐”，“让”指“让出首领之位”。

尧是黄帝以后比较著名的部落联盟首领。相传尧年老的时候，举行部落联盟议事会，各部落领袖都推举舜为继承人。尧便对舜进行了三年考核，认为他可以胜任，就命舜摄政。舜的政绩得到各方肯定，于是尧举行禅让仪式，在祖庙里的祖宗牌位前大力推荐舜来做自己的继承人，这种让位历史上称为“禅让”。尧死后便由舜继任部落联盟首领。舜年老后，也用同样的方式选拔首领。经过治水考验，各方意见认同大禹的表现，于是舜举行禅让仪式，在祖庙里的祖宗牌位前大力推荐大禹做自己的继承人。

（二）王位世袭制

王位世袭制是国家王位由一个家族世代承袭的制度，是继民主推举部落联盟首领的禅让制之后出现的一种政治制度。原始社会末期，部落联盟首领的权威逐渐演化成国王的特权。这一演化的客观基础是私有财产、私有制、遗产继承制的出现，及阶级逐渐形成，导致国家及其代表国家最高权力的国王产生。中国实现这一演化的是禹的儿子启，禹任部落联盟首领时已把政权集于一人之手，由按血缘划分居民向按地域划分居民转变，同时部落军事首领和公职人员世袭现象大量存在。以此为基础，禹死后，其子启在新兴奴隶主贵族的推拥下破坏了禅让制，继承了禹的职位，并用暴力巩固了自己的统治地位。从王位世袭制开始，政治权力由“传贤”变为“传子”。

（三）分封制

分封制（又叫封邦建国），是中国古代帝王分封诸侯管理地方的制度。商代已开始分封诸侯，称号有侯和伯。西周灭商后，因其国都远在西北，不利于控制幅员辽阔的疆土和统治商代后裔。为了巩固周王朝的统治，便大规模地以封地连同居民分赏给王室同姓亲族（分封的主体）、功臣和先代的贵族（异姓功臣贵族、先代帝王后代和远氏族部落首领），分封到各地去做诸侯。

西周实行分封制，周天子居于至高无上的绝对支配地位。其王位由嫡长子世袭继承，其他庶子则作为小宗被分封为各地诸侯。他们在各自封国内又是同姓宗族的大宗，其王位也是由嫡长子世袭继承，其余庶子作为小宗分封为卿大夫。卿大夫在各自封地里又是同姓宗族的大宗，其封爵仍由其嫡长子世袭继承，其余庶子作为小宗分封为士。这样，根据宗法制和分封制，便形成天子、诸侯、卿大夫、士等各级宗族贵族组成的金字塔式等级制机构。各个等级之间的相互关系，既是大小宗关系，也是上下级关系。被封诸侯在其封国内享有世袭统治权，有相当大的独立性，如设置官员、建立武装、征派赋役等。义务是为周天子镇守疆土，服从周天子命令，向周天子交纳贡赋和朝觐述职，要提供军赋和力役、派兵随从周天子作战、共同抵御或征讨其他国家。周天子先后分封的重要诸侯国有鲁、齐、燕、卫、宋、晋等。

（四）宗法制

宗法制是王族贵族按血缘关系分配国家权力，以便建立世袭统治的一种制度，源于原始氏族时代的父系家长制，确立于夏朝，于商代逐渐形成，到周代逐渐完备。

西周时期，已确立了嫡、庶之分和大宗、小宗制度。周王自称天子，称为天下的大宗。天子的除嫡长子以外的其他儿子被封为诸侯。诸侯对天子而言是小宗，但在他的封国内却是大宗。诸侯的其他儿子被分封为卿大夫。卿大夫对诸侯而言是小宗，但在他的采邑内却是大宗。从卿大夫到士也是如此。因此贵族的嫡长子总是不同等级的大宗（宗子）。大宗不仅享有对宗族成员的统治权，而且享有政治上的特权。西周社会组织是一个亲疏严明、系统清晰的血缘实体，确立了亲亲、尊尊的规则。

宗法制是中国古代社会规定嫡、庶系统的法则，核心是嫡长子继承制。嫡长子为大宗，拥有继承权；大小宗的关系是相对的，大宗与小宗仅是家族等级关系，也是政治隶属关系。西周各级贵族享受世卿世禄的特权。宗法制度下分散的宗族组织是封建专制政体赖以存在的基础。村社构成中国社会的细胞群。村社中由家庭构成家族，再集合为宗族，组成社会。族长、宗长往往既是庶民的剥削者，又是乡村基层行政的治理者，集族权与政权于一身。宗法制度强调尊卑有别、贵贱有等的封建等级，与父系家长制政治模式吻合。奴隶制瓦解后，后继各王朝的统治者对宗法制度加以改造，逐渐建立了由政权、族权、神权、夫权组成的封建宗法制。

【图文】中国古代政治制度

【视频】王位世袭制

（五）礼乐制

【视频】西周分封制

礼法早在夏王朝就已有端倪，到了商王朝的神权时代，礼法得到了信仰上的巩固。西周时期总结前人经验制礼作乐，完善了礼法的体系。周公制礼规定了吉礼（祭礼）、凶礼（丧礼）、军礼（行军、出征）、宾礼（朝觐、互聘）、嘉礼（婚宴、加冠）等，实行所谓“刑不上大夫，礼不下庶人”。周朝通过礼乐制度来规范贵族的身份地位，使贵贱有差、尊卑有别、长幼有序，要求贵族在衣、食、住、行等方面都要符合自己的身份，贵贱长幼之间要有明显的差别。就连如何称呼“死”，不同等级的贵族也不一样，天子称呼“驾崩”、诸侯称呼“薨”、卿大夫称呼“卒”、士称呼“不禄”、平民奴隶称呼“去世”。周公制礼对中国几千年来的传统文化影响深远。

礼乐制度盛行于商周时期，是维系奴隶制等级观念的规范，也是维护其宗法制度和君权、族权、夫权、神权的重要手段，当时许多经济和政治上的典章制度，常常贯穿在各种礼的举行中，依靠各种礼来加以确立和维护。同时西周也吸取商代灭亡的教训，反对“淫乐”，采取“节乐”措施。礼乐制的实施巩固了奴隶主阶级的社会地位，促进了音乐的发展。但它又使乐成了礼的附庸，使音乐成为以礼为中心的模式音乐，并逐渐趋于僵化。

任务二 秦代以来的行政制度

任务先行

中国君主专制中央集权制度在历史发展中，促进了统一多民族国家的形成和发展，巩固了国家统一，为封建社会经济的发展创造了条件，也有利于民族融合，使中国产生了高于同时期世界上其他国家的物质文明和精神文明。但是也加强了对人民的控制，影响了政治、经济、文化等方面的自由发展。

任务导入

为什么明清以后，君主专制中央集权制度阻碍了资本主义的发展和社会的变革，禁锢了人们的头脑，造成了生产力的停滞？

一 概述

春秋战国时期，社会生产力的提高导致旧的生产关系解体，秦国商鞅变法确立了封建经济的统治地位，便是以个体的小农经济为主体的自给自足型自然经济。这种经济模式需要一个强有力的国家政权，以维护国家的统一和社会的安定，保证小农经济的生产和再生产，新兴的地主阶级也需要建立中央集权制度来巩固其统治地位，维护其经济利益，保护其土地所有制度。这种封建的生产方式推动了中央集权制的萌芽。以韩非子为代表的法家总结法家思想和诸子百家学说，提出了一套建立封建专制主义中央集权国家的完整政治理论。在秦国商鞅变法中，通过废止分封，实行郡县制，为实行百官服从君主法令的封建官僚制度打下基础。

二 中央行政制度

（一）皇帝制

皇帝制度是指中国古代社会以皇帝为中心，实行皇权专制的政治制度。公元前 221 年由秦始皇创立，经过历代王朝的不断发展、强化，直至 1916 年袁世凯的垮台而彻底废除，前后历时 2 137 年。

“皇帝”称号源于上古传说中的三皇五帝。秦王嬴政完成了统一六国之后，自认为“德兼三皇，功过五帝”，便使用“皇帝”作为空前统一的郡县制王朝最高政治首脑的专用称号，并建立起皇权专制的政治体制。在这一制度下，皇帝是专制主义中央集权国家的核心和权力主体，法定的国家首脑和最高统治权力的执掌者。皇帝一人独治天下，全国的土地、资源、人民、财富均为他所有，可谓“履至尊而治六合，执敲扑而鞭笞天下”。

（二）三公九卿制

三公九卿的名称由来已久。三公是指中国古代最尊显的三个官职的合称，《尚书大传》《礼记》等书认为三公是指司马、司徒、司空，《周礼》认为三公是指太傅、太师、太保。九卿是指古时中央政府官位很高的人，西汉时是列卿或众卿之意，不一定是九个人，九卿言其官职完备。秦王朝在总结战国以来各国官僚制度的基础上，建立起一套适应封建统一国家需要的中央行政机构，确立了三公九卿制度。三公即丞相、太尉、御史大夫。九卿即奉常、廷尉、治粟内史、典客、郎中令、少府、卫尉、太仆、宗正。

三公九卿制的基本结构从秦朝一直沿用到两晋，直至隋文帝时期创立三省六部制才被替代。三省六部制从结构上无处不有着三公九卿制结构的影子。此后直到明代朱元璋废除中书省、尚书省及门下省，六部直接对皇帝负责，中国古代的中央官制三级制度才告结束。三公九卿这一制度沿用约达800年，并从结构上影响三省六部制，左右中国古代中央官制达700年，其间官职的名称及权利和三公九卿制的部分结构也一直在变动之中。三公九卿制上承夏商周，下接隋唐宋元，在中国中央行政制度历史上留下了浓重的一笔。

（三）三省六部制

三省六部制是西汉以后逐步形成的，至隋时综合汉魏以来的官制而创立的一种新的中央行政制度，唐时得以正式确立并完善，为唐至宋的中央最高行政机构。三省六部制中的尚书省形成于东汉时期（时称尚书台），下设三公曹、吏曹、民曹、客曹、二千石曹、中都官曹等六曹尚书，为六部前身。中书省和门下省形成于三国时，目的在于分割和限制尚书省的权力。在发展过程中，组织形式和权力各有演变，至隋文帝才整齐划一为三省六部。

三省六部制中，三省为中书省、门下省、尚书省，是中央最高行政机构。中书省负责草拟制策和颁发皇帝诏命等下行文书，并处理中央和地方的章奏公文；门下省负责审核政令各种上行文书、驳正违失，或提出意见，请皇帝裁决；尚书省负责执行国家重要政令，是全国行政的总汇。三省长官分工合作，共同行使宰相之职。六部是尚书省的下设机构，即吏、户、礼、兵、刑、工，六部各有四司共为二十四司。吏部掌管全国官吏的任免、考课、升降、调动等事务；户部掌管户籍财经，明清时掌管全国户籍、疆土、田地、赋税、俸饷诸财政事宜；礼部掌管考吉、嘉、军、宾、凶五礼，管理全国学校事务、科举考试及藩属和外国之往来事；兵部掌管选用武官及兵籍、军械、军令等；刑部掌管全国刑罚政令及审定各种法律，复核各地送部的刑名案件；工部掌管各项工程、工匠、屯田、水利等营造工程事项。三省六部既有分工，又有合作，彼此相互监督和牵制，使封建官僚机构形成一个严密完整的体系，有力地提高了行政效率，加强了中央的统治力量。

（四）二府三司制

二府三司制是宋代为加强对内控制，削弱相权，加强君权，对隋唐以来的三省重新设置职权形成的制度。二府指中书门下和枢密院，分掌行政和军事。增设参知政事分割相权。三司在北宋称盐铁司、户部司、度支司，地位略低于二府。二府三司各自独立，互不统属，直接对皇帝负责。虽然三省名义上始终存在，但已经混同为一省即中书门下，同时由于枢密院、三司的设立，宰相的军权、财权被剥夺，三省制度已名存实亡。

【图文】中国古代中央行政制度

二府三司的中央政治体制中，中书、门下为中央最高行政机关。虽然保留了三省，但三省长官基本不参与政事，另设中书门下为宰相办公机构。中书门下或尚书省长官要加“同中书门下平章事”方行使宰相职权，而且只管行政事务。参知政事为副宰相，分割宰相的行政权。六部仍直辖于尚书省。枢密院为中央军事行政机关，其长官枢密使地位略低于宰相。枢密院长官与副官分别为枢密使和枢密副使，官职多由文人出任，掌管士兵

【视频】三省六部制

名册、边防机密、军队招募和调动之事，虽有调兵权，却必须得皇帝批准。三司是中央理财机关，长官为三司使，地位仅次于中书省，号称“计相”。

三 地方行政制度

（一）郡县制

郡县制是中国古代继宗法血缘分封制度之后，出现的以郡统县的两级地方行政管理制度，是在中央垂直管理地方，地方官员由中央直接任免的流官任期制，几乎盛行于整个封建时代。县制源于春秋时期的楚国武王熊通时期，郡制源于秦国穆公嬴任好时期。春秋中期以后，县和郡逐渐发展成固定的地方制度，县设县大夫（或县令、县尹），为一县之长。郡设郡守，郡守的地位比县大夫低。到战国时，郡的地位遂高于县，郡下设县，由此形成了影响后世的郡县二级地方制度。

秦朝以郡为地方最高行政机关。郡设郡守，郡下设县。郡是中央政府辖下的一级地方行政单位，组织机构与中央政府略同，设郡守、郡尉、郡监（监御史）。郡守为一郡最高行政长官，掌管全郡政务，直接受中央政府节制；郡尉辅佐郡守，掌管全郡军事；郡监掌管监察工作。郡下设县或道，是秦朝统治机构中关键的一级组织，也是从中央到地方政府机构中具有相对独立性的一个单位。内地设县，边地少数民族地区设道。满万户以上的县设县令，不满万户的设县长，令、长为一县之首，掌全县政务，受郡守节制。县令下设尉、丞。尉掌管全县军事和治安；丞为县令或县长的助手，掌管全县司法。县以下设乡、里和亭。乡和里是行政机构。乡设三老、啬夫和游徼，三老掌管教化，啬夫掌管诉讼和税收，游徼掌管治安；乡以下为里，是秦国最基层的行政单位；里设里正或里典，职能除与乡政权职能大体相同外，还有组织生产的任务。亭为司治安、禁盗贼的专门机构，秦规定，两亭之间相隔十里设亭长，亭遍布于城乡各要地。乡里的作用逐渐强化，并超过郡县，使民间有知乡里，不知郡县之说。

（二）郡国并行制

西汉初期在地方继承推行郡县制的同时，又有分封同姓诸侯国的现象，实行郡国并行制，这是同秦朝最大的不同之处。

汉高祖刘邦建汉之初，中央机构继承秦制，皇帝之下设三公九卿。在地方上则一方面设郡，另一方面分封同姓和异姓子弟为王，建立诸侯国，扩大地方王国的自治权力，中央政府对地方事务不多加干涉，也是当时“无为而治”的表现形式。

文帝、景帝时，为消除地方势力对中央的威胁，采取一系列措施。文帝采纳贾谊“众建诸侯而少其力”的建议，把齐国分成六个小王国，把淮南国分为三个小王国，以削弱其力量；景帝采纳晁错“削藩”的建议，削减了几个诸侯王的封区，导致了以吴王刘濞为首，以“清君侧”为借口的七国之乱。七国之乱平定后，景帝下令取消了诸侯王的治民权，又减缩诸侯王的统治机构，降低王国官职的等级，使之成为中央直接管理的一级地方行政单位，基本上解决了刘邦实行的诸侯王制度的弊病，汉武帝时期又实行推恩令，进一步加强了中央集权。

（三）蕃汉分治制

蕃汉分治制度，是辽代统治者基于“以国制治契丹，以汉制待汉人”观念而在中央设置北面官和南面官，分别对蕃、汉进行管理的政治制度。

在辽朝统治的广大地区居住有很多民族，汉族与契丹等族在经济文化的发展水平、人民的生活方式上有很大的差异。契丹征服者一时尚不能适应被征服地区先进的文明，为了适应这种不同情况，辽朝的行政管理机构分设“北面”和“南面”两个系统，实行蕃汉分治的政治制度，即用辽国固有的制度管理契丹人，用汉族的制度管理汉人，包括政治、经济等各方面。中央设置的北面官均由契丹人担任，用辽国固有的制度统治契丹人和其他民族。南面官由汉人和契丹人担任，沿用唐以来的官制统治汉人和渤海人，权力不及北面官大。

实行南北有别，双轨管理的蕃汉分治政治制度，是一种民族分治，也因地制宜，因俗而治。其实质是阶级统治而非民族压迫，作用是促进了契丹的发展，加速契丹封建化进程，也推动了多民族国家的发展。

（四）行省制

行省制起源于元朝。元朝行省是行中书省的简称，其渊源可追溯到魏晋隋唐的行台和金代行尚书省。元世祖设置中书省时，以行中书省为中央临时派出机构，不久即以行省为固定的行政区域，形成行省、路、府（州）、县四级制，各级地方皆设蒙古管事官达鲁花赤一人掌握实权，自此建立了行省制度。行省制在明清两代得到发展，最终影响了现代中国的地方行政体制。

【图文】元朝行省区域格局

忽必烈建立元朝后，为了有效地管辖和统治当时地域空前辽阔的封建国家，正式在朝廷设置中书省总领全国政务，时称“都省”。在地方共设10个行省，即岭北、辽阳、河南江北、陕西、四川、甘肃、云南、江浙、江西、湖广。而山东、山西、河北和内蒙古等地则称为“腹里”，由中书省直辖。在元朝世祖末年至成宗初年，随着江浙、湖广、江西、陕西、四川、甘肃、辽阳、河南等行省的改置或增设，行省逐渐演化为常设的、固定的地方最高官府。

【视频】郡国并行制

明清两代在沿用元朝行省制的基础上进行了调整和补充。明朝地方行政机构分为省、府、县三级，各省设布政使司掌行政，按察使司掌司法和监察，都指挥使司掌军事，合称“三司”，同为一省长官。府设知府，县设知县，统掌所辖区的行政司法。清朝在各省设巡抚作为省的长官，布政使司，按察使司合称“二司”，为其下属。一般每两三个省设一总督。省以下仍为府、县两级。

（五）僧官制

僧官制度始设于后秦时期，北魏、北齐称沙门统、昭玄统等，至唐朝时重设，掌管全国寺院、僧籍、僧官补授等佛教僧尼事务，“统领天下诸寺，整理佛法”。僧官沦为官府操纵、统御佛教的工具。以后历朝多设立此职，并设有相应的僧官机构。

明代时期的僧官制度更为系统化，从中央到各府、州、县建立了与行政体制相适应的四级僧官体系，并把僧司机构从汉传佛教推行到藏传佛教中，推行到西藏、青海、新疆、云南等边疆地区。中央、府、州、县的僧司分别称为僧录司、僧纲司、僧正司、僧会司；中央僧官有善世、阐教、讲经、觉义；府、州、县僧官分别为都纲、僧正、僧会。各级僧官有明确的品阶和俸禄规定，僧官的铨选任免成制，考课有常，迁转有序，衣饰伞盖有别，体现了专制主义中央集权极端强化的时代特点。清代时期的僧官制度大体沿袭明制，略有损益，较有特色的是在僧官中实行了正副印制度和候补制度。

（六）八旗制

八旗最初源于女真人的狩猎组织，后发展成为清朝旗人兵民合一的社会生活与军事组织形式，由贵族控制，具有军事征伐、行政管理、组织生产三项职能，是清朝的根本制度。

努尔哈赤于明万历二十九年（1601 年）整顿编制，分别以牛录额真、甲喇额真、固山额真为首领，初置黄、白、红、蓝四色旗，编成四旗。万历四十三年（1615 年）增设镶黄、镶白、镶红、镶蓝四旗，八旗之制确立。满洲女真社会实行的八旗制度，丁壮平时皆民，战时皆兵，既是行政管理制度又是军事组织，使八旗军具有极强的战斗力，为清朝统一中国起了重要作用。清军入关前，八旗中的正黄、镶黄两旗由汗王（皇帝）直接统领，其他六旗分别由汗王的子侄统领。清军入关伊始，为加强军事防御，分别令八旗兵在京师与各地驻防，直至 18 世纪中叶，八旗营区系统地分布于全国的军事要地，进行长期驻扎。

（七）改土归流

改土归流是指改土司制为流官制，又称土司改流、改土归流、废土改流，是明清两朝在西南一些少数民族地区废除土司制管理方式，实行政府官员管理的一项政治改革。

明朝初年，在西南少数民族地区沿袭元朝的统治办法，在那里实行土司制度。这些由当地少数民族担任的土司官，对辖区内的行政有自主权，且可以世袭，拥有很大的权力。但土司制度弊病很多，土司对内残暴统治属民，对中央叛服不常，骚扰与之接壤的汉民，逐渐演变成一种割据势力。土司之间也不断发生战争。为了解决日久相沿的土司割据的积弊，明朝永乐年间，在西南少数民族地区条件成熟的地方，开始取消土司衙门，设立府、厅、州、县，改由政府派遣有一定任期的流官直接统治。清朝平定三藩之乱后，雍正年间大规模实施改土归流政策。改土归流是我国政治发展上的一项重大改革，它不仅加强了中央政府对西南少数民族的统治，改变了当地落后闭塞和纷争的状况，而且促进了各民族之间的经济和文化交流，有利于统一多民族国家的巩固和发展。

任务三　古代选官制度

任务先行

中国古代统治者选拔的官吏，与统治者共同维护了国家机器的正常运转，社会的长治久安，经济文化的繁荣，使悠久的华夏文明永葆生机，源远流长。因此，历朝历代所推行的选官制度在推动历史的车轮滚滚向前的过程中起着至关重要的作用。

任务导入

为什么说从汉代察举制到魏晋九品中正制再到隋唐科举制，中国选官制度日趋完善，一定程度上体现了公平、公正的原则，提高了官员素质，推动了古代中国走向繁荣？

一　概述

自公天下覆灭，中国社会进入家天下以后，夏商周三代官制通常采用世袭制，诸侯、卿、大夫的爵位与领地往往父传子、子传孙，世代相承。战国商鞅变法废除了贵族特权，建立了按军功大小赐予爵位的制度，但官爵基本上仍是世袭的。

西汉时期文帝为了询访政治得失，始诏“举贤良方正能直言极谏者”，中选者即授以官职。征辟制和察举制成为选官制度。东汉末年曹操当权时，提倡“唯才是举”。曹丕继位后，采纳吏部尚书陈群建议，推选各郡有声望的人出任中正，负责对本籍士人进行考察，根据才能分别评定为上上、上中、上下等九个品级，供朝廷按等擢用，此即“九品官人法”。曹芳时期司马懿执政，任用各州世族豪门为大中正，评品士人只重视出身门第而不论真才实掌，从此造成“上品无寒门，下品无世族”的局面，九品中正制开始成为魏晋南北朝时期维护士族特权的官僚选拔制度。隋唐时期，废除了九品中正制，改行科举制度。由官府通过定期举行的科目考试，依据成绩优劣来选拔人才、分别任官。隋唐时期科举制度正式产生，使门第不高有才能的人参加到政权中来，扩大了统治阶级的基础，至光绪年间推行掌校教育，科举制随告废止。

二 古代主要选官制度

（一）世官制

世官制是先秦时期在选官用人方面所实行的一项重要的政治制度，是指以贵族为选官的范围，贵胄子弟具有世袭继承祖上官职的特权。世袭卿位和禄田的制度在古代曾十分盛行。就其所任而言，世官并不等于世职，并不局限于某家族世代担任某一固定官职。从其主体来说，世族是世官的基础，只要一个世家大族不倒，其成员就随时可能有出任重要官职的机会。

商代是否实行世卿世禄的选官制度，由于历史资料不足无法做具体的阐述。西周时期按照宗法血缘关系实行世卿世禄的选官制度，这是由当时特定的历史条件决定的。周初时人们仍保持着牢固的宗族血缘联系，人群基本以宗族区分（特别是征服与被征服族的区分）。为了巩固和扩大家天下，周天子以大分封的形式将统治权力、土地、人民封赐给同姓王族、姻戚、功臣，受封的卿大夫、诸侯便成为王朝统治的政治基础，并得到宗法制和分封制的制度保证，从而形成了各级宗族长同时是各级官长，家国一体、家国同构的统治模式和格局。

（二）军功爵制

军功爵制是指以军功作为获取爵位的方式，按照军功大小授予不同爵位，来激励将吏士卒的军事制度。先秦时期军功爵制的出现和确立，在军事史上具有划时代的意义。

在春秋以前，世卿世禄制度在列国普遍存在。西周虽然在诸侯和卿大夫有功时，天子和诸侯也有因功行赏的“分职、授政、任功”等赏赐形式，但爵禄制度中始终贯彻亲亲尊尊的原则，使得军功不可能完全与爵禄统一起来，而且依军功而获得采邑爵禄的范围只在少数奴隶主贵族中，仍表现为卿大夫的世卿世禄制度。普通士兵无论在战争中立下多大功劳都被看作是因所在封地的土地关系而产生的对宗主贵族的义务，军功不会改变他们的社会地位。

战国时期，魏国最早变法，提出“食有劳而禄有功”，以功劳作为赏赐的标准，已经具有了军功爵制的性质。吴起在楚国变法，“使封君之子孙三世而收爵禄，绝灭百吏之禄秩”，用所收减的爵禄“以奉选练之士”，实际上也具有军功爵制的特点。秦国是推行军功爵制最彻底的国家，军功爵制也最完备。

军功爵制在新的历史条件下有利于国家选拔军事人才，为庶民入仕提供了条件，造就了一批爵禄及身而止，不再传给子孙的新官僚和一批军功地主，造成了“宰相必起于州部，猛将必发于卒伍”的时代特点，这不但是新的封建军事制度的一项重要内容，而且是新的封建官僚制度的组成部分。军功爵制满足了各国变法图强的政治需求，客观上也瓦解了旧的世卿世禄制度。

（三）察举制

察举制是中国两汉时期盛行的一种选拔官吏制度，主要是由地方长官在辖区内随时考察、选取人才并推荐给上级或中央，经过试用考核再任命官职。察举，即经过考察后进行荐举，是在先秦乡里举荐制度基础上发展起来的。

汉高祖十二年（公元前 196 年），刘邦下诏令天下郡国以儒家极力倡导的“德”为标准举荐贤才，这是汉代察举制的开端。随后的吕后、惠帝时期也曾多次下诏举荐“孝悌力田”者。汉文帝二年（公元前 180 年），下诏举荐“贤良方正能直言极谏者”，十五年又诏“诸侯王、公卿、郡守举贤良能直言极谏者”。至此察举制基本创立。

汉武帝时期对察举制做出了详细的规定，使此制度趋于完善。首先，在选拔的人才方面，不管是何出身都可以参加选拔，但诸子百家中只有儒生才可以参加选拔；其次，按照学有所长的原则，分德行、学问、法令、谋略四个方面选拔人才；最后，将察举分为岁举和诏举两类，岁举有孝廉、茂才两科，诏举有贤良方正、异类两科。后来察举科目发展为孝廉、茂才、贤良方正、文学、明经等，以及以才能为主的尤异、治剧、勇猛知兵法、明阴阳灾异、有道等临时规定的其他科目，但是以前四种为主流科目。所有的科目都以德行为先，在学问上以儒学为主。

东汉时期察举制注重孝廉一科，察举主要依据个人在地方上的声望，随着豪强地主势力的发展，门第族望成为选举的主要依据。随着东汉后期任人唯亲、唯财、唯势，权门势家把持察举的弊端出现，察举制度的缺陷暴露无遗。察举制作为两汉以来实行了 300 多年的选官制度，对后世产生了重要的影响。

【图文】征辟制

（四）九品中正制

九品中正制又称九品官人法，是魏晋南北朝时期重要的官吏选拔制度。魏文帝曹丕采纳尚书令陈群的创议，于黄初元年（220 年）命其制定了九品中正制度。此制至西晋渐趋完备，南北朝时又有所变化。九品中正制上承两汉察举制，下启隋唐科举制，存在了约四百年，是中国封建社会三大选官制度之一，在中国古代政治制度史上占有十分重要的地位。

九品中正制的内容主要有以下设置中正、品第人物、选拔依据三方面：

一是设置中正。中正就是掌管对某一地区人才进行品评的负责人，也就是中正官，这是九品中正制的关键环节。中正官又有大小之分，州设大中正官，掌管州中数郡人才品评，各郡则另设小中正官。中正官最初由各郡长官推举产生，晋以后改由朝廷三公中的司徒选授，其中郡的小中正官可由州中的大中正官推举，但仍需经司徒任命。

二是品第人物。中正官的主要职责是负责品评和他同籍的士人，包括本州和散居其他各郡的士人。品评主要有三个方面：一是家世，即家庭出身和背景，包括父祖辈的资历仕宦情况和爵位高低等。这些材料被称为簿世或簿阀，是中正官必须详细掌握的。二是行状，即个人品行才能的总评。魏晋时的总评一般都很简括，如“天才英博、亮拔不群”“德优能少”等。三是定品，即确定品级。被选者按照家世和行状分为三级九品，即上上品、上中品、上下品、中上品、中中品、中下品、下上品、下中品、下下品。

三是选拔依据。中正评议结果上交司徒府复核批准，然后送吏部作为选官的根据。中正评定的品第又称“乡品”，和被评者的仕途密切相关。任官者的官品必须与其乡品相适应，乡品高者做官的起点往往为“清官”，受人尊重升迁较快，乡品卑者做官的起点往往为“浊官”，受人轻视升迁也慢。

（五）科举制

【图文】中国古代选官制度

【视频】汉朝官制

【视频】宋朝官制

【视频】明朝官制

科举制是中国隋唐时期开始实行的通过考试选拔官吏的制度。士子应举原则上允许个人报名参加，不必非得由公卿大臣或州郡长官特别推荐，这一点是科举制最主要的特点，也是与察举制最根本的区别。科举作为封建时代所采取的最公平的人才选拔形式，扩展了封建国家选拔人才的社会面，吸收了大量中下层人士进入统治阶层。特别是唐宋时期科举制度发展成熟之初，显示出生气勃勃的进步性，也促成了中国古代文化发展的一个黄金时代。

隋朝文帝时废除九品中正制，唐朝全面确立了科举选官制度。唐朝科举分常科和制科两类。常科每年举行，考试由尚书省吏部考功员外郎主持，对象主要是经京师和地方各级学校考试选拔的生徒，常设的科目有秀才、明经（经义）、进士、明法（法律）、明字（文字）、明算（算学）诸科，凡五十余种。武则天时期还设立武举。唐科举各项中明经科取士最多，但最荣耀尊贵的却是进士科。唐朝初期的进士科考试为“时务策”五条，涉及国家现实问题。时务策使读书人从故纸堆中爬起来，面向社会，观察、思考问题，探寻解决办法。制科是皇帝临时诏令设置的科目，科目、时间及场所均由皇帝临时指定，有贤良方正直言极谏科、才识兼茂明于体用科等上百种。宋朝的科举制度进一步完善，与唐朝不同的是，宋朝士人一经科举录取即可任官，不必再经过吏部考试。宋朝以后科举均用经义，殿试前三名依次称为状元、榜眼、探花。明朝以四书五经文句为考题，规定文章格式为八股文，解释必须按照朱熹的《四书集注》。清袭明制，但也开过特科，如博学鸿词科、翻译科等。

科举制是中国古代选官制度的重大变革。较之于以前朝代的选官制度，科举考试向社会全面开放，作为制度本身具有一定的公正性。文人士子不论出身、地位及家产，都可自由报名考试，无须官员举荐，不重门第只重才学，从而打破了魏晋以来门阀世族垄断选举的特权。考试制度造就了竞争机制，录取与否的唯一依据是考试成绩。寒门士子苦读修身，有真才实学即可科举入仕。科举制度推动了知识阶层自下而上的社会流动，在人事上保证了文官体系有源源不断的后备力量。在科举制度之下，古代中国建立起稳固的文官体制，这种文官考试制度在人类制度史上有着重要的开创意义，在世界文明史上产生了广泛影响。科举制造就了文官政治，文官政治又培育了一个超越地域、家族与军事势力的知识阶层，这一阶层的利益、活动都与中央集权相联系。因此，科举考试的价值导向与精神意旨对社会文化形态有直接的影响。

问题与思考

1. 中国古代政治制度有哪些主要特征？
2. 概括中国古代社会政治制度的类型，以及发展创新脉络。

模块二 古代法律制度

能力目标

通过完成本任务，你应该能够：

1. 了解我国古代传统法律思想与法律制度；
2. 了解儒家思想对封建专制时期司法制度的影响。

核心能力

1. 掌握中国古代各时期法律制度的基本特点；
2. 能够正确区分不同时期的法律观点与制度特色。

法律制度作为国家实现其统治的基本工具，作为社会关系的重要调节器，往往以国家的强制力为后盾。中国古代自夏代国家出现后，历经商周到明清四千多年，统治阶级通过国家机关制定法律，建立法律制度。历朝历代对于律法条文产生、修订的最主要的目的，就是为了维护自己的统治地位。中国古代法律最早表现为礼刑并用，之后形成兼有诉讼、民事、行政等诸法合体的封建法典混合编纂形式，贯穿于封建社会各朝代。

任务一 奴隶制法律制度

任务先行

中国古代法律制度经过夏商周到明清四千多年的发展，逐步形成了一整套沿革清晰、特点鲜明的法律体系。夏、商、西周时期是奴隶制国家法律体系的萌芽和成长阶段，经历了从夏商时期神话传说时代的习惯法，到西周时期形成礼刑结合的国家法律体系。法律体现王权与族权的统一，渗透神权思想。春秋时期奴隶制法律解体，各诸侯国的成文法陆续颁布。

任务导入

春秋时期成文法制定的发展对后世有什么影响？

一 夏商时期法律制度

夏商时期以“恭行天罚”“天讨”的神权思想作为法律的思想基础，宣言“君权神授”“王权神佑”，使统治政权合法化和神圣化。神权这一原始自然宗教和阶级社会有政治目的的天神崇拜与祖先崇拜的产物，渗透于社会生活的方方面面。同时血缘纽带关系影响至深，维护着部落首领政治权力的集中和强化。诉讼审判制度以神明裁判最具代表性。

夏代刑罚的出现，标志着法律制度已经产生。刑起源于部落战争，“刑始于兵，兵狱同制”，战争产生了刑罚、罪名、刑官，奴隶制五刑（即墨、劓、髌、宫、大辟）的产生是战争的需要和结果。

夏商时期的立法体现：

一是王命，包括誓、诰、命等多种形式。誓意味着约束。诰即古“告”字，其义为告诫。命是指君主的命令。

二是禹刑、汤刑。禹刑是指夏朝法律规范的总称，可能是以禹为名，表示对夏族杰出祖先和开国之君的怀念和崇敬。汤刑是指商朝法律的总称，和禹刑一样，以汤为名表示对商族杰出领袖和开国之君汤的怀念和崇敬。

三是官刑。据古籍记载，夏商时已有约束和惩治官吏的官刑。

二 西周时期法律制度

西周时期以"以德配天""明德慎罚""礼治"为法律的思想基础。"礼"来源于原始人的祭祀风俗。"德"包括敬天、敬祖、保民三个方面。"明德"是指提倡尚德、敬德，它是慎罚的指导思想和保证。"慎罚"是指适用刑罚、实施刑罚时应宽缓、审慎、适中，不乱罚无罪之人，滥杀无辜。慎罚是明德的具体落实，由此形成了一系列区别情况定罪量刑的刑法适用原则。"礼治"的首要职能是维护封建等级制度，其次在于预防犯罪，其三还能起防民的作用。西周的法制思想已形成了一个较为完备的体系，其内容趋于成熟，使礼刑结合的法律制度得到进一步发展，并建立起比较完善的司法制度。

【图文】中国古代法律制度

【视频】古代刑罚

【视频】八议

"明德慎罚"思想后经汉代儒家改造为"德主刑辅"，是古代慎刑思想的理论先导。

西周时期的立法体现：

一是周礼。周公制礼是西周最早的立法。

二是《九刑》。西周初年制定的刑书九篇（或九种刑罚）。

三是《吕刑》。吕侯制刑是西周中期的又一次大的立法活动。

四是誓、诰、训、命。周王的誓、诰、训、命是周朝法律的重要渊源。

三 春秋时期的法律制度

（一）概述

春秋时期社会生产力的发展，经济关系和阶级关系的变化，及周王作为天下共主地位的逐渐丧失，导致礼、刑约束力的削弱。一方面是"礼崩乐坏"，原来以西周礼制和礼仪所维系的"礼乐征伐自天子出"的社会政治秩序被破坏，礼乐征伐自诸侯出，篡杀违礼层出不穷。另一方面是社会生产力的发展引起经济关系和阶级关系变化，社会上出现了与以西周的礼为根本大法的要求根本不相容的局面，说明了奴隶制法律正在解体。新兴的地主阶级为打破奴隶主贵族司法垄断与专横，以及实行"法治"的需要，各诸侯国适应时代的大势所趋，在富国强兵的改革过程中形成制定成文法运动的结果，新的主要用于定罪量刑的"法"的规范产生。

（二）成文法的公布及其意义

1. 郑国"铸刑书"

公元前536年，郑国大夫子产为巩固改革成果，使全国上下都有章程可循，将刑书铸于鼎上予以公布，作为国家的常法，史称铸刑书。这是中国法制史上首次公布成文法的举动。

2. 晋国“铸刑鼎”

公元前 513 年，晋国的大臣赵鞅、荀寅率领军队在汝滨筑城时，将范宣子所修订的刑书铸在鼎上公布于众，史称铸刑鼎。

3. 邓析“造竹刑”

竹刑起初系郑国大夫邓析私人所拟定的一部法律，因书于竹简而得名，并不具有法律效力。后来郑国执政大臣认为竹刑更适合于国情，于公元前 501 年杀邓析而用其竹刑。竹刑至此正式为郑国所采用，成为国家的法律。

4. 楚国“仆区”“茆门”之法

楚国在楚文王时期制定“仆区之法”，楚庄王时期制定“茆门之法”。

春秋时期各诸侯国成文法的制定公布，是社会历史潮流使然，是法制发展的大势所趋。它打破了旧贵族“临事制刑”的司法垄断传统，为战国时期的“法治”运动打下了基础。同时刑依法定的局面逐步打开，“礼治”“法治”之争也拉开了序幕。

任务二　封建制法律制度

任务先行

战国时期封建制法律确立，各诸侯国陆续颁布了以保护私有制为中心内容的法律。秦国商鞅改法为律，制定《秦律》。西汉制成《九章律》，确立以律、令、科、比为形式的一整套法律制度。汉武帝“罢黜百家，独尊儒术”，实行外儒内法，逐步形成引礼入法的封建法律体系。隋唐时期的《唐律》和《唐律疏议》是中国历史上最完整的封建法典，对以后朝代以及亚洲一些国家的法律影响深远。宋朝通过制定《宋刑统》全面强化封建专制主义。元朝的《大元通制》等法律具有阶级压迫和民族压迫的双重特点。明、清法律以律为主，律外有诰、例、令、条例、则例、会典等，《大明律》《大清律例》反映出封建社会后期君主专制强化的时代特点。中国法律思想史的内容，通常由先秦时期的法律思想、秦汉至明清时期的法律思想、晚清以来的近代法律思想三大部分组成。

任务导入

你认为中国古代法律思想对现代社会治理的法律制定产生了哪些影响？

一 形成和发展阶段

战国、秦、汉以及三国两晋南北朝时期是中央集权的君主专制国家法律体系的形成和发展阶段。

（一）战国法律制度

这一时期是封建法律制度的初创时期，新兴地主阶级以事断于法、刑无等级、重刑轻罪、布之于众等为法治原则推动立法。立法活动主要有魏国立《大府之宪》《法经》，楚国吴起变法、立《鸡次之典》，齐国、赵国、韩国的《七法》《守法守令十三篇》《国律》《刑符》，以及秦国商鞅变法等。对后世影响深远的是魏国李悝制定的《法经》与秦国商鞅制定的《秦律》。

【图文】《法经》的篇目及其内容

【视频】奴隶制五刑

1.《法经》的制定

《法经》是一部地主阶级的法典，也是历史上第一部比较系统的封建成文法典，由战国时期魏文侯相李悝在总结春秋以来各国成文法的基础上制定。其篇目为盗法、贼法、囚法、捕法、杂法、具法共六篇。法经的立法宗旨是“王者之政莫急于盗贼”，体现了新兴地主阶级的意志和利益。

《法经》贯彻法家重刑原则，以镇压盗、贼为首要任务；维护等级特权，保留奴隶制残余；体例上诸法合体，具法（当于现代宪法中的总则）列后。作为我国历史上具备一定规模和体系的第一部封建法典，秦律及汉《九章律》都是沿着这个脉络发展下来的，对我国秦汉时期的封建法律制度产生了直接的影响。事实上，它也是整个封建社会法典制定的蓝本。

2. 商鞅定秦律

公元前 359 年，法家著名代表人物商鞅在秦国实施变法改革，这是战国时期封建法制发展过程中又一次意义重大的法制改革。商鞅变法期间，“改法为律”，强调法律规范的普遍性，具有“范天下之不一而归于一”的功能。以《法经》为基础制定了《秦律》。通过颁布一系列律令奖励耕织、奖励军功以“富国强兵”；废除世卿世禄，实行按军功授爵，从而剥夺旧贵族的特权；取消分封制，实行郡县制，什伍连坐，加强中央集权和控制基层社会；通过“以法治国”“以吏为师”“轻罪重刑”、不赦不宥、鼓励告奸等，全面贯彻法家“以法治国”和“明法重刑”的主张。

商鞅变法是一次极为深刻的社会变革，在深度和广度上都超过了这一时期其他诸侯国的改革。虽然商鞅在秦孝公死后被旧势力车裂而亡，但其变法成果被秦国继承和发扬。秦国在商鞅变法之后迅速强盛起来，为最终一统六国、建立历史上第一个中央集权的封建王朝奠定了基础。

【图文】商鞅变法的内容

（二）秦朝法律制度

1. 概述

秦朝奉行韩非的法治思想，即以法为本，法、术、势相结合的理论，将法律作为治理国家和社会的基本手段。在该理论指导下，秦统治者提出了以下法制原则以指导《秦律》的制定。

一是缘法而治。改变西周以来的“礼治”传统，用法律对社会生活的各个方面进行调整，“事皆决于法”，“治道运行，诸产得宜，皆有法式”。为此加强了成文法的制定。

二是法令由一统，事皆决于上。立法权掌握在君主手里，其他人不得行使；统一全国法律；司法统一。

三是专任刑罚，贯彻重刑主义原则。深督严责，重刑轻罪，乐以刑杀为威；以法为教，以吏为师。

2.《秦律》

秦朝的立法活动表现为对法律的修订、统一以及制定一些新的法律。《秦律》是我国封建法制的典型代表，其形式有律、令、程、式、法律问答、廷行事等。

（1）律：是国家正式制定、颁布的成文法典，是秦最基本的法律形式，构成了秦代法制的主体。律在后世成为中国古代法的代表形式，其地位即由此奠定。

（2）令：是秦朝政府针对一时之事以国家名义颁布的单项法规。令由皇帝颁布，效力高于律。令又表现为“制书”和“诏书”，前者即“帝者制度之命”，后者即“告也”。

（3）程：即章程、规章，是对有关部门和具体事项的细则规定。

（4）式：是朝廷统一颁布的规定官吏审理案件的准则以及审讯笔录、现场勘查笔录、查封笔录等法律文书程式的法律文件，由国家颁布。

（5）法律问答：是国家公布的由专门司法官吏对国家律典所做出的，以问答的形式对秦律的立法意图、诉讼程序以及法律术语进行解释和补充，它们与法律条文一样具有法律效力。

（6）廷行事：是国家中央一级司法机构的“行事”成例，也即官府判决，经朝廷确认，可以用作断案依据。

【图文】《秦律》对封建经济关系的调整

（三）汉朝法律制度

1. 立法思想的演变

汉朝立法思想的演变历经了两个阶段。

第一阶段自汉初至汉武帝亲政之前70年，黄老学说占统治地位，奉行“无为而治”，而辅之以儒、法思想。黄老学说的核心是清静无为，要求统治者能够面对现实，因势利导，轻徭薄赋，约法省刑，安定百姓，与民休息。

第二阶段从汉武帝起，转变为以儒为主，礼法并用。先秦儒学经过汉初陆贾、贾谊等思想家的改造，具备了承载统治思想的职能，而其法律观和国家观的核心就是“天人感应”。由“天人感应”又派生出的“德主刑辅”说，经汉武帝时期董仲舒“罢黜百家、独尊儒术”的主张，儒家的法制思想将德治教化与刑事惩罚两种手段结合运用，以德化为主，刑罚为辅，以收恩威并用、宽猛相济之功效。儒术独尊与“德主刑辅”“礼法并用”理论成为汉中期以后最主要的立法理论基础。汉朝法律制度的建立，特别是汉武帝时代封建正统法律思想的形成，标志着中国封建法律制度的确立。

东汉时期随着儒学的强化和法律章句学的发展，皇帝通过制诏这种特有的立法权，将经学观点用法律的形式固定下来，使得经学出现了法典化倾向。经学地位的提高，推进了儒学的法典化进程，带动了法律章句学的盛行，加固了经学与律学的关系。

【图文】汉朝法律制度

2. 立法形式及其内容

汉律的制定主要是在西汉高祖和武帝统治时期完成的，律是两汉最基本的立法形式。刘邦“约法三章”是西汉第一次立法活动。

（1）律

①《九章律》。萧何以李悝的《法经》为基础，在《秦律》六篇的基础上，适应当时需要增加了户、兴、厩三篇内容编纂而成，共九篇（包括盗律、贼律、囚律、捕律、杂律、具律、户律、兴律、厩律），是汉代最重要的一部法典。

②《傍章》《越宫律》《朝律》。《傍章》又称《礼仪》，叔孙通就《九章律》未涉及的礼仪制度而补充制订，内容为朝觐、宗庙、婚丧等方面的礼仪制度及法律规定。《越宫律》为张汤所制，是关于宫廷事物及警卫方面的法律。《朝律》为赵禹在《汉仪》基础上制定，是诸侯百官朝会制度的相关法律。

（2）令。作为律的补充，令是统治者运用权力将自己的意志上升形成的法律规范，是在律相对稳定的情况下，适应社会发展与变革的需要产生的新的法律体裁，具有最高的法律地位。也是一种数量多、范围广、针对性强而又灵活的法律形式。

汉令有一个立法程序，一般是皇帝有了立法意图，有关官吏就会提出具体方案，最后由皇帝“制可”，这一程序才完成。

（3）科。科是对犯罪者科刑之意，也可解释为科条、事条，是律令以外的法律形式，具有与律令同等的功能。科的作用在于具体规范、禁约某种对象行为，是对律令的具体诠释和补充，并将律令中相对稳定的内容和原则加以分解，因而具有较强的灵活性和可操作性。

（4）比。比是指司法类推的行为，即在律无正条的情况下，司法官吏附律令、援引判例断罪量刑。比是汉代一种重要的法律形式，又称决事比，渊源可以追溯到春秋战国时期，以及秦朝的“廷行事”。

3. 儒家思想对司法制度的影响

儒家主张“德主刑辅”“礼法并用”，将德治教化与刑事惩罚两种手段结合运用的法制思想，对司法领域产生了深远的影响。

（1）经义决狱。也称《春秋》决狱，即引用儒家《春秋》《诗》《书》《易》《礼》等经典的精神原则或事例作为判案的依据。《春秋》决狱起源于汉初，武帝以后盛行，大儒董仲舒曾大量引经决狱 232 个案件，并编成《春秋决事比》。

（2）录囚。是皇帝或上级长官直接详审罪囚，平反冤狱的制度，为汉朝首创。该制度是受儒家“仁政恤刑”“天人感应”等学说影响的结果，对于及早发现冤案，改善司法状况，稳定社会秩序等具有积极意义。

（3）大赦。是对罪犯进行普遍宽赦的制度，赦前之罪不论举发与否，均免除或减轻刑事责任。大赦于汉朝形成制度，国家凡有喜庆或灾异事件，皇帝均要大赦。大赦是儒家仁政思想影响的结果，使用适度，有利于缓和阶级矛盾。

（4）秋冬行刑。是除罪大恶极者决不待时外，死刑均在立秋以后，冬至之前执行的制度。该制度受儒家“王者生杀，宜顺时气”等思想的影响，同时与中国古代不夺农时的理论有关。

4. 综述

“礼法结合”是汉律的重大变革和主要特点。自汉朝开始，法制开始了“礼法结合”的进程。

首先，礼仪制度法典化，如《傍章》《朝律》的内容主要是礼仪制度；经学大师引经注律的“章句”被赋予法律效力。

其次，儒家经典的精神内容被引入法律，如受“三纲五常”思想的影响，汉律极力维护皇权、父权、夫权，设置一些新罪名，形成一些重要的刑法原则。

【图文】“礼法结合”

第三，在司法上创设了经义决狱、录囚、大赦、秋冬行刑等制度。汉律在制定中也存在着体系庞大，律条繁杂的特点。

（四）三国两晋南北朝法律制度

1. 概述

魏晋时期对法律进行了改革，针对两汉以来 “律令繁多，百有余万言”的情形，改定的新律以刑法为主体，删繁就简。这一时期一方面肯定礼对法制具有指导作用，另一方面又重视法制，在治国方略上采用法家所主张的“以法治国”的策略。顺应时代发展，“拨乱之政，以刑为先”适时变法，引理入律。体现在法律内容的发展上，则主要是刑事法律制度的变化。各国进行的一系列刑罚制度改革，形成连坐范围缩小、流刑制度化、宫刑废除，刑种统一为死、流、徒、鞭、杖等，至此肉刑退出历史。死刑行刑制度萌芽，汉朝确立的秋冬行刑原则，经《陈律》规定入律，唐朝形成完备制度。

2. 主要律典的制定

（1）曹魏《新律》。《新律》傍采汉《九章律》而制定，是三国时期立法成就的集中体现。内容创新上改《具律》为《刑名》，置于律首，使律典结构更加合理与科学；对原《九章律》各篇的内容进行调整，使内容与篇名相符；增加篇目至18篇，充实了法典的内容；并首创了“八议”制度。

（2）晋《泰始律》。也称《晋律》，以汉《九章律》和魏《新律》为基础制定，是两晋时期立法成就的集中体现。内容创新上于《刑名》之后增设《法例》一篇，使律典结构更为合理，“删繁就简”，具有“宽简周备”特点；减少了重法条款；引礼入律，形成一些体现儒家思想的法律制度和原则；增加律疏注释，明确概念名词。

（3）南北朝的主要律典。南朝制定的《永明律》《梁律》《陈律》，基本上是《泰始律》的翻版。

北朝先后制定了《北魏律》《麟趾格》《大统式》《北齐律》《大律》。其中《北魏律》集汉魏晋立法之大成，开隋唐法制之先河。《北齐律》合晋律的刑名、法例两篇为名例篇冠于律首（名例律的由来），封建律典的总则至此确立；合并篇目，确定 12 篇的法典编纂体例；确立了“重罪十条”制度。

3. 发展成就

三国两晋南北朝立法与律学的发展成就，体现在法律形式日渐规范，律令界限开始明确，律以定罪名，令以存事制；格、式上升为主要的法律形式，如东魏麟趾格，西魏大统式；出现名例律，并开始成为法典的首篇。律典编纂由繁入简趋于定型，至北齐律使律典终于确定 12 篇的编纂体例，确定律典第一篇为《名例律》，规定罪名、刑名、定罪基本原则。礼法结合在刑罚制度中进一步发展，通过罪行的确定和执行以礼制为标准，形成服制、重罪十条、存留养亲制度，封建特权制度法律化，形成八议、官当制度等，使儒家思想逐步法典化。同时，民族融合也大力推动了法治改革与创新。

【图文】三国两晋南北朝法律制度

二 完善和成熟阶段

（一）概述

隋、唐、五代时期是中央集权的君主专制国家法律体系的完善和成熟阶段。唐律是中国封建法制的典型代表，是中华法系形成的标志和核心。

隋唐时期的统治者继承和发展了汉以来儒家“德主刑辅、礼法并用”的法制指导思想，尤其唐初的统治者主张治国必须礼法结合，缺一不可，更强调“德礼为政教之本，刑罚为政教之用，犹昏晓阳秋相须而成者也。”立法上“动静必思隋氏以为殷（引）鉴”，“审慎法令”“宽减刑政”以内容统一、简约、稳定（强调“法令不可数变”）、慎重行刑为指导思想。五代时期的法制保留了唐律的基本形式和内容，但主要以敕、编敕、刑律统类为立法形式。刑事法律制度则出现了刺配和凌迟，刑罚趋于野蛮和残酷。

（二）隋朝法律制度

隋朝立法有《开皇律》和《大业律》。

《开皇律》采纳北齐律体例，定律典结构为 12 篇 500 条；确立了笞、杖、徒、流、死封建五刑制度；改重罪十条为十恶制度；将魏晋的八议、官当等贵族官僚特权制度列为定制并有所完善；创设“例减”特权及死刑三复奏程序。“刑网简要，疏而不失”是《开皇律》立法成就的集中体现。

（三）唐朝法律制度

唐朝主要律典有《武德律》《贞观律》《永徽律疏》《唐六典》《大中刑律统类》。

《贞观律》是唐太宗时期对《武德律》进行全面修订的基础上完成的。内容上废“兄弟分居，连坐俱死”之法；创设了加役流刑、死刑减等；规定了比附类推的法律原则。《贞观律》使唐律基本定型。唐高宗永徽之初将《贞观律》改定为《永徽律》。永徽四年（653 年）《永徽律疏》颁行，律条和疏议同具法律效力，是为著名的《唐律疏议》，也是现存世界上第一部刑法典。唐玄宗开元年间（738 年）编制的《唐六典》则是我国历史上第一部封建行政法典。

它的制定使唐朝行政管理制度化、法律化，是唐朝立法的新成就。《大中刑律统类》则开创了法典编纂的一种新体例。

唐朝法律体系由律、令、格、式等构成。律是正刑定罪的成文法典，规定犯罪与刑罚的刑事法律，是定罪量刑的主要依据，具有相对的稳定性。令是国家行政命令的汇编，涉及范围广泛，包括均田令、官制令等。格是皇帝发布的用以“禁违止邪”临时发布的制书和敕令，具有最高法律效力。式是国家机关的办事细则和公文程式。

唐律继承和发展了隋朝《开皇律》确立的笞、杖、徒、流、死封建五刑制度，并创设了“加役流”刑。规范了“十恶”制度，包括谋反、谋大逆、谋叛、恶逆、不道、不大敬、不孝、不睦、不义、内乱十种严重危害皇权和违背封建礼教的犯罪。对贵族官僚享有的“八议”“上请”“例减”“收赎”“官当”特权制度进一步完备。

在主要刑法原则上，唐律形成了贵良贱同罪异罚（隐性）；共同犯罪区分首从（显性）；自首减免（显性）；累犯加重（针对盗窃）；更犯并科论处；二罪以上俱发；轻重相举（类推原则）；区分公罪与私罪；同居相隐不为罪；准五服以治罪；老幼废疾减免刑罚；化外人相犯等刑法理论基本原则。

唐朝法律是中国古代法制完备化的体现。法制臻于完善，法律形式体系化，法律内容空前完备，法律解释准确适当，行政法规成为独立法典，律令结构严谨，为举世所公认。礼法结合经由汉朝开始，历经魏晋南北朝的发展，唐朝实现了全面结合，唐律的制定一准乎礼，注疏取证于礼，定罪量刑以礼为出入。刑制刑罚最为宽平适中，重罪条款大为减少，废除了酷刑、肉刑，株连范围最窄。立法技术完善，如自首、化外人相犯、类推原则的确定，防止官吏滥用比附，明确公、私罪，故意、过失的概念，规定恰当的量刑标准等方面都有充分表现。

【图文】唐朝法律制度

三 持续发展与演变阶段

（一）概述

宋、元、明、清时期，中央集权的君主专制国家法律体系随着朝代更替经历了演变。宋太宗建隆四年窦仪等主持修律编成《宋刑统》，是中国历史上第一部刊版印行的封建法典。《大清律例》为中国传统封建法典的集大成者。

鸦片战争以后，由于社会经济结构、阶级关系的巨变，传统法制已不适应社会变迁的需要。随着西方法学、法律的输入，“参酌各国法律，务期中外通行”的立法指导思想和“中学为体，西学为用”思潮发展中，中华法系走向历史的终结。在清末的预备立宪、变法修律、司法改革推进中，中国法制开启了近代化的演进历程。

（二）宋朝法律制度

宋朝立法指导思想和原则仍然是汉唐以来的儒家“德主刑辅”“礼法并用”理论。北宋初年至宋仁宗朝末年立法基本在于强化中央集权，从法律上肯定“稍夺其权，制其钱谷，收其精兵”的政策，防止割据；北宋中期以后因冗官冗兵以及向辽和西夏纳绢输币造成财政匮乏，立法开始重视理财，义利并重；主张“以宽仁为治，立法之治严，而用法之情恕”，坚持“临下以简，哀矜折狱”，对下面要求简明扼要，以怜悯、体恤之心审理案件判决罪犯。

宋朝的法律体系由律、令、格、式、编敕、宣、敕、诏、御笔、编例等。《宋刑统》为宋代基本律典，由窦仪等主持修律编成，于宋太宗建隆四年颁行。其于编纂体例上采取了唐后期《大中刑律统类》及五代以来“刑统”的编纂模式，将与律文相关的经重新确定法律效力的敕、令、格、式附于律条之后。《宋刑统》是中国历史上第一部刊版印行的古代法典。在两宋法律形式中，编敕的地位和作用较为突出，编例是宋朝又一种重要的立法活动和法律形式。此外，朝廷的“申明”“看详”都具有法律效力。

宋朝法制内容的变化主要在以下方面：

（1）刑法原则的变化。采用“从旧兼从轻”的适用原则，矜恤原则更宽大，累犯加重原则。

（2）制定特别法规加重惩治贼盗。《宋刑统》中运用附加敕、令、格、式加重对贼盗罪的惩处，并制定《窝藏重法》《盗贼重法》，划重法地，定重法人，重惩窝藏盗贼之家，株连犯者亲属，加强官吏惩治盗贼的法律责任。

（3）宽宥罪吏。

（4）刑罚制度的变化。一是创置折杖法；二是广泛适用刺配；三是凌迟成为常用死刑。

（5）重视经济立法。一是专卖法；二是钱法、钞法；三是海外贸易法。

（6）民事立法较发达。一方面，佃客、仆役成为民事主体，法律地位提高；另一方面，法律确认、保护土地和房屋的私有权。

【图文】宋朝法律制度

（三）蒙元法律制度

蒙古族游牧部落时期，主要以习惯法调整社会关系。成吉思汗创建蒙古国后，主张遵循祖宗旧制，仍以习惯法为主。忽必烈即位后，不断扩大征服区域，并入主中原建立统一国家，开始加速本民族的封建化进程。受到汉族政权的法制影响，他逐渐接受旧臣汉儒的建议，明确提出了“祖述变通”“附会汉法”“参照唐宋之制”等立法指导思想，既吸收唐宋法制，又保留蒙古旧制，实行民族分治，形成了元朝独特的法制特点。

蒙古族在建国前，立法有部落的习惯法“约孙”，和部落的成文法《大扎撒》（即《成吉思汗法典》）。蒙古建国后的第一次立法是《条画五章》。元朝建立后，法律形式深受宋编敕的影响，多为条格和断例的汇编，另外还有诏敕。《至元新格》是元朝建立后的第一部成文法律。《大元通制》为元朝中期仁宗时编成，是成文法与判例法的结合。《经世大典》是汇集元朝政治、经济和法律制度的综合政书。《至正条格》于元朝顺帝至正五年（1345）编纂成书，包括制诏、条格、断例，次年将条格、断例两部分颁行天下，元朝灭亡后逐渐失传。《元典章》是元朝地方官吏自行编制的法规汇编，以行政六部作为法规分类的标准，开明清律六部分篇之先河。

蒙元法制具有民族压迫与氏族歧视的性质，立法具有以下特色：

（1）实行民族分治、蒙汉异法。一方面，将全国人民分四等，蒙古人地位最高；另一方面，不同等级的人分属不同的司法机关审判，蒙古人、色目人犯罪在判决和执行时享受优待，在监狱中享有特权。

（2）受蒙古习惯影响，法制具有落后性。一是法律保护落后的生产关系，保留蒙古婚姻习俗；二是维护蓄奴制，将战争中俘虏和抢掠的人口变成奴隶；三是奴婢的地位甚至等同于牛马；四是法律还规定地主对佃户也可以“鞭笞驱使、视之奴仆”。

（3）赋予僧侣地主法律特权。法律对僧道案件的管辖作了区分，严禁世俗司法机关越权受理僧道案件。

（4）司法机构繁多，职掌混乱，司法状况黑暗。元朝中央不设大理寺，设刑部、大宗正府、御史台和宣政院，各长官皆由蒙古人担任，分掌审判的有关事务。

（5）监察体制完善。元朝初年在中央行政体制上沿用唐宋的三省制；在地方体制上，首创行省制度。中央为“御史台”，地方在江南和陕西设“行御史台”。

（四）明朝法律制度

明朝法制思想经历了从“重典治国”到“变法因时”的过程。明初在复杂的政治经济形势下，促使统治者以重典治天下，朱元璋在实行“重典以治世”的同时，又注重“明礼以导民”，把教化和镇压结合起来，礼法相辅而行，这是封建法制长期发展经验的总结和积累。立法提倡严、简。

明朝的主要法律形式分两部分，稳定的法律形式有大明律，变通的法律形式有明大诰、条例、会典。

《大明律》是明朝的基本律典。其基本精神本于《唐律》，但体例和内容方面有很大变化。律首列有“二刑图”和“八礼图”，首创按朝廷六部政务范围分目的的新体例，全律分名例律、吏律、户律、礼律、兵律、刑律、工律 7 篇；在刑制上于封建五刑外，广泛适用凌迟、刺字、充军等酷刑。

《明大诰》是朱元璋主持编定的一部御制圣书，其内容主要是以严刑峻法惩治官民过犯的案例汇编，可用于法制宣传教育，也可据以惩罚官民犯罪，是明初的一种律外之法。《教民榜文》规定民事方面的内容，是明朝初期朱元璋颁布的一种特别法规。《问刑条例》实际上是对刑法典《大明律》的重大修订，自其颁布后“律例并行”开始盛行。《明会典》仿照《唐六典》编纂，以六部官制为纲，成为清朝行政法典的蓝本。《大明令》规范国家政治、社会生活各方面的制度，是中国法制史上最后一部以“令”为名的法典。

明朝是我国封建社会后期专制主义中央集权制度极度发展的王朝，其法制的主要变化和特点体现在以下方面：

【图文】明朝法律制度

（1）定罪量刑上“轻其轻罪，重其重罪”。由于阶级矛盾的激化，统治者在礼仪教化方面的收效愈来愈小，因此对违犯封建礼教一类犯罪的处罚有所减轻。对直接危害封建国家皇权和政治经济利益的重罪，其量刑则明显加重，强化司法镇压。

（2）严刑峻法强化皇权，整饬吏治。严禁官员结党，创设“奸党罪”专条；严惩贪墨之吏，将唐六赃调整为监守盗、常人盗、受财枉法、受财不枉法、窃盗、坐赃。

（3）为调整经济关系采取了一些重要的法律措施。一是赋役制度；二是禁榷（què）制度；三是加强金融管理制度，严惩经济犯罪；四是加强市场管理。

【视频】大明律

（五）清朝法律制度

1. 立法思想

清朝法律思想在关外时期就受到汉族封建法律文化的影响（满、汉儒臣的推动），革除满族落后的习惯。入关以后清初的思想主要是“详译明律，参以国制”，也称“参汉酌金”（金指1616年成立的后金政权），既参照明朝的律、例、典中行之有效的内容，吸收汉族地主阶级的统治经验，又保留满族的民族传统、惯例利益和习俗。清入关后宣布明朝法律制度一概有效，力图使封建法律制度不因明末农民起义和改朝换代而受影响，也为了减少与汉族地主阶级的摩擦，顺利实现对全国的控制，主要目的在于“以汉制汉”，长治久安。

2. 主要法律形式

清朝的主要法律形式分两部分，稳定的法律形式有大清律例，变通的法律形式有例、会典、单行法。

（1）《大清律例》。清入关先按照明律判案，后不久采取明后期“律集解附例”的形式，对明律进行了修订，于顺治三年（1646年）完成了《大清律集解附例》，次年公布。这部法律完全因袭明律，只是在律文中增加了小注，对明律中的个别条款进行了修改。康熙、雍正、乾隆三朝在使用这部法典时先后对其不适用的地方进行了修改。这样，我国封建社会最后一部律典经过长达百年的不断修改而告完成。

（2）条例。清朝的例由明朝的《问刑条例》发展而来。例的种类有条例、则例、事例。条例是对从典型案例中概括，经有关大臣起草上奏，由皇帝批准生效的新的刑事法律规范。则例中的大多数属于单行行政法规。事例是朝廷处置各类政务的先例。

（3）《大清会典》。《大清会典》是清朝编制的行政法典。其编制历经康、雍、乾、嘉、光五朝，因而又称《五朝会典》。会典集历代封建王朝行政立法之大成，成为我国封建时代最为完备的行政法典。

（4）少数民族地区的单行法规。理藩院是管理民族事务的最高机构。《蒙古律例》《回律》《西宁番子治罪条例》《钦定西藏章程》《苗例》《苗犯处分条例》等单行法适用于少数民族地区，与当地的风俗习惯、经济文化发展水平相适应。

3. 清朝立法的特点

清朝立法之完备、法律程序之齐全、法律调整对象分工之细密达到了中国封建法制的顶峰。清入关以后对统治区域进行了有效的法律控制，民族分治的色彩逐渐淡化，由维护满人到“满汉一家”。法律内容具有维护专制主义皇权特点：

（1）维护满人的法律特权。《大清律例》规定满人犯罪享有“换刑”“减等”特权。经济方面有对“旗地”“旗产”的保护。满人犯法由特别机构审理。

（2）全面强化以满洲贵族为主体的封建专制主义统治。一是严禁臣下结党和宦官干政；二是严惩反逆、谋叛罪；三是大兴文字狱。

（3）调整经济关系的法律措施。一是恢复和发展农业生产；二是改革赋役制度；三是限制和摧残资本主义因素萌芽的生长。

（六）清末法律制度变革

鸦片战争以后，社会经济结构、阶级关系的巨变，传统法制一定程度上已不适应社会变迁和维护封建专制皇权的需要。中日甲午战争中国的失败，促使人们认识到改革政体的重要性，由器物之变进而到制度之变。“新政”渐行，民智渐启，在西方法律思想的逐步输入、封建正统法律思想的日渐瓦解以及多种法律思想兴起的认识中，专制政体的危害愈来愈为人们所认识，出现了地主阶级改革派、洋务派、中产阶级改良派、资产阶级革命派等思想派别。日俄战争日本的胜利被认为是立宪政体对专制政体的胜利，促发了国人对立宪的向往。

【图文】清朝法律制度

在清末实行“新政”的大背景下，随着预备立宪、变法修律、司法改革的发生，清末进行了修律活动。修律以参酌各国法律，务期中外通行为宗旨。为使修律做到中法与西法相结合，清廷派员出国考察，聘请外国法律专家作为修律顾问，同时又翻译、引进了不少西方法典与法学著作。

问题与思考

1. 概括中国传统法律制度主要特点。
2. 中国传统法律制度的历史局限性体现在哪些方面？
3. 如何评价唐初统治者的立法思想？为什么说唐律是封建法典的楷模？
4. 清代统治者确立“详译明律，参以国制”立法原则的原因是什么？

模块三 古代教育制度

能力目标

通过完成本任务，你应该能够：

1. 了解我国古代教育制度的形成与演变；
2. 熟悉我国古代官学、私学、书院的办学思想。

核心能力

1. 掌握中国古代各时期教育制度的特点；
2. 能正确区分中国传统教育制度的基本观点。

中国古代教育制度是随着古代社会政治、经济发展的需要而不断发展变化的，因为其是为统治阶级培养人才，为阶级统治服务的，所以每一个历史阶段都有其时代的阶级烙印。中国古代教育制度发展和演变出了一套完整的教育制度和教育规范，是社会不断进步的表现，为中华文明的进步与繁荣奠定了坚实的基础。历史虽然已成为过去，但许多宝贵的经验至今仍值得借鉴。

任务一　古代官学制度

任务先行

中国原始社会末期已有学校“成均”产生。学校的出现使得官方教育与自然形态教育分离，是教育制度上的一次历史性变革。随着学校的发展，教育分化成专门设置的学校教育和自然生活条件下的社会教化两种形态，古代官学和私学之分逐渐产生。古代官学是教育制度的主要组成部分，自夏商周到元明清，经历了从初建到逐步完善的过程，各个时期都表现出不同的特点。官学分为中央官学和地方官学。官学、特别是中央官学具有明显的阶级性和等级性，办学宗旨是培养各级封建官僚体制的统治人才，以供朝廷之用。教育内容以儒家经籍为主，以四书五经为主要教材。中央官学在培育朝廷所需人才、维持中国古代吏治、传承中国古代文化遗产等方面有着十分重要的作用。

任务导入

为什么科举制度会逐渐走向衰落？走向衰落的原因都有哪些？

一　古代学校的产生

原始社会的教育大多由长者通过实践活动身教与口耳相传。公元前3000年，随着“图书文字”和“象形文字”的出现，专门传授和学习的机构产生了。《周礼·春官宗伯》记载：“大司乐掌成均之法，以治建国之学政，而合国之子弟焉。”汉代郑玄在《礼记·文王世子》注中引董仲舒的话说“五帝名大学曰成均”。可见，原始社会末期已有“成均”样的学校。

夏代有了正式的以教为主的“校”。《孟子·滕文公上》记载：“夏曰校，殷曰序，周曰庠（xiáng）。”

商代出现了正式的学校。据记载，殷商有庠、序、学、瞽宗（gǔ zōng）四种教育机构，并有老师主持大学教学事宜，以学习祭祀的礼乐和习射为主要内容。商代颇重礼乐教育，故有“殷人以乐造士，其学为瞽宗”之说。商代已有典册可作教材，《尚书·多士》记载“唯殷先人，有典有册”，表明商代学校已有读书习字的教学条件。此外，与宗教占卜有密切关系的数术也成为教育的重要内容。

商代是我国奴隶制的繁盛时期，经济、文化水平远高于夏代。殷商王朝继承夏王朝的礼乐制度，成为黄河中下游各方国的“共主”。商代教育除以习射为主的军事教育和以养老为主的人伦教育外，因受崇尚天命文化的影响，尊神为其教育的重要特点，乐教也十分发达。

二 西周官学制度

西周时期的学校教育制度是在夏、商学校教育制度基础上形成和发展起来的。学校集前代之大成，形成了组织完备的学制系统，教育制度也趋于完备。西周的学校分为“国学”和“乡学”两类。

国学是设在天子王城和诸侯国都的学校，专供上层奴隶主贵族子弟学习，由大司乐主持。《礼记·王制》记载：“天子命之教，然后为学，小学在公宫南之左，大学在郊，天子曰辟雍，诸侯曰泮宫。”可知国学分成小学和大学两级，小学设在宫廷附近，大学设在近郊，天子与诸侯的大学名称各异。天子所设大学规模较大，有五学之称，居中为“辟雍”，南是“成均”，北为“上庠”，东称“东序”，西曰“瞽宗”，五学的设立已有分学设教之意。诸侯所设大学规模较小，仅有一学，以其半于辟雍，故曰“泮宫”。

乡学是按照当时的地方行政区域为一般奴隶主子弟和部分庶民子弟设立的地方学校，由大司徒掌管。《周礼·地官司徒》记载：“令五家为比，使之相保；五比为闾，使之相受；四闾为族，使之相葬；五族为党，使之相救，五党为洲，使之相周；五洲为乡，使之相宾。”在地方行政建制的基础上，设立相应的地方学校，即一曰乡校；二曰州序；三曰党庠；四曰家塾。

西周学校教育内容以“六艺教育”（六艺即礼、乐、射、御、书、数）为主。礼最初指祭祀祖先天神的仪典、衣食住行方面的规则，到西周时成为明尊卑、别上下、维持世袭等级名分的制度，也是整个六艺教育的核心。乐教在当时包括诗歌、音乐、舞蹈和乐器。射指射箭的技术训练，御指驾驭战车的技术训练，各有五项训练要求，是西周时期的军事教育。书指书写，后延伸为书写的文字和书籍，数指数目，后延伸为算法和历数，这两项内容是西周时期的文化知识教学。六艺教育包含的教育因素有礼仪规范、武备训练、文化知识等方面，既注重传统道德修养，也注重实用技能训练，体现了文武兼备、知能兼求的特点。六艺教育还根据儿童的年龄特点，注意小学与大学教育内容的侧重。

西周时期由于生产力水平有限，书写的材料主要是竹简、木牍，书写的工具主要是刀笔，以拙陋的工具在粗笨的材料上写出的书册，不仅笨重而且昂贵，只有官府才具有制作书册的财力和人力。朝廷基于政治需要，把历代帝王的典诰、礼制以及各种乐章加以记载，制成书册，藏之秘府，因此士人要想学习这些历代典制和本朝规章，就只能求之于官府。礼乐射御作为西周时期的学习内容，需要一定的器物进行实际演练才能学习，这些礼乐器物只有官府具备，因此只有官府的人才能可以享受这些器物。在宗法制下，子承父业，形成了家有世业的传统。家业世世相传者称为畴人，父子相继世居其官称为畴官，子入官府各从父学称作畴人子弟。

为官之人学有专守，世世相传，于是造成了学术的垄断。

三 稷下学宫

稷下学宫是战国时期齐国的一所著名学府。所谓“稷下”是指齐国都城临淄的稷门（城西门）附近地区。齐国君王在此设立学宫，遂有“稷下学宫”之名。稷下学宫创立于齐桓公当政时期（公元前375—前360年），到齐宣王时达到鼎盛，历时约150年。稷下学宫是在春秋战国时期中国由奴隶制向封建制转变背景下产生的，标志着封建官学制的兴起。

稷下学宫作为特殊历史条件下的产物，与西周时期的官学有很大的不同，表现出特点。稷下学宫是一所官方主办但又具有私学特点的教育机构。稷下学宫由养士制度发展而来，并且始终不改养士、用士的基本目的，这决定了它是齐国官方出资兴办的学校。由于稷下学宫保持了充分尊重士子和学术的风范，官方对学宫的活动较少干涉与限制，教学和学术活动容纳百家来者不拒，教师择优聘任，其首席由公众推举具有独立学者身份的人担当，称作“祭酒”，如荀子曾“三为祭酒”。稷下学宫具有春秋战国时期私学的很多特点。

稷下学宫是一所集讲学活动、著书立说、人才培养、咨政议政为一体的教育机构。稷下的讲学活动实行兼容并包、自由辩论的政策，从而打破了门户之见，使稷下成为思想活跃、学术水平较高的文化教育中心，各家各派通过讲学活动实现着学术思想的嬗递和后继人才的培养，还形成了一定的制度“期会”，《别录》记载：“谈说之士，期会于稷下也”。稷下各派学者定期举行讲演、辩论的学术集会。学术活动还表现为著书立说，稷下学者留下了学术风格鲜明的各家子书，如《孙卿子》《田子》《慎子》《尹文子》等，还有集体劳动的学术成果，如托名管仲所作的《管子》，被认为是稷下先生的论著汇集，故人称作“稷下丛书”。

四 汉代官学制度

（一）概述

春秋战国时期，随着王室衰落，礼崩乐坏，原有官府所垄断的官学制度逐渐瓦解。新兴地主阶级的知识分子以及依附于其他阶级的知识分子，开始聚徒讲学，发表政见，私学逐渐兴起。秦朝不兴办官学，但也禁办私学，实行“书同文、行同伦”“焚书坑儒”“以吏为师”“以法为教”的政策，造成官学教育的停滞。汉朝初期，废除“挟书令”，使诸子各家思想又活跃起来。汉武帝时接受董仲舒的思想，确立“罢黜百家，独尊儒术”的文教政策，实行由文化教育思想的统一以达到政治上的统一。汉代学校教育的发展尤以官学为盛，官学分为中央官学和地方官学，中央官学包括太学、鸿都门学、宫邸学等，地方官学包括郡国学、庠序等。

（二）太学

太学是汉代中央官学的主要机构。为加强中央集权，提高吏治水平，汉武帝元朔五年（公元前124年），接受董仲舒“愿陛下兴太学，置明师，以养天下之士”的建议，在京都长安创办以传授和研究儒家学说为主要任务的高等学府——太学。“汉代太学在长安西北七里，有市有狱。”光武帝时，重建太学于洛阳南门外，校内设讲堂。

太学确立了以下几个方面的教育制度与组织体系：

一是教师与学生。太学的老师称博士，首席博士称仆射，东汉时改为祭酒。博士由朝廷任命，任职条件是除精通一经外，还要“明于古今，温故知新，通达国体”，博学多能，身体健康，五十岁以上。太学的学生称博士弟子。

二是教学内容与方法。太学的教学内容主要是儒家经典《诗经》《书经》《礼经》《易经》《春秋经》，每个太学生除选学专经外，共同必修课是《论语》和《孝经》。后来太学的科目逐渐增多。汉代传经有特殊的师弟传授关系，需严守师法和家法。

三是教学形式与考试制度。太学创办之初因学生较少，所以实施个别教学。到东汉时学生发展到三万多人，就采取了大课的讲堂教学形式。太学还用次弟相传的形式，由高足弟子向低级弟子专向传授。此外还有自学的方式。太学重视和严格考试制度，对学生没有肄业年限的规定，只要考试合格就准予毕业，并按考试成绩的优劣授予不同官职，通过考试督促学生读书学习，同时钳制学生思想，使之严守师法和家法。

从以上制度可以看出，太学是中国教育史上有明确文字记载、由官府统一设立的正规官立教育机构。太学也是封建统治者顺应历史潮流，对以往教育制度加以改造的产物，对当时的教育起了较大的推动作用。

（三）地方官学

汉代在地方郡、国也设立了学习儒家经典的官学。汉景帝时，蜀郡太守文翁为了改变本区文化落后状况，纯化当地风俗，选了十个小官到京师做博士弟子，学成后回到本地予以重用。同时文翁又在成都修建校舍创立学宫，招县下子弟为学宫弟子，依其学习成绩，分派官职。由于文翁兴办地方官学的做法使四川文风大改，赶上了先进地区，引起汉武帝对地方兴办官学的重视，下令“天下郡国皆立学校官。”历史上也称“文翁兴学”。

【图文】鸿都门学

公元3年，汉平帝命令天下皆立官学，郡国的官学叫学，县以下包括县、道、邑、侯官学叫校，乡以下官学叫庠序。学和校各设立经师一人，庠序设孝经师一人。东汉时郡国学校更发达，边远地区的一些太守也提倡兴学，班固《东都赋》中说“四海之内，学校如林，庠序盈门”，反映了地方学校的兴盛。

【视频】古代教育制度

汉代地方官学的主要任务，是通过儒家经典的学习，宣传忠信孝悌的封建道德，推广教化，改变民间的道德风尚。由于地方官学与中央官学没有隶属关系，所以汉代的地方学校还没有形成完整的系统，但在客观上却为后世地方学校的建立、提高地方文化水平、形成中华民族共同的文化心理起了一定的作用。

五 唐代官学制度

魏晋南北朝时期，因战争频繁政权更迭，官学教育时兴时废。到隋唐时，随着国家的统一、民族的融合、经济的发展以及中外文化交流的日益频繁，官学开始复苏。在思想意识领域则出现传统的儒家思想、土生土长的道家思想和以佛教为代表的外来文化的互相碰撞、斗争与融合，共同构成了唐代异彩纷呈的灿烂文化。唐代统治者根据儒、佛、道三者之间的关系，制定了以儒学为主，佛、道为辅的文教政策，同时根据政治需要和个人爱好，不断调整三者的地位，以达到巩固统治的目的。

国子监是隋朝时期中央为加强对官学的领导，成立的专门负责管理教育的行政机构。国子监由国子寺演变而来。隋文帝即位初期，为加强对教育的管理和领导，在中央设置了国子寺，内设祭酒一人总管教育事业。国子寺与国子祭酒的设置，是我国历史上第一次由中央政府设立专门管理教育的行政机构和官员，标志着我国封建教育正在逐步规范和完善，并发展到了成为独立部门的阶段。隋炀帝大业三年（607）年，改国子寺为国子监，并一直延续到1905年，成为我国古代最高教育管理机构。国子监长官为国子祭酒，主持政务。下设司业为副，及丞（掌判监事）、主簿（掌印）、录事。诸学有博士、助教、典学、直讲等学官，掌管教学。

唐代官学形成了以下初具模型的教学管理制度：

其一，行束脩礼制度。中央官学规定，学生自14岁至19岁可以入学，入学之始需拜谒师长，行束脩之礼，以示尊师敬道。国子学和太学学生每人送绢三匹，四门学学生送绢两匹，律学算学学生送绢一匹。地方州县学生送绢两匹。

其二，制定教学计划。唐代把儒家经典分为三类，大经是《礼记》《春秋左传》，学习三年；中经是《诗经》《周礼》《仪礼》，学习两年；小经是《易经》《尚书》《春秋公羊传》《春秋谷梁传》，学习一年半，《孝经》《论语》为公共必修科目，学习一年。儒家经典学习与进士、明经科的考试要求基本一致。

其三，推行考试制度。学校每年举行三种形式的考试：一是旬考（后改为月考），考试分背诵和讲解两种方法，每背诵1000字考查一帖，帖去三字，令学生填上。每讲解2000字，问大义三条，答对两条为及格。二是岁考，即学年考试，主要考一年内所学内容，问大义十条，通八为上，通六为中，通五为下。三是毕业考试，考试及格还愿意继续学习者，四门学学生可补为太学生，太学生可补为国子学生，或参加科举考试，或直接任官。学生在学的最长年限为九年。学校每年要向礼部荐送参加科举考试者。如学业不佳而多年不堪荐送，或荐送后屡年落第，则往往要被学校解退除名。

其四，实行假期制度。假期分短假和长假两种。短假为一旬（十天）放一天假，长假又分田假（五月）和授衣假（九月），每次各放假一个月。

六 宋代官学制度

宋代官学制度由隋唐官学制度发展而来。属于国子监管理的中央官学有国子学、太学、四门学、辟雍等，属于提举学事司管理的地方官学有府、州、县学和社学。

宋代太学仍为最高学府，隶属国子监。宋初仅设国子监，国子监既是教育管理的最高机构，也是当时的最高学府，学生名额甚少，且只收七品以上官员子弟。“国子监以国子为名，而实未尝教养国子。”所以，宋代太学成了最重要的高等学校。宋代太学经过北宋仁宗之后的三次兴学之举，形成了一套比较完整的学制。

第一次兴学是宋仁宗庆历四年（1044年）参知政事范仲淹领导的。主要内容有三项：第一，令州县立学，并规定应科举者需在州县学读书三百日方准应试；曾经应过试的亦需再学百日。第二，改革科举考试内容，罢帖经墨义，重策论和经学。第三，采取胡瑗“苏湖教法”模式改革太学。太学中设经义斋和治事斋，根据学生专长和爱好实行分斋教学。经义斋学习《六经》；治事斋学习治兵、治民、水利、算数等，学生可选择一科为主修，另选一科为副修。教学方法以明体达用、实际训练为主。

第二次兴学是宋神宗熙宁、元丰期间（1068—1078 年），王安石两次为相，推行变法改革教育。主要推行以下措施：第一，改革太学，创立学生升级管理制度“三舍法”。太学分为外舍、内舍、上舍。上舍生考试分上中下三等，名列上等的舍生，即释褐授官，不再经过科举考试。第二，地方路州县设立学校，选置教官，采访有“经术行谊”者担任教授。第三，重新诠释编写，《周官新义》《诗》《书》，合称《三经新义》颁发给各类学校，作为必读教材，亦为科举考试的内容和标准。第四，设置武学、律学和医学等专门学校，培养专门人才。

第三次兴学是宋徽宗崇宁元年（1102 年）蔡京为相时兴起的。主要有五项内容：第一，全国普遍设立地方学校。第二，建立县学、州学、太学三级相联系的学制系统。第三，新建辟雍，发展太学。第四，恢复医学，创设书画学。第五，罢科举，改为县学取士。

宋代太学入学资格已经放宽，凡八品以下子弟或庶民之俊异者均可成为太学的学生。宋徽宗时兴建辟雍（开设时间短）作为外学，太学和辟雍共招生三千八百人，同时废除科举，人才皆由学校选拔，太学达到极盛时期。成为宋代兴学育才的重点与核心。南宋绍兴十二年（1142），在临安府重建太学，至宋末学生达一千七百多人。

宋代地方官学的发展始于“庆历兴学”，“熙宁兴学”后又有很大发展，形成了三级体系，即路学、府州学、县学。宋代地方各路设置提举学事司，掌管路州县学政。由于地方各路不直接设学，仅置学官管辖所属府州、县学校，所以宋代地方官学只有府州、县两级。地方也是实行三舍制度（上舍、内舍、外舍），教学内容以“经术衍义训导诸生，掌其课式之事，而纠正不为规者”，与汉唐以来的儒家经典学习别无二致。宋代官府对地方学校采取措施积极支持，多次为地方学校赐学田，作为学校办学经费，同时赐经书以引导儒家经典学习。赐学田与赐书对地方学校教育的发展无疑起到了推动作用。

【图文】宋代理学思想及其对教育的影响

七 元代官学制度

元代中央官学仿宋代官学制度，但根据民族划分为不同的学校。汉学国子学是以学习汉儒文化为主的学校，学生以七品以上朝官子孙及卫士子弟为正堂生，平民俊秀者需得三品以上朝官保举，方能为陪堂生。学习内容主要是《四书》《五经》《孝经》，教学形式有讲说、属对（诗文对仗）、经解、史评等。蒙古国子学是以学习蒙文儒学为主的学校，学生以蒙古人、色目人为主，学习内容主要为翻译成蒙文的《通鉴节要》（宋代江贽编撰。是书取司马光《资治通鉴》，删存大要）。这是我国历史上开办最早最规范的少数民族学校。回回国子学是专门学习亦思替非文字（元代官方对阿拉伯语的称谓）的学校，学生来源于公卿大夫与富民之子。回回国子学是鉴于当时与西域诸国交流频繁，迫切需要懂得亦思替非文字的人才而创办的，这是我国古代中央官学中创办最早的培养翻译人员的学校。

元代国子学继承宋代国子学、太学的分斋教学制度，实行“积分升斋法”，是一种把国子学分为下、中、上三个等级六个斋舍，学生按程度分别进入各个斋舍学习不同的内容，然后依据其学业成绩和品德行为依次递升的教学管理制度。学习成绩的评定实行积分法，“汉人孟月试经疑一道，仲月试经义一道，季月试策问、表章、诏诰科一道。蒙古、色目人，孟、仲月各试明经一道，季月试策问一道。辞理俱优者为上等，准一分，理优辞平者为中等，准半分，每岁终累计其年积分，以决定是否升舍。”积分法作为累积计算学生全年学习成绩的方法，始于宋代，至元代趋于完善，明清继续使用。

【图文】社学

八 明清官学制度

明清时期官学也分为中央官学和地方官学。中央官学有国子监、宗学和武学，宗学是皇家学校。地方官学分为儒学和专科学校，儒学又分为府、州、县学和各部门办的儒学。明代中央和地方普遍设立武学，特别注重律学，除了学习“四书五经”外，还必须学习《御制大诰》《大明律令》等习兵知法的人才。

明清国子监沿袭前代，又称太学，既是中央教育行政机关，也是全国最高学府。与宋元不同的是，明清国子监作为高等学府的职能更加突出。明太祖建都南京后，建国学于鸡鸣山下，明成祖迁都北京，同时保留南京为陪都，将原已改为北平府学的元大都国子监改为北京国子监，南京国子监依然存在，于是明朝国子监有南北两监之分。

明清国子监学生通称监生。明代依其来源分为四类，一是会试落榜的举人称为举监，二是地方官学生员选拔入监的称为贡监，三是一定级别以上的官员及功臣后代称为荫监，四是纳粟纳马等捐资入监的称为例监。清代国子监生又分为贡生和监生，比明代划分得更细。此外，国子监还有留学生，称为夷生。国子监长官为祭酒，副长官为司业，大部分由翰林官担任。

清代官学除国子监外，还专为八旗子弟设立学校“八旗学”，隶属于国子监，顺治十年（1653年）专为宗室贵族子弟设立学校“宗学”，雍正七年（1729年）专为爱新觉罗氏子弟设立学校“觉罗学”，觉罗学属于宗学性质，只是其学生来源比宗学广，扩展到了整个觉罗氏。以上学校除学习儒家经典外，也学习满、汉、蒙文和骑射。

明清地方学校按行政区划设立府学、州学、县学，统称为儒学。府学设教授、州学设学正、县学设教谕，“掌教诲所属生员，训导佐之”。学生通称为生员，每人专治一经，以礼、乐、射、御、书、数设科分教。清朝加强对生员的管理，建立了“六等黜陟法”，对生员实行动态管理，生员的等级根据学业成绩有升有降。明清府州县学的生员在学校内部是流动的，在外部又同国子监相衔接。

任务二　古代私学制度

任务先行

私学是中国古代私人开办的学校，与官学相互补充而存在。私学按其教育对象一般分为两级，即相当于中小学的初级私学和相当于大学的高级私学。初级私学即蒙学教育机构，名称如书馆、私塾、义学、冬学、社学等。高级私学有经馆、书院等名称。私学产生于春秋时期，由名家学者私人讲学发展而来。汉唐及其以前的私学主要是启蒙教育，唐代时出现书院，至宋代时期书院逐渐发展成为私学教育的高级表现形式。私学由于办学形式不受官府直接领导，因而能以自由讲学、自由择师等优势促进古代学术的繁荣，也为国家培养了众多人才。

任务导入

古代私学为教育的发展积累了哪些可资借鉴的经验？

一　形成与发展

西周时期“学在官府”，奴隶主贵族垄断文化教育，民间无任何学术可言。春秋时期随着奴隶制向封建制过渡，社会经济、政治的变动也给教育带来剧烈的变化，官学逐渐走向衰落，文化教育出现了“学术下移”的现象。原本在宫廷专门掌管典籍、身通六艺的士人纷纷流落出走，一部分人成了诸侯的学官，也有一部分人流落民间，这些人中的有识之士以个人的身份授徒讲学，这就是中国历史上最初出现的私学。随着贵族中有识之士和新兴地主阶级养士之风的盛行，一方面促进了私学的繁荣，邓析、少正卯、师襄、老聃、郯子、苌弘等都是当时著名的私学创办者，以创办的私学规模最大，影响最为深远。另一方面也催生了各种学派林立与诸子争鸣的局面，当时有九流十家之说，儒、墨、道、法、名、农、阴阳、纵横、杂九流，加上小说家为十家，其中影响最大的是儒家、墨家、道家和法家四大学派。诸子的思想借着私学自由讲学和学术论辩的风气广泛传播，推动了从“学在官府”到“学在四夷”

的转变，对当时以及后世都产生了巨大影响，在中国教育史上具有重要意义。

秦统一六国后，秦始皇采纳李斯的建议，颁布律令严厉禁止开办私学。汉代开始放松了对文化教育的限制，废除“挟书律”，鼓励私学发展。由于统治者的支持，加上一批名师大儒的授业，汉代私学不仅恢复，规模也越来越大，门生弟子甚至可以达到上万人。魏晋南北朝时期国家动乱频繁，社会动荡，官学时兴时废，私学得到了一定程度的发展，担负了教育发展的主要社会责任，日益呈现繁荣局面。教育内容也突破儒学，发展出道学、佛学、玄学以及一些科学技术知识的学科。隋唐时期官学繁荣，科举制也日臻完善，高、中级私学的发展受到抑制，但层次较低的蒙学却获得发展。唐代中期至五代时期名师大儒聚徒讲学的书院形式开始出现。宋代的私人讲学又盛过唐代，蒙学教育获得了巨大发展，具有大学性质的书院成了当时私学教育的典范，宋元著名理学家都有私人讲学的经历。元明清时期私学进一步发展，依旧保持蒙学和书院两级。蒙学的典型代表为明清时期出现的私塾，书院的发展在元代受到统治者的扶持，进入明代中叶以后曾出现四次禁毁事件，清代后期朝廷加强了对书院的控制，书院官学化倾向明显。

二 办学机构的演变

私学是以私人身份主持的教育形式，包括家传和师授两类。私学在长期的教育发展中又衍生出多种形式，如按教育对象可分为初级私学（蒙学机构）和高级私学（经馆等），按教育内容可分为经学、文史、诗赋、道玄、科技等多种类型。

春秋时期私学产生之初，诸子百家的办学形式不受时间、地点、人员、经费等的限制。如孔子周游列国，随时收徒随地就业。从其他诸家的“周游”来看，行万里路，读万卷书的游学形式在当时具有普遍性。此外，以稷下学宫为代表，由官方出资创立，私家主持的特殊形式的教育机构，为当时诸子百家的私学教育活动、广收门徒、组织游学，进行学术交流和研究，以及著书立说等起到了助力作用，也影响了后世精庐等教育组织形式的发展。

两汉时期采取比较宽松的文教政策。西汉初年废除“挟书律”，私学开始复兴，儒、道、法诸家及黄老学派相互争鸣而又相互兼容，蒙学也已出现。汉代私学的办学形式有三种类型，即以书馆（又称书舍、学馆）为主要形式的蒙学教育，以乡塾为主要形式的一般经书学习，以精庐或精舍（也即经馆）为主要形式的专经教育。蒙学教育以识字学书和读儒家初级经典为主，专经教育学习儒学本经。乡塾是书馆与经馆的过渡形式，但很不稳定。汉代私学教育不仅承担了绝大部分基础教育的任务，就私学的高级阶段而言，私人教学容纳的人数远比太学多，对社会所产生的实际教育效果和官学相比也难分高低。汉代私学是我国私学发展史上的又一个高潮。书馆，是较低程度的私学。

三国两晋南北朝时期的官学因战乱而显衰颓，而私学却很活跃。三国时魏国因政治经济文化相对发达，私学远比蜀、吴繁荣。两晋私学既有蒙学，也有深造性质的。南北朝时，除了儒家、道家、佛家私学外，更多的是各家兼综、合流的私学，尤其值得注意的是家庭教育得到重视。

隋唐时期官学鼎盛，科举制日臻完善，私学也得到了很大的发展，私学和家学的形式获得了长足的进步。唐代私学的办学形式灵活多样，家学、私塾、乡村学校、习业山林寺观、私人讲学五种类型皆各具特色。家学、私塾以及乡村学校教育以蒙学教育为主，构成了唐代私学的基础。习业山林寺观和私人讲学主要仿科举考试，内容有经学、文史、诗赋、道玄、科技等五种类型，属于高级教育。多样化的教学方式，给出身于不同阶层的求学者提供了不同层次的教育机会。有许多名流学者，涉猎经史，无意仕途，开设学馆，专事著述和讲学活动，张士衡、刘焯、孔颖达、韩愈、柳宗元、颜师古等都是当时经师讲学的名家。这个时期，也是我国古代书院诞生的时期。

宋元时期私学基本相似。宋代私学一类为蒙学，主要有家学、族塾、村学、义学等，教授知字和日用基本知识；另一类为经馆和书院，是给年龄较长、程度较高的青年学子设立的，以研究学问或科举为目标。元代私学的形式大致有：一是家学，这是私学中最普遍、最基本的教学组织形式；二是自学与从师；三是私人办学，为家塾或私塾形式。这个时期，民间书院有了进一步发展。

明清私学继宋元之后持续发展。明代私学按其教育对象可分为即低级私学和高级私学两类。低级私学是进行儿童启蒙教育性质的机构，有义学和塾学等形式。义学又名义塾，由私人或宗族捐建，是免收学课费的学校。塾学又称私塾，它作为乡间启蒙的基本形式，两千多年间，与官学相辅相成，对于文化的传承和人才的培养发挥了巨大的作用。

三 与政府的关系

私学作为一种比较特殊的教育制度，虽然具有一定的独立性，但其兴衰发展乃至具体的教学内容，不可避免地总要受制于历代政府以及不同时段当政者文教政策的干预和影响。私学的兴衰与政府文教政策的宽容与否成反相关。历代政府对于私学的态度不是扶植利用，就是禁止压制。

春秋时期私学之所以兴盛，就在于它满足了社会各阶层出于政治斗争对人才的需要，因而得到了列国政府的扶植。具有私学性质的稷下学宫的初创，是出于齐国田齐政权“招致闲人”的目的，官方对其教学和学术活动并不多加干涉，相反还在政治和物质上给予学者们很高的待遇，如对邹衍、淳于髡 [kūn] 等各派学者 76 人皆赐列第为士大夫，并在宽广的大道旁为之修建高大第府以示尊崇。另一方面，田齐政权也利用稷下学宫的兴盛为齐国造就了大量的济世之才，使齐国成为东方强国。战国以后的历代政府（除秦、清前期）都对私学采取了扶植、进而利用的政策，如汉代对著名学者的礼遇，宋代对书院的资助等。这些举措在很大程度上弥补了官学的不足，对促进私学承载社会人才的培养、文化的传播和学术的发展，起到了重要的推进作用。而秦代和清代前期，出于加强中央集权的君主专制，压制民间反抗思想的政治需要，对私学采取了严厉禁止和软硬兼施的政策。秦统一中国后，废百家而独重法，“焚书坑儒”“禁游宦”“书同文”“行同伦”，奉行“以吏为师”“以法为教”的文化专制政策，造成官学不修、私学禁绝的局面。秦所以速亡与之不无因果关系。满清入关前期，一方面通过开科取士、设制科、编纂书籍等措施来笼络士人，另一方面又对私学采取高压手段，如严禁“立盟结礼”、销毁“异端”书籍、大兴“文字狱”等。这种文教政策严重阻碍了学术的发展，禁锢了人们的思想。

四 经费、师资与学术

私学自春秋时期形成以来，经费基本为办学者自筹，但也不排斥官方资助。早期开办私学的孔丘，招收学生的条件很简单，只要“自行束脩以上，吾未尝无诲焉。”魏晋南北朝时，儒家私学有的要求学生兑资入学，有的酌收束脩，有的接收帝王的“资给”或“馈赠”。元代庙学多为民间捐资或集资兴建、维持。历代书院经费来源有的是政府拨付，有的是私人筹措、捐献，有的则是通过“学田”自给自足。春秋战国时期的经济实力，私学的兴起，促进政教分离，吏师分离，出现了以授徒、教书为业的专门职业，形成了以平民学者为代表的早期师资。春秋战国以来私学的宗师，也有入仕兼领官职或短期为官者。唐宋以后，随着科举制的强化和读书人的增加，许多科举落第者选择教书谋生，成为私学特别是蒙学教育师资的主要来源。

春秋时期的私学创办者大多有自己的学术追求，这一特征显示了私学教师的品格。孔子为实现“仁爱”“修身、齐家、治国、平天下”的培养目标，“学道不倦，诲人不厌，发愤忘食，乐以忘忧”；孟子希望通过教育培养“富贵不能淫、贫贱不能移、威武不能屈”的大丈夫品格；墨家私学追求“兼爱、非攻”，提倡抑强扶弱，出于培养“兼士”的需要，主张“述而且作”，重视生产知识、科学技术的传授和思维能力的培养，倡导实行、实用，坚持劳动锻炼和思想教育，形成严密的组织、严肃的纪律和严格的训练；道家私学老聃和庄周主张一切顺其自然，反对激烈的社会变革，在教育上主张“无知无欲”“绝圣弃智”，因该学派反社会和避世的倾向，使其私学的教育活动影响不大；法家私学的代表管仲、李悝、商鞅、韩非等，政治上代表的是新兴地主阶级的利益，主张根据现实需要制礼立法，后期又提出“壹教”“以法为教、以吏为师”的思想。

五 教材的形成

私学由于大多有自己独立的学术追求，又由于教育对象上“有教无类”的广泛性，使平民布衣受教育的机会显著增加，冲破了种族、地域和阶级界限，私学教育在内容上也具有多样化的特征。

低级私学蒙学教育自西汉时期发展起来，至宋代日益完备，元、明、清又有所发展。蒙学教材按其内容可分为五类：一是综合各种常识的识字类教材，汉代最基本的读物是“三苍”（《苍颉》《爰历》与《博学》）和《急就篇》，宋元以后《三字经》《百家姓》，梁朝周兴嗣编纂的《千字文》等最为有名。二是诗文教学的教材，有《唐诗三百首》，宋代刘克庄的《千家诗》、朱熹的《训蒙诗》、陈淳的《小学诗礼》，明代茅坤的《唐宋八大家文钞》，清代《古文观止》等。三是历史知识教材，有唐代李瀚的《蒙求》，宋代王令的《十七史蒙求》、黄继善的《史学提要》，元代陈栎的《历代蒙求》。四是常识类教材，最著名的是宋代方逢辰的《名物蒙求》。五是封建伦理道德教育教材，有《孝经》《论语》，南北朝时期颜之推的《颜氏家训》，唐宋之际的《太公家教》《兔园册府》，宋明时期多为理学家所编教材，强调蒙童养成良好的道德品质与习惯。

高级私学的教学内容，早期都是以诸子著作为依据。春秋战国之际，儒家重仁重礼，以“六经”为教材，“六艺”为课程。墨家在重武和重辩的同时，对自然科学知识的学习和科学技能的培养相当重视。道家在老子以后，大多以其《道德经》和庄周的《庄子》为教材。法家除“以法为教”外，诉讼、兵法、耕战等一切实用知识也是兼摄并取的。其余各家，均以所属诸子的思想和著作作为研习内容。春秋战国之后，历代私学教育内容体现着当时社会意识形态的主流。两汉以来，私学的专经“古文经学”，至东汉中后期出现与官学专经“今文经学”兼采综合的趋势。魏晋南北朝隋唐时期，随着私学与家庭教育兴盛，各地名儒经常聚徒讲学，跟随求学的弟子极多，私学教学的内容也突破传统的儒学，还包括了玄学、佛学、道教，以及科学技术等。唐宋时期私学重视诗文辞赋和经义、时务的传播。明代以朱熹为代表的“程朱理学”和以王守仁为代表的“阳明心学”在学术上分庭抗礼。清代受文字狱和文化专制的影响，对古籍加以整理、校勘、注疏、辑佚等为主要内容的考据学有所发展。

【视频】孔子的教育思想

【视频】秀才与廪生

任务三　古代书院制度

任务先行

书院制度是中国古代教育史、学术史上特有的一种教育组织形式，它既是学习的高等学府，又是学术研究机构。书院起源于唐代，兴盛于宋代，从唐中叶到清末，有千年之久的办学历史，形成了一整套独特的办学形式，管理制度、教授方法，使源远流长的传统私学趋于成熟和完善，是私学的高级表现形式。书院在清代时演变成为官学的补充，具有明显的官学性质。

任务导入

古代书院的兴起与发展对教育产生了哪些影响？

一　产生与发展

书院最早出现于唐代。当时有两种场所被称作书院，一种是唐开元年间设立的主要用作收藏、校勘和整理经籍的地方，如丽正书院和集贤殿书院，虽然是宫廷图书馆而不是一种教育机构，但它却是“书院”名称的开始；另一种是士大夫所建个人读书治学的场所，如皇寮书院、梧桐书院、松竹书院、东佳书院等，已有讲学活动的记载，这标志着以书院命名的教育机构的初步形成。唐末五代年间，“兴干戈，学校废，而礼义衰”。随着官学的衰落和私学的腐败，一些封建士大夫在山林名胜之地建筑学舍，名曰“书院”，聚徒讲学。当时的名师大儒学习禅林讲经的做法，利用私人读书治学的场所，或选择山林名胜筑舍聚徒讲学，发展成了正式的书院。书院的老师自由讲学，学生也重自学，书院具有了学校的性质。

北宋时期书院蓬勃发展起来，最显著的标志就是出现了一批私人创办的全国著名的书院，其中著名的有岳麓书院、白鹿洞书院、应天书院、嵩阳书院，还有石鼓书院、茅山书院等。由于书院教育受到了官方的支持和资助，因而起到了代替和补充官学的重要作用。

元代是书院建设的繁荣时期，由于元朝政府对书院采取奖励政策，同时元统一后很多儒家学者不愿到朝廷任官而退居山林，建立书院自由讲学，使私办书院增多。所以历来有“书院之设，莫盛于元”之说。元朝政府为了达到控制书院的目的，官府任命山长和教师，并与地方官学的学正、学录、教谕一样同命于礼部；控制书院的招生、考试和生徒去向；设置书院学田，作为书院赖以生存的经济基础。上述政策不仅使得大量官办书院成为官学体制的组成部分，亦使得大量私办书院朝着官学化方向转化。

明代政府将文化教育重点放在发展完善各级官学上，书院处于沉寂状态。但是在官学成为科举附庸而“士风日陋”时，一批为解救时弊的士大夫便纷纷创办、复兴书院，利用书院培养人才。所以明成化年间以后，不仅著名书院如白鹿洞、岳麓、武夷、石鼓等相继复兴，还创办了许多新的书院，最著名的为东林书院。明代书院的真正振兴是在正德年间“阳明理学”思潮兴起后，恢复了书院自由讲学的精神，使书院成为最重要的学术基地。明朝中后期，统治者越来越感到加强思想控制的必要性，于是出现了历史上著名的四次禁毁书院的事件，反映了自由讲学与封建专制主义的矛盾和冲突。

清初统治者虽然采取崇儒重教的政策，但是对书院持严厉的抑制政策，阻碍了书院的发展。康熙时期以后，书院逐步恢复起来，包括民间私人创建的，和许多地方官的崇教之举。康熙提倡程朱理学，并颁赐御书“学达性天”匾额给白鹿洞书院、岳麓书院，赐“学道还淳”匾额给苏州紫阳书院，客观上起到了支持书院的作用。雍正发上谕肯定书院的社会作用，并在经济上提供保障，对清代书院的发展起了促进作用。乾隆不仅经济上资助书院建设，还重视师长的任命、奖励、提升和书院学生的录取考核。雍正、乾隆的政策使书院建设规模发展到了历史上的高峰，数量超过了以前任何朝代，书院教育得到全面普及。同时，书院官学化问题更为严重和突出，完全成了科举的附庸。清庚子后新政，庚子诏令将全国书院改制为新式学堂，书院制度自此瓦解，新学兴起。

二 组织体系

书院最初作为一种私学性质的高等教育机构，其组织形式比较简单。书院只有一位明确的主持人，通常称为山长、洞主、堂长、院长等。主持人的产生，多为公推，而非官委。主持人往往是学派宗师，讲学释难为主要职责，而管理实为兼领。一般不另设专门的管理人员和机构，有些规模较大的书院，虽增设副讲、管干、典谒等职，但专职人员极为有限，往往由书院学生轮流分任，称“高足弟子代管制”。

【图文】宋元时期书院的组织系统

书院教育实行门户开放政策，书院师生均可来去自由，一个学者可以同时在几个书院讲学，学生也往往是慕名而来，自由择师。

书院的经费以设置学田为主要来源，学田或私人捐赠，或官方拨充。学生到书院听讲学习，由书院供给膳食，教材书籍亦由私人捐赠或官方提供。

【视频】书院

三 功能与特色

书院具有讲学、藏书、祭祀三大功能。讲学主要有教学和学术研究两方面，教学有分科制度、分斋教学制度、课程规定、考课制度等一套教学管理制度；学术研究包括学术讨论、交流论辩、建立学派、著书立说，和教学活动密切结合。藏书来源于皇帝赐书、私人捐赠、书院购置、书院自己刊刻书籍，并制定一整套收藏、借阅制度；书院定期祭祀先圣孔子、与本书院有关的先儒先贤，以及主宰功名的文昌帝和奎星等。

书院在长期发展中形成了以下特色：

一是自由讲学。书院的创建者或主持人多数是当时著名的学者，每个书院往往是某一学派教学和研究的基地，讲学活动与学术研究相结合，教学活动注重自学、问难论疑以及读书指导，使书院教学质量高，学生学习刻苦，治学精神可嘉。

二是学术研究。重视学术讨论、交流、论辩。书院允许不同学派学者莅院讲学，开展交流和论辩。其他书院和外地书院师生可自由听讲，不受地域限制。南宋以后书院盛行“会讲”制度，成为书院的重要教学形式。依学术成果建立学派，整理著述。

三是学风特色。强调德育目标，反对为科举而学；提倡学术创见，反对死守章句陈说；倡导开门交流办学，兼收各家之长；名师以学识品德气节感染学生，建立融洽的师生关系。

问题思考

1. 中国古代官学、私学、书院制度在各自发展中是如何相互补益的？
2. 中国古代教育制度有哪些方面的特点？
3. 科举制度对中国古代社会产生了哪些影响？
4. 汉代“独尊儒术”文教政策是怎样形成的？它对教育发展带来哪些影响？

模块四 古代礼仪制度

能力目标

通过完成本任务，你应该能够：

1. 了解中国古代礼仪的产生与演变；
2. 熟悉中国古代礼仪制度的内容。

核心能力

1. 掌握中国古代礼仪制度的一些基本常识与特征；
2. 能正确区分各个传统节日的习俗和特点。

中国自古就有“礼仪三百，威仪三千”之说，礼仪在中国历来社会的政治文化生活中占有极其重要的地位。中国古代礼仪的范围非常广泛，诸如政治体制、朝廷法典、天地鬼神祭祀、水旱灾害祈禳、学校科举、军队征战、行政区域划分、房舍陵墓营造，乃至衣食住行、婚丧嫁娶、言谈举止，无不与礼仪有关，它几乎是一个囊括了国家政治、经济、军事、文化一切典章制度以及个人的伦理道德修养、行为准则规范的庞大概念。到了近代，礼仪的范畴才逐渐缩小，现在则仅指礼节和仪式。

任务一　礼仪的产生

任务先行

礼是中国文化的特征与标志，礼仪是礼的具体表现形式。在中国古代，礼仪是一整套大到国家政治体制、朝廷法典，小到婚丧嫁娶、待人接物的烦琐细密、等级森严、包罗万象的文化思想体系和政治体系。中国古代礼仪是中国传统文化的重要组成部分，尽管它在历史的演进过程中发生过一些变化和改进，但它始终对中华传统文化和民族生活产生着深刻影响。

任务导入

你知道古代的婚嫁礼仪有哪些需要注意的事项吗？如何理解中国古代礼仪的含义？

礼仪作为一种传统的文化样式，要求人们在社会活动中的行为须按规定的或约定俗成的程序、方式来进行，因而形成社会公认的传统伦理道德、生活行为规范文化。中国古代礼仪是一整套大到国家政治体制、朝廷法典，小到婚丧嫁娶、待人接物的等级森严、烦琐细密、包罗万象的文化思想体系和政治体系。

礼的产生，可以追溯到远古时代。首先，礼是人类协调主客观矛盾的需要。自然的人伦秩序是礼产生的最原始动力，人们为生存和发展而相互依赖，逐步积累和自然约定出一系列“人伦秩序”，这是最初的礼。后又有“圣贤之人”（如黄帝、尧、舜、禹等）为“止欲制乱”而制礼，身体力行为民众做榜样，从而使礼在“维稳制乱”中发挥了作用。也正因如此，人们更加遵礼、尚礼。其次，礼起源于原始的宗教祭祀活动。远古时代，社会生产力水平低下，人们认识自然的能力低下，无法解释和征服自然现象与自然力，于是人们把关于人的灵魂观念扩大到他们所接触的自然界万物，从而产生了“万物有灵”的观念，开始用原始宗教仪式等手段来影响神灵，如祭祀、崇拜、祈祷等，期望以虔诚感化和影响自然神灵，使其多赐福少降灾。由此，原始的礼便产生了。

在3000多年前的殷周之际，周公就制礼作乐，后来经孔子等人的提倡和完善，礼乐文明成为儒家文化的核心。西汉以后，《仪礼》《周礼》《礼记》等礼乐文化的经典被先后列入学官，成为古代文人必读之书。礼仪是“礼”的重要组成部分。中国的“礼乐射御书数”传统六艺中，“礼”字第一，充分说明了中国人重视礼仪的传统。《论语》上有一则故事，孔子教导儿子孔鲤说：“不学礼，无以立。”家喻户晓的《三字经》指出，做儿女的，从小时候起，就应学习在不同场合的各种礼节，学习礼节仪文之事。历史上一些著名的“古训”“家训”“学规”中，也都有大量的关于日常衣食住行、待人接物等方面的礼仪规范。

在礼仪中，丧礼产生最早。丧礼于死者是安抚其鬼魂，于生者是分长幼尊卑、尽孝正人伦的礼仪。礼仪在建立与实施过程中，孕育了中国的宗法制。礼仪的本质是治人之道，是鬼神信仰的派生物，古人认为一切事物都由看不见的鬼神操纵，履行礼仪就是向鬼神讨好求福。因此，礼仪源于鬼神信仰，也是鬼神信仰的一种特殊表现形式。“三礼”（《仪礼》《礼记》《周礼》）的出现标志着礼仪走向成熟。宋代时，礼仪与封建伦理道德说教相融合，即礼仪与礼教相杂，成为实施礼教的得力工具之一。

【视频】中国礼仪

任务二　古代五礼制度

任务先行

孟子曰：“有礼者敬人……敬人者，人恒敬之。”而事业非礼不能兴旺，社会非礼不能安定，国家非礼不能强盛，礼之用，难以尽述。礼以伦理道德的外化形式对人们的行为规范进行指导，不但是一种文化积累，更是社会秩序稳定的保障。时至今日，礼的具体仪式虽然已经随着时代的改革有所损益，而礼的原理和精神则继续发挥着推动社会健康有序、人际交往和睦的作用。

任务导入

古代五礼制度在当今人们的生活与交流中还存在吗？

一　概述

中国古代的礼仪包括社会的典章制度和道德规范。典章制度如夏礼、周礼等，是礼在社会政治制度方面的体现，用以维护上层建筑以及与之相适应的人与人交往中的礼节仪式。道德规范是在长期的历史发展中，礼作为人们的行为规范、礼节和生活准则，对中华民族精神的素质修养起着重要作用。

中国古代国家礼仪制度，大约形成于周代，包括吉礼、凶礼、宾礼、军礼、嘉礼，合称五礼。吉礼是祭祀之礼，为五礼之首；凶礼是丧葬以及对天灾人祸的哀吊之礼，也称凶荒之礼；宾礼是朝见、诸侯间的聘问和会盟等之礼；军礼是军队出征或者动员大量人力的活动等之礼；嘉礼为冠婚、饮食、宾射等礼节。

【视频】五礼

二 吉礼

吉礼即祭祀之礼，为五礼之首。中国古代宇宙观最基本的三要素为天、地、人，《礼记·礼运》称：“夫礼，必本于天，肴于地，列于鬼神。”《周礼·春官·宗伯》记载：“以吉礼祀邦国之鬼、神、示（祇 qí）。”古人认为，祭祀能给自己带来福祉，是国家的大事，所谓“礼有五经，莫重于祭”（《礼记·祭统》），“国之大事，在祀与戎”（《左传·成公十三年》）。吉礼主要包括祀天、祭地、宗庙祭祀和其他祭祀等礼仪活动。

【视频】泰山封禅

（一）祀天

祀天就是对天帝侍奉、享献的仪式。祀天只能由天子来祭祀，受祀的天神不仅多，而且有尊卑之别。第一等为昊天上帝，或称天皇大帝、百神之君等。第二等为祀日月星辰。日月为天之明，星辰指“五纬（金、木、水、火、土五行）”以及十二辰和二十八星宿，即与民生关系最为密切的天体。第三等祀是除第二等之外，凡是职所有司、有功于民的列星，如司中、司命、风师、雨师等。

此外还有祈谷于天的雩（yú）祭。雩祭分为“常雩”和“因旱而雩”两种。常雩为固定的祭祀，即使没有水旱之灾，都会在固定的时间进行祭祀。常雩的时间，《左传》曰：“龙见而雩。”所谓龙见，是指苍龙七宿在建巳之月（夏历四月）昏时出现在东方，此时万物始盛，急需雨水，故每年此时有雩祭。因旱而雩是指因旱灾而临时增加的雩祭，多在夏、秋两季。雩祭的对象，除上天外，还有“山川百源”，即地面上所有的水源。

【视频】太常

祀天的各种仪式与祭祀用品都经过精心设计，一名一物，无不含着深意和敬意，在祭天仪式中，通过虔诚地祈福，希望风调雨顺、五谷丰登、国泰民安。

（二）祭地

远古时已有对土地的崇拜。在以农为本的中国古代，对百姓来说，土地是其生活可依赖的重要的生活资料，百姓视土地为万物的母亲，因此，古代有“父天而母地”的说法，并将其作为神灵来崇拜；对统治者来说，土地的占有是其获取政治权力的基础。所以，祭地同祀天一样成为国家典章制度中最重要的内容。

祭地时，也依照尊卑分为三等。第一等为社稷、五祀、五岳。社为土地，稷为百谷之主；五祀在此为五行之神；五岳为东岳泰山、南岳衡山、西岳华山、北岳恒山、中岳嵩山，此五山被认为是天下五方的镇山。第二等为山林、川泽。此类祭祀的对象还包括社稷、城隍、四方山川、五祀、六宗等，主要祭祀四方的大河、大山；第三等是四方百物。所谓四方百物指的是，掌管四方百物的各种小神，包括户、灶、霤（liù）、门、行等五祀。《礼记·月令》说，春祀户，夏祀灶，中央祀中霤，秋祀门，冬祀行。此五者与人们的生活密切相关，厚于民生，故要祭五者之神。中国古代的祭地形式主要有方丘祭地、望祭、封禅、祭社稷等。

（三）宗庙祭

对祖先的祭祀，祭必于庙。周代已确立了宗庙祭祀制度，《社记·王制》中记载："天子七庙，三昭三穆，与太祖之庙而七；诸侯五庙，二昭二穆，与太祖之庙而五；大夫三庙，一昭一穆，与太祖之庙而三；士一庙，庶人祭于寝。"所谓"昭""穆"，是指宗庙中位次的排列，始祖以下，父曰昭，子曰穆，依次左右排列下去。对于除始祖之外的渐渐远去的"亲尽"，则实行"毁庙"制度，即把远祖的神主移入"祧庙"，藏在石函或专设的房间里，合祭时才拿出来与其他的远近祖先一起进行总祭。南宋以后，随着宗族祠堂的出现，祭祖活动更加分散和灵活。清代，庶人可以祭父、祖、曾、高四代祖先。

《诗经·小雅·天保》云："禴（yuè）祠烝尝，于公先王。"禴、祠、尝、烝分别是春夏秋冬四时的祭名，所谓四时祭，就是每逢岁时之首，用时令蔬果祭祖。古代祭祀行礼非常严格，有"九拜"之礼：一曰稽拜，二曰顿拜，三曰空首，四曰振动，五曰吉拜，六曰凶拜，七曰奇拜，八曰褒拜，九曰肃拜。稽拜是跪下后两手着地，引头至地，并停留一段时间，是"九拜"中最重的礼节；顿拜是引头至地，稍顿即起，是礼拜中次重者；空首是两手拱地，引头向地而不着地，是礼拜中较轻者；振动是两手相击，振动其身而拜；吉拜是立拜以后再稽拜；凶拜是稽拜以后再立拜；奇拜是屈一膝而拜；褒拜是回报他人行礼的拜礼；肃拜是俯身行拱手礼。前三种为正拜，后六种是前三种的变通。

（四）其他祭

我国古代祭祀名目繁多，除以上三类外，列入国家祀典的重要祭祀还有以下几种。

1. 祀先王、先圣、先师

祀先王是指对传说中的三皇五帝等有功于民者的祭祀。《礼记·曲礼》中记载："法施于民则祀之，以死勤事则祀之，以劳定国则祀之，能御大灾则祀之，能捍大患则祀之。"

中国古代重视礼教，对于在伦理教化上有突出表现者，即所谓"礼乐读书"之官，国家将其纳入祭奠先圣先师的祀典。最初的祭奠没有特定的对象，至汉代，先圣定为周公，孔子定为先师。到唐太宗时期，从国学角度出发，尊孔子为先圣。此后，孔子在国学祭祀中的独尊地位再也没有变化。配享先师的人，后来渐渐增加到四配、十哲。四配为颜回、曾参、子思、孟轲，十哲指颜回、闵子骞、冉伯牛、仲弓、宰予、子贡、冉有、季路、子游、子夏（后来颜回升为配享后，升颛孙师为十哲之一）。他们都是孔门弟子中非常优秀的人。到清代，增加有若和朱熹为十二哲。此外，在孔庙中还有一些受祭者，他们的级别低于四配、十二哲，被称为先贤（仍是孔门弟子）、先儒（历代儒家杰出学者）。祭祀这些先圣先师的地点在学宫孔庙，每年春秋行祭祀大礼。

2. 祀先蚕礼

养蚕及缫丝织绸的技术都源自我国。在我国古代，帝王祭祀农桑是很重要的一环。按照男耕女织的传统习惯，每年春季，皇帝要在先农坛“亲耕”，皇后则要在先蚕坛“亲桑”，以此为天下的黎民百姓做出表率。天子后妃于仲春二月以少牢祭祀先蚕神，三月朔率内外命妇于北郊，亲桑事，以鼓励蚕桑生产。历代所祀蚕神各有不同，后齐以黄帝为先蚕，后周以嫘祖为先蚕。

3. 媒神之祭

对媒神的敬仰源自远古，因时代和各民族信仰的不同而存在差异。夏人所祀媒神为涂山氏（女娲）；殷商人所祀媒神为简狄；周人所祀媒神为姜源。古代各民族或部落所祀的媒神，几乎都是该民族的先妣，侧面反映了远古母系社会以女性为中心的历史。先秦时期，天子亲自主持对媒神的敬祀，仪式隆重，究其实质，是对祖先拜祭的表达形式。媒神传说是主宰婚姻与生殖之神，所以敬祖重嗣必祭高媒。周代，周天子率妃嫔于仲春二月祭祀媒神。

三 嘉礼

嘉礼是古代礼仪中上至王位承袭，下至乡饮酒礼，婚冠、贺庆等无所不包，内容最为丰富的部分。嘉礼旨在规范秩序与导正人心。《周礼》中嘉礼的几项内容，后代也有不少变化。其主要内容有六：一曰饮食，二曰婚冠，三曰宾射，四曰飨燕，五曰脤膰，六曰庆贺。《周礼·春官·大宗伯》中记载：“以嘉礼，亲万民。以饮食之礼，亲宗族兄弟；以婚冠之礼，亲成男女；以宾射之礼，亲故旧朋友；以飨燕之礼，亲四方之宾客；以脤膰之礼，亲兄弟之国；以贺庆之礼，亲异姓之国。”所以，嘉礼最主要的内容有饮食之礼、婚冠之礼、宾射之礼、飨（xiǎng）燕之礼、脤膰之礼、贺庆之礼、即位改元礼等。

（一）飨燕饮食之礼

“飨”即用酒食招待客人，泛指请人受用，同“享”。“燕”通“宴”，飨燕即宴饮之礼。飨燕之礼是古时王室以酒肉款待宾客之礼。飨礼在太庙举行，虽设酒肉，但并不真的吃喝，牛牲“半解其体”，也不煮熟，不能食用。飨礼规模宏大，重在仪式，用以明君臣之义、贵贱等级。燕礼在寝宫举行，亦有一定之规，为吃喝之宴，主宾献酒行礼之后即可开怀畅饮。秦汉以后，一般在朝会（正月初一）、圣诞（皇帝诞辰）等所谓大庆、大礼之时举行“大宴”。重要节日，如立春、上元、寒食、端午、七夕、中秋、重九等，皇帝也常赐宴，称为“节宴”。“大宴”气氛较严肃，“节宴”则轻松活泼，常在园林楼阁举行。

饮食之礼也是宴饮，通常专指宗族之内的“宴饫（yù）”，而不是日常家居的饮食。《周礼·春官·大宗伯》记载：“以饮食之礼，亲宗族兄弟。”宗族兄弟合族宴饮，大抵有两种，一种逢祭而宴，一种以时而宴。

（二）冠笄之礼

冠笄是我国古代的成年仪礼，分为“冠礼”和“笄礼”。“冠礼”是指男子的成年仪礼，“笄礼”则指女子的成年仪礼。囿于男尊女卑的传统偏见，古人在言及成年仪礼时，一般只称“冠礼”。“凡人之所以为人者，礼义也。礼义之始，在于正容体、齐颜色、顺辞令。容体正，颜色齐，辞令顺，而后礼义备。以正君臣、亲父子、和长幼。君臣正，父子亲，长幼和，而后礼义立。故冠而后服备，服备而后容体正、颜色齐、辞令顺。故曰：冠者，礼之始也。”（《礼记·冠义》）男子加冠后就被认为成年男子，从此有“执干戈以卫社稷”等义务，同时也有了娶妻生子等成年男子所拥有的权利。男子行冠礼的年龄，一般为 20 岁。加冠在古代是一件人生大事，一般在宗庙里举行，由父或兄主持。冠礼前，要以蓍草占卜，选定加冠的良辰吉日。冠礼时，“宾”（主持人）要给受冠者加三种形式的冠：首先加缁布冠（用黑麻布做成），表示从此有治人特权；其次加皮弁（用白鹿皮制成），表示从此要服兵役；最后加爵弁（用葛布或丝帛做成），表示从此有生人之权。加冠后，“宾”还要给冠者取“字”。

（三）宾射之礼

射即射箭。射箭是原始人类征服野兽、抵御外敌的重要手段，后来逐渐演变成以比试射箭来娱乐宾客的习俗。周人射礼有四种：大射、宾射、燕射、乡射。大射是天子、诸侯祭祀前为选择参加祭祀的贡士而举行的射礼；宾射是诸侯朝见天子或诸侯相会时举行的射礼；燕射是天子与群臣宴饮之时举行的射礼；乡（飨）射是地方官为荐举贤能之士而举行的射礼。射礼前后，常有燕饮，乡射礼也常与乡饮酒礼同时举行。大射前燕饮依燕礼，纳宾、献宾、酬酢及奏乐歌唱娱宾，宴毕而后射。

射者要目的明确，姿势和谐，容仪进退要合乎礼节，动作要和于乐歌节奏。如果庭院不够宽敞，不足以张弓比箭，便以“投壶”代替弯弓。《礼记·投壶》中说：“投壶者，主人与客燕饮讲论才艺之礼也。”主宾手执箭矢，投入壶中者为胜。春秋时期，此礼盛行一时。《左传·昭公十二年》记载，晋侯齐侯投壶宴饮，晋侯先投，中行穆子致辞说：“有酒如淮，有肉如坻，寡君中此，为诸侯师”，遂一投而中。齐侯投时，执矢祝到：“有酒如渑，有肉如陵，寡人中此，与君代兴”，也一投而中。

（四）乡饮酒礼

乡饮酒礼古代嘉礼的一种，也是汉族的一种宴饮风俗，是一种起源于上古氏族社会的集体活动。《吕氏春秋》认为此礼是古时乡人因时而聚会，在举行射礼之前的一种宴饮仪式。周代时，以致仕之卿大夫为乡饮酒礼的主持人，贤者为宾，其次为介，再次为众人。仪式严格区分尊卑长幼，升降拜答。《礼记·射义》中说：“乡饮酒之礼者，所以明长幼之序也。”乡饮酒礼是敬贤尊老之礼。汉代儒学家郑玄归纳乡饮酒礼的意义有四项：一是选拔贤能；二是敬老尊长；三是乡射，即州长习射饮酒；四是卿大夫款待国中贤者。是古代地方行政管理工作的一项重要内容，历代常以乡饮酒礼作为推行教化的手段。汉代时，乡饮酒礼与郡县学校祀先圣先师之礼同时举行。唐代科举取士以后，地方长吏即以乡饮酒礼招待，后世发展为鹿鸣宴。

（五）养老、优老之礼

我国养老、优老的传统，在古礼中对此有详细规定。《礼记·王制》云："五十养于乡，六十养于国，七十养于学，达于诸侯，八十拜君命，一坐再至……九十使人受。"这虽然是儒家的理想制度，但对历代都有很大影响。优老是指对老年人的优待政策，往往由国家颁布律令加以施行。如在田役方面，规定 80 岁以上的老人，家庭中可免除一名男丁的田役；90 岁以上的老人，全家免除田役。在道路交通方面，规定车辆、行人见到老人要主动让路躲避。在刑律方面，规定 70 岁以上不得为奴，80 岁、90 岁即使有罪，亦不加刑。北魏时，还有为高年老人授名誉官职的办法，也表示了一种恭敬之意。礼记的这些主张，对后世的优老制度具有一定的指导意义。金代天德三年（1151 年），沂州一名男子犯罪应处以死刑，但家中老母有病而别无侍奉之人，海陵王特准免予一死，命在家奉养老母。这是"独子留养"制度之始，后来定为法令，历代多沿用其例。历代养老、优老的法令和规定，体现了社会文明与进步。

（六）帝王庆贺之礼

1. 帝王即位改元

《尚书》中《顾命》《康诰》篇写到，周成王死后，康王告殡宫而即位的典仪，这是文献中最早的关于帝王即位礼的记载。与即位相关的是"纪元"。纪元就是"纪一君之终始"（清秦蕙田编《五礼通考》）。新君改元，自有肇兴代终之义，第一年称为元年。我国历史有可靠元记载的是西周共和元年，相当于公元前 841 年。后代帝王在位期间改元，往往因为有某种祥瑞或灾异，或者是为了纪念某一事件。

2. 朝礼

朝礼是帝王与大臣上朝办理政务之礼，主要涉及听朝之场所，听朝之时间，以及与听朝相关的仪式。朝之所以称为朝，因为通常都是在清晨入宫廷理事。《孟子·公孙丑》云："朝将视朝。"《诗经·齐风·鸡鸣》云："鸡既鸣矣，朝既盈矣。"古之君臣鸡鸣天明之时入朝，而未明之时即已起身上路。群臣俟君王临朝，拜揖行礼，王答礼，就位，然后听事理政。事毕退朝，群臣各自回到各自的治事之所。

3. 朝贺之礼

常朝为治国理政而设，除此之外又有大朝，又有节日庆贺，礼仪规格皆高于常朝，故而"朝贺之礼"另有一套仪规。唐代元旦、冬至两大朝会，合称"正至"。元旦朝会，由皇太子献寿，中书令奏诸州上表，黄门侍郎奏祥瑞，户部尚书奏诸州贡献，礼部尚书奏诸蕃国贡献，百官上殿高呼万岁。乐舞有"三大舞"，即七德舞、九功舞、上元舞。朝贺毕，皇帝宴飨群臣。

四 宾礼

宾礼是天子接见诸侯、宾客，以及各诸侯国之间相互交往时接待的礼仪。《周礼·春官·大宗伯》记载："以宾礼亲邦国。"其中春见曰朝，夏见曰宗，秋见曰觐（jìn），冬见曰遇，时见曰同，殷见曰会，时聘曰问，殷覜（tiào）曰视，有着朝、聘、盟、会、遇、觐、问、视、誓、同、锡命等一系列礼仪制度。“时见”指天子有征讨等大事时，一方之诸侯见天子之礼，此无一定之期日，有事而会；“殷见”（殷，众也。）指天下四方六服诸侯毕至见天子之礼；“时聘”指天子有事而诸侯未来朝时，派遣使者存问看望；“殷覜”（殷，众也；覜，视也。）即来探视王之起居，指多国使者同时聘问。时聘无常期，殷覜则有规定的日期。宾礼是用来加强王朝与诸侯国以及诸侯国与诸侯国之间联系的礼仪。以后朝代也将皇帝遣使番邦，外来使者朝贡、觐见及相见之礼，与藩主会同之礼等归入宾礼。

（一）朝觐之礼

【图文】唐代藩主来朝礼

朝觐之礼是指诸侯藩国朝见天子的礼仪，用意在于明君臣之义，通上下之情。从天子的角度而言，诸侯拜见天子，春季曰“朝”，“以图天下大事”；夏季曰“宗”，“以陈天下之谟（谋）”；秋季曰“觐”，“以比邦国之功”；冬季曰“遇”，“以协诸侯之虑”。若从诸侯的角度讲，则如《孟子·梁惠王下》所说：“诸侯朝于天子曰述职。述职者，述所职也。”王畿之内的诸侯，每年四次朝觐。畿外诸侯分为“六服”：侯服、甸服、男服、采服、卫服、要服，从一年一见到六年一见。九州之外谓之藩国，一世一见。但这只是一种理想状态，实际上历代并未严格照此执行。

（二）会同之礼

会同之礼是四方诸侯藩主一同来朝见天子的礼仪。会同是四方齐会，六服皆来，而且既可以在京师，也可以在别地，甚至在王国境外。由于会同是各方诸侯同聚一堂，因此也就成为诸侯大国炫耀实力的大好时机。通常是在国门之外建坛壝（wéi，古代祭坛四周的矮墙）、宫室，举行典礼。春会同建于东方，夏会同建于南方，秋会同建于西方，冬会同则建于北方。会同之前，诸侯先告祭宗庙、社稷、山川。会同之时，天子先向诸侯三揖行礼，而后率诸侯拜日、盟誓等。礼毕，天子宴飨诸侯，或行宾射之礼。

（三）诸侯聘于天子之礼

《礼记·王制》说：“诸侯之于天子也，比年一小聘，三年一大聘。”即在诸侯定期朝觐天子的间隔，派遣卿大夫为使者，到京都作礼仪性的问候，并报告邦国的情况。春秋时诸侯各国遣卿大夫聘于周天子。秦汉以来，不再有诸侯聘于天子之礼；历代礼书皆以藩国聘使朝贡进表之仪当于此礼。朝贡之日，文武百官在殿内两侧侍立。朝贡后，礼部官员奉旨赐宴于会同馆。除朝见皇帝外，还要在东宫朝见皇太子。

（四）相见之礼

宋代以前各朝礼书皆无相见礼记载。宋太祖乾德二年（964年）订立群臣相见之礼，《仪礼》中以士礼为主，记载了士、大夫及庶人相见之礼。具体内容是下级见上级，按职官分别行礼；途中相见，下级“敛马侧立”，等候上级通过，或“回避”分路而行；同级相见，行对拜礼；下级参拜上级，上级官员要答拜（如品级相差较多，则上级无须答拜）。明代官员之间行揖礼；公、侯、驸马相见行两拜礼；庶人相见，依长幼行礼，幼者先施礼。清代王公相见，宾主二跪六叩行礼；官员之间再拜行礼；庶人相见行揖礼。

五 军礼

军礼即有关军事的征战、操练礼仪。王者以礼治国，使天下归于大同，难免会遇到内部和外部的干扰，甚至兵火的威胁。《礼记·月令》记载：“以征不义，诘诛暴慢，以明好恶，顺彼远方。”军队的组建、管理等，也都离不开礼的约束。例如军队的规模，周代天子为六军，根据礼有等差的原则，诸侯的军队不得超过六军，而必须与国力相称，大国三军，次国二军，小国一军。当时的军力往往用战车的多少来衡量，故而，又有“天子万乘，诸侯千乘，大夫百乘”的说法。

（一）征战之礼

1. 出师祭祀

出征前祭地叫宜社。社是土地神，征伐敌人是为了保卫国土，所以叫“宜”。后代多将祭社（狭义指本国的土地神）、祭地（地是与天相对而言的大地之神）、祭山川湖海同时举行。出征前告庙叫造祢。造就是告祭的意思，祢本是考庙，但后代都告祭于太庙，并不限于父庙。告庙有受命于祖的象征意义。祭军神、军旗称为“祃 [mà] 祭”。军神，一说是轩辕黄帝，一说是蚩尤。军中大旗叫“牙旗”，古有“牙旗者将军之精，一军之形候”的说法。东汉以后，出征前常有“建牙”仪式，把大旗树起来，然后“祃牙”。不少著名的文人，陈子昂、柳宗元等写过《祭牙文》《祃牙文》。

2. 誓师

祭祀礼毕，出征的军队要举行誓师典礼，一般是将出征的目的与意义告知将士，揭露敌人的罪恶，强调纪律与作风，也就是一次战前动员和教育。《尚书》所载《甘誓》《汤誓》《牧誓》等，都是上古著名的誓师之辞。

3. 军中刑赏

军队在外行军作战，刑赏尤须严明，公正无偏，鬼神可鉴。刑赏的依据是军法。《司马法》规定，军队进入敌国后，“无暴神祇；无行田猎；无毁土功（不破坏土建工程）；无燔墙屋；无伐林木；无取禾、黍、器械；见其老幼，奉归无伤；虽遇壮者，不校勿敌（无敌对行为者，不得随意捕捉）；敌若伤之，医药归之。”军纪规定非常严明。由于战争形势瞬息万变，军中刑赏都“赏不逾时”“罚不迁列”，重视及时见效，使人知道什么可做，什么不可做，才能克服消极因素，因势利导，夺取胜利。

4. 凯旋

军队获胜而归谓之“凯旋”，其时高奏凯乐，高唱凯歌。天子亲征凯旋，大臣皆出城迎接，有时远至数十里之外。如果是命将出征凯旋，有时皇帝也会亲率百官出城至郊外迎接，以示慰劳；有时则派遣大臣出城迎接。

5. 饮至与论功行赏

战争胜利结束，天子要宴享功臣，论功行赏。上古把这种“享有功于祖庙，舍爵策勋”的礼仪称为“饮至”。后代“饮至”享宴不再行于宗庙，改在正殿或宫苑举行。

6. 师不功

军队打了败仗称为“师不功”，或称“军有慢”。军队回国则以丧礼迎接。国君身穿丧服，头戴丧冠，失声痛哭，并且吊死问伤，慰劳将士。

（二）检阅之礼

检阅之礼是指君主亲自检阅军队训练之礼。比如，在位者和诸侯在均土地、征赋税时举行军事检阅以安抚民众的“大均之礼”，国家在兴办筑城邑、建宫殿、开河、造堤等大规模土木工程时所举行的“大役之礼”，在各个诸侯国勘定国与国、私家封地与私家封地间的疆界并树立界碑后所举行的“大封之礼”均属于此类。

（三）田猎之礼

田猎之礼即“大田之礼”。古代之所以把田猎之礼列入军礼，是因为古代田猎是一项具有军事意义的活动。《左传》记载，周代四时田猎，春曰“蒐”、夏曰“苗”、秋曰“狝”、冬曰“狩”。四时田猎分别称为春搜（sōu）、夏苗、秋狝（xiǎn）、冬狩，称之为大田之礼。其主要目的是检阅战车与士兵的数量、作战能力，训练未来战争的协调配合能力。田猎必须遵守的礼规：不捕幼兽，不采鸟卵，不杀孕兽，围猎捕杀要围而不合，留有余地，不能一网打尽。这些礼规对于保护自然界的生态平衡有积极意义。清代宫廷画家顾见龙的《狩猎图》，较形象地表现了当时的田猎场景。

六 凶礼

凶礼是指用于哀悯吊唁、抗灾救患的礼仪活动。凶礼主要有五项，即丧礼、荒礼、吊礼、禬[guì]礼、恤礼。丧礼是哀悼死者的礼仪，在五项凶礼中最为重要；荒礼是哀悼凶札，凶是指年谷不登，札是指疫疠流行，亦称“札礼”，即天子和臣下以减膳、撤乐等礼仪表示同情；吊礼即祸灾时应行的慰问礼仪；禬礼是指战败而丧失财物予以救援的礼仪；恤礼是对遭寇乱的诸侯国派遣使者慰问、存恤。五种凶礼中，禬、恤是国家礼仪，只有国王和宰臣才可施行此礼；丧、荒、吊则不仅可由国王施行，各级贵族也可举行。先秦以后，凶礼主要指丧葬礼仪，表现为近祖崇拜，对象是新丧的亲属，整个仪式在服丧期间举行。从《礼记》到称为正史的二十五史，对凶礼都有非常详细的记载。

（一）丧礼

丧礼是指与自己有着一定关系的人死亡后，自己按照名分服丧的礼节。我国古代对丧葬礼仪一向十分重视，认为这是子孙尽孝的最重要表现，国君和贵族在这方面的要求更严格，形成了许多诸如服丧的级别、服丧的时间、服丧的样式、举哀的程序、殡葬的规格等，历来都有严格而琐碎的规定。在古代，不同身份的人去世都有不同的称呼。《礼记·曲礼下》记载，天子死了叫作崩，诸侯死了叫作薨，“大夫曰卒，士曰不禄，庶人曰死。”这是为了体现一种等级的差别。传统的丧葬祭祀可以分为三个部分：一为丧礼，即死者临终直到下葬之前的一系列仪式；二为葬礼，即下葬过程中的各种仪式；三为祭礼，是指下葬之后所举行的一些仪式。

（二）荒礼、札礼

荒礼是指自然灾害引起歉收、损失和饥馑后，国家为救荒而采取的政治礼仪措施。《周礼》全面系统地记录了荒礼的内容：“一曰散利，二曰薄征，三曰缓刑，四曰弛力，五曰舍禁，六曰去幾，七曰省礼，八曰杀哀，九曰蕃乐，十曰多婚，十有一曰索鬼神，十有二曰除盗贼。”散利是给灾民以救济，主要有周、贷、粜（tiào）三项措施。周即周济，无偿赈济；贷即偌贷；粜即平价卖粮。薄征指减免或缓征租赋。缓刑即灾荒之时为饥寒所迫者容易触犯法律，所以执法应适当宽缓。弛力即减免徭役。舍禁指允许灾民到国有山林川泽樵采渔猎。去幾即放松关卡之征，使各地互通有无，丰凶相救。省礼指减省庆贺、祭祀等礼仪或其中的某些仪式。杀哀主要指减省丧礼的礼仪规格。蕃乐即罢去声乐等娱乐活动。多婚即减省婚娶礼仪，鼓励婚配，以补充因受灾而减少的人口。索鬼神即找出与凶荒有关的鬼神给予祭祀。除盗贼即镇压农民暴动或图财害命的盗贼。

札礼是指防疫病之礼。凶荒之年往往有疾病发生，札礼重在及时葬死救病，减少疾病流行。古代统治阶级常常对凶荒岁月中的病死者周济棺木或丧葬钱。北宋时期还建有“漏泽园”，用以埋葬病死者。

（三）吊礼、禬礼、恤礼

吊礼是指当他国或他人遭受水旱、地震等自然灾害后，派人慰问之礼。在这个时候往往会举行祈禳活动，以求除祟去祸。

禬礼是指诸侯国由于外来侵略而残破后，以及内部动乱或灾祸而蒙受经济、财产、人员损失时，由天子或盟国汇集财货予以援助之礼。《春秋》记载：“襄公三十一年冬，会（禬）于澶渊，宋灾故。”

恤礼是指天子派使者对遭受不幸的国家表示慰问、抚恤的礼仪。

【视频】跪拜礼

问题与思考

1. 中国传统礼仪有哪些主要特点？

2. 试分析中国传统礼仪与孔子、孟子生活的先秦时代五伦之间的关系。

3. 中国古代礼仪演变分哪几个阶段？

4. 中国古代的礼仪规范对你的启示是什么？

【视频】叉手礼

模块五 传统节日及风俗

能力目标

通过完成本任务，你应该能够：

1. 了解中国主要的传统节日；
2. 熟悉中国传统节日风俗习惯。

核心能力

1. 能正确区分各个传统节日的习俗和特点；
2. 掌握中国传统节日文化内涵。

中国的传统节日传承了古代社会的文化、历史和社会生活，包含了许多民俗文化和传统人文观念，以及宗教因素。主要传统节日自汉代以后基本定型，有一定增减。民国以后，由于西化而发生了较大的变化。中国传统节日是民族历史文化长期积淀凝聚的精华，这些节日大多和天文、历法、数学，以及后来划分出的节气有关，形式多样，内容丰富，是中华民族悠久历史、灿烂文化的一个组成部分。

任务一　汉族传统节日及风俗

任务先行

在中国传统节日里，有农事节日、祭祀节日、纪念节日、庆贺节日、社交游乐节日等。像立春节、填仓节、夏至节就是预报农事季候的农事节日；灶王节、祭祖节、清明节就是祭祀神灵、祭奠祖先的祭祀节日；春节及许多“年节”就是喜庆丰收、祝贺幸福的庆贺节日。中国传统节日表达出中华民族的价值和思想、道德和伦理、行为与规范、审美与情趣，也凝聚着千百年来人们对幸福生活的积极向往和执着追求。

任务导入

节庆风俗是历史的一面镜子。怎样通过对节庆风俗的认识，加深我们对中国传统节日及风俗的理解和传承呢？

一　概述

中国传统节日，是涵盖了原始信仰、祭祀文化、天文历法、易理术数等人文与自然文化内容，蕴含着深邃丰厚文化内涵的风俗活动日期。中国传统节日形式多样、内容丰富，是中华民族悠久历史文化的重要组成部分。从流传至今的节日风俗里，可以清晰地体会到古代人民社会生活文化的精彩画面和内容。

中国传统节日的起源、发展和形成，是中华民族的历史文化长期积淀凝聚的精华。中华传统节日风俗大部分在上古时代就已初露端倪。最早的风俗活动是和原始崇拜、迷信禁忌有关；神话传奇故事为节日平添了几分浪漫色彩；还有宗教对节日的冲击与影响；一些历史人物被赋予永恒的纪念渗入节日。主要的传统节日到汉代已经定型，并和一年中划分的二十四个节气形成关联。节日发展到唐代，已经从原始祭拜、禁忌等神秘的气氛中解放出来，转为娱乐礼仪型，许多体育、享乐的活动内容出现，节日变得欢快喜庆，丰富多彩，并延续发展，经久不衰。此外，在漫长的历史长河中，历代的文人雅士、诗人墨客，为一个个节日谱写的广为传颂的许多千古名篇，使传统节日渗透出深厚的文化底蕴。所有这些融合凝聚进入节日的内容里，使中国传统节日有了深沉的历史感，蕴含了厚重的人文情怀，拥有了丰富的文化内涵和精神核心。

二 主要节日及风俗

汉族的传统节日主要有春节、元宵节、清明节、端午节、七夕节、中元节（鬼节）、中秋节、重阳节、寒衣节、冬至节、腊八节等。

（一）春节

春节也称元日、正旦、朔日等，在农历的正月初一日，所以又叫阴历年，俗称“过年”。因其日为岁之元（第一天）、时（季）之元、月之元，故又称“三元”。相传自尧、舜时，此日已为节日。古时，岁首时间不同，夏朝岁首与今相同，商朝在农历十二月，周朝改在农历十一月，秦及汉初在农历十月。汉武帝太初元年采用“太初历”，以孟春正月为岁首，此后沿用二千多年，元旦乃成为汉族人民一年中最重大的节日，这一天标志着新的一年及春季的开始。辛亥革命后，正月初改称春节，公历 1 月 1 日称新年。中华人民共和国成立后，定公历 1 月 1 日为元旦，然而农历的正月初一，由于其悠久的历史传统和丰富的文化内涵，仍然受到普遍的重视。在春节里，人们探望亲友、休息或进行各种娱乐活动。

春节风俗

1. 挂桃符、贴春联

桃符亦名“桃板”。古代神话传说中，东海度朔山有大桃树，其下有二神，名神荼、郁垒，能食百鬼。所以春节民间有以桃木板画二神于其上，悬于门户以驱鬼辟邪的习俗。挂桃符的习俗兴起于汉代，至五代以后，逐渐被用纸书写的春联及刻印门神像所替代。

春联也称门对、春贴、对联、对子等，它以工整、对偶、简洁、精巧的文字表达人们的美好愿望。春联的“春”字表达了百姓对新年寄予的希望，春天意味着万物复苏、农业生产的新开始，体现了在中国传统农耕文化中春天的重要性。春联的种类比较多，依其使用场所，可分为门心、框对、横批、春条、斗方等。

2. 贴窗花、年画

新春佳节时，许多地区的人们还喜欢在窗户上贴各种剪纸。剪纸在我国是一种很常见的民间艺术，千百年来深受人们的喜爱，因其大多是贴在窗户上的，所以也被称为“窗花”。窗花的内容多种多样，有广为流传的民间故事，也有各类人物和动物的图案，象征吉祥幸福。

年画是我国一种古老的民间艺术，起源于“门神”。门神是道教因袭民俗所奉的司门之神。民间信奉门神，由来已久。《礼记·祭法》云：“庶士、庶人立一祀，或立户，或立灶。”可见在民间，门神和灶神信仰有悠久的历史。随着雕版印刷术的兴起，年画的内容已不限于门神之类单调的主题，而变得丰富多彩。在一些年画作坊中产生了《连年有余》《福禄寿三星图》《天官赐福》《五谷丰登》《六畜兴旺》《迎春接福》等精美的彩色年画，以满足人们喜庆祈年的美好愿望。

3. 守岁

守岁就是在旧年的最后一天熬夜迎接新一年到来的风俗，也叫除夕守岁，俗称“熬年”。传说太古时期有一种凶猛的怪兽，散居在深山密林中，人们管它叫“年”。“年”的形貌狰狞，生性凶残，专食飞禽走兽、鳞介虫豸，且一天换一种口味，所以人人谈“年”色变。后来，人们慢慢掌握了“年”的活动规律。它每隔365天到人群聚居的地方尝一次鲜，且出没的时间是在天黑以后，而等到鸡鸣破晓，它们便返回山林中去了。算准了“年”肆虐的日期，百姓便把这可怕的一夜视为关口来煞，称作“年关”，并且想出了一整套度过年关的办法。每到这一天晚上，每家每户都提前做好晚饭，熄火净灶，再把鸡圈牛栏全部拴牢，把宅院的前后门都封住，躲在屋里吃“年夜饭”。由于这顿晚餐具有凶吉未卜的意味，所以必须置办得很丰盛，之后就逐渐形成了除夕“熬年守岁”的习惯。

4. 拜年

从正月初一早晨开始，家长们会带领小辈出门谒见亲戚、朋友、尊长，以吉祥语向对方祝颂新年，卑幼者须向长辈叩头致礼，谓之“拜年”。主人家则以点心、糖食等热情款待之。亦有士大夫之族，不亲自登门，仅遣子弟或仆役持帖代拜者，宋时已成风气，相沿至近代，改用贺年片。南朝梁宗懔《荆楚岁时记》：“正月一日，是三元之日也……长幼悉正衣冠，以次拜贺。”宋《嘉泰会稽志》：“元旦男女夙兴，家主设酒果以奠，男女序拜竣，乃盛服诣亲属贺，设酒食相款，曰岁假，凡五日而毕。”宋周辉《清波杂志》：“至正交贺，多不亲往，有一士人令人持名衔，每至一门撼数声，而留刺字（贺年帖）以表到……吕荥阳公言：‘送门状习以成风，既劳于作伪，且疏拙露见。’司马温公在台阁时，不送门状，曰：‘不诚之事，不可为也！’”

（二）元宵节

元宵的原意是“上元节的晚上”，因正月十五“上元节”主要活动是晚上的吃元宵、赏月、赏灯，猜灯谜，后来节日名称也演化为“元宵节”。汉代正月十五日为祭祀、祈福之日，后受到道教思想影响，以此日为“上元”，以七月十五为“中元”，十月十五为下元，共称“三元”。汉文帝时期下令将正月十五定为元宵节，至北魏时已成为固定节日，成为世代相沿的习俗。至唐代，张灯成为最主要、盛大的活动，其夜又称“元夜”“元夕”。此夕在京城内，宫廷与民间盛陈灯彩，金吾不禁夜，纵士女尽兴游观。至宋代更为繁盛，又有食汤圆、灯谜、百戏、烟火等活动，后世相沿。古人称夜为“宵”，所以称正月十五为元宵节。

元宵风俗

1. 灯市

按中国民间的传统，元宵这一天晚上，人们要出门赏月、燃灯放焰、喜猜灯谜、共吃元宵，合家团聚、同庆佳节，并点起万盏彩灯，以示庆贺。自唐代开始，正月十五夜张灯，至宋代臻于极盛。自腊月末至正月初，民间会有各种设计制作奇巧的灯彩应市，称为“灯市”，后世相同，延续至近代。宋代的赏灯活动更加热闹，赏灯活动要进行5天，灯的样式也很丰富。“猜灯谜”又称“打灯谜”，是元宵节后的一项活动，出现在宋代。南宋时，首都临安

【图文】唐宋文人对元宵节灯市盛景的诗赞

每逢元宵节，制谜、猜谜的人众多。开始是好事者把谜语写在纸条上，贴在五光十色的彩灯上供人猜，因为谜语能启迪智慧又饶有兴趣，所以深受社会各阶层的欢迎。明代要连续赏灯 10 天，这是中国最长的灯节。清代赏灯活动虽然只有 3 天，但是赏灯活动规模很大，盛况空前。除燃灯外，还放烟花助兴。

2. 元宵

元宵是中国传统的节日食俗，现在也称汤圆，因民间在元宵节有煮食的风俗而得名“元宵”。作为民间食品，唐代叫牢丸，宋代叫圆子（又写作“元子”），南宋都城杭州已有专卖圆子的店铺，系以糯米粉包以甜或咸的馅心，放沸水中煮熟而成。也有不包馅，如今天的酒酿圆子等。清代袁枚《随园食单·点心·水粉汤团》详细记载了元宵的制作工艺：“用水粉和作汤团，滑腻异常。中用松仁、核桃、猪油、糖作馅，或嫩肉去筋丝捶烂，加葱末、秋油作馅亦可。作水粉法：以糯米浸水中一日夜，带水磨之，用布盛接，布下加灰，以去其渣，取细粉晒干用。”元宵今又称“汤团”或“汤圆”，制作上北方“滚”元宵，南方“包”汤圆，多由糯米做成，或实心，或带馅，馅有豆沙、山楂等各类果料，食用时煮、煎、蒸、炸皆可，形成做法和口感都有所不同的食品。

（三）清明节

清明节是我国的二十四节气之一。由于二十四节气比较客观地反映了一年四季气温、降雨、物候等方面的变化，所以古代劳动人民用它来安排农事活动。《淮南子·天文训》云：“春分后十五日，斗指乙，则清明风至。”按《岁时百问》的说法：“万物生长此时，皆清洁而明净，故谓之清明。”清明一到，气温升高，雨量增多，正是春耕春种的大好时节，故有“清明前后，点瓜种豆”“植树造林，莫过清明”等农谚，可见这一节气与农业生产有着密切的关系。但清明作为节日，与纯粹的节气又有所不同，它是最重要的祭祀节日，是祭祖和扫墓的日子，汉族和一些少数民族大多在清明节扫墓。

【视频】清明节的由来

清明风俗

1. 扫墓

民间在清明前后，人们不分士庶都要敬持牲、醴、纸钱等出郊外祭扫祖先坟墓，称作“扫墓”，又叫“上坟”。每至扫墓的日子，路远者则泛舟具馔而往，近者则提壶担盒而出。至坟前则挑新土、烧纸钱，祭山神、奠坟邻，哭泣尽哀而去。除祭祖先外，也有女婿祭岳父母墓，族人祭无祀孤冢者。相传先秦已有祭墓，是望墓为坛而祭，后渐变为直接祭于坟前。汉魏时已很重视上坟之礼，但当时尚没有形成为正式礼制。到了隋唐时期，寒食上墓在民间已相沿成俗。唐开元二十年朝廷始下诏，令将寒食上墓编入“五礼”，永为常式。因清明距寒食仅一二日，故宋时扫墓多在清明。至清代时，上墓日期开始不严格，清明前一日直至立夏日都成为扫墓之日。

2. 踏青

踏青也称“春游”，古时又叫“探春”“寻春”等。初春时节，芳草始生，杨柳泛绿，大自然到处呈现一派生机勃勃的景象，正是郊游的大好时光。我国民间长期保持着清明时节踏青的习惯，踏青的日期因时地而异，或于二月初二，或于三月上巳，或于清明节前后。明代刘侗、于奕正的《帝京景物略·春场》记载：“三月清明日……是日簪柳，游高梁桥，曰踏青。”清代李稷勋的《都门竹枝词》记载：“山花押鬓踏青行，儿女相逢各问名。”

【图文】寒食节

【视频】寒食节的起源

3. 荡秋千、放风筝

荡秋千是古代清明时节的习俗。秋千的历史很古老，最早叫“千秋”，后为了避开忌讳，改为“秋千”。古时的秋千多用树枝为架，再拴上彩带做成，后来逐步发展为用两根绳索加上踏板的秋千。

放风筝也是清明时节人们喜爱的一项活动。每逢清明，人们不仅白天放，夜间也放。过去有的人把风筝放到高空后，便剪断牵线，任凭清风把它们送往天涯海角，以祈能除病消灾，带走烦恼，使自己时来运转。

（四）端午节

端午也称“端阳”，还有许多别称如午日节、重午节、五月节、端王节等。端午是我国传统的节日，在农历五月初五日。“端”为始之义，每月有三个五日，端五，意为第一个五日。又因农历五月称“午月”，故称“端午”“重午”。过端午节是我国两千多年来的传统习惯，由于我国地域广大、民族众多，因此各地都有不尽相同的风俗。端午节活动主要有女儿回娘家、挂钟馗像、迎鬼船、躲午、悬挂菖蒲、艾草、游百病、佩香囊、赛龙舟、比武、击球、荡秋千、给小孩涂雄黄、饮用雄黄酒和菖蒲酒，吃五毒饼、咸蛋、粽子和时令鲜果等。

端午风俗

1. 悬艾草

悬艾草也称为“插艾”，是以艾草悬插于门户、堂屋、床头等处，起源于古代端午节采集众药草的风俗。艾又名艾蒿、家艾，茎叶含挥发性芳香油，气味浓烈，有驱除蚊蝇虫蚁、净代空气的作用，艾绒可用于针灸。菖蒲的作用类似艾草，民间传言它有辟邪免疫的神效。自汉晋以来，端午节家家必插艾以应节景，唐以后更添加了菖蒲，民间谓之“蒲龙艾虎”，也出现了以艾草束为人形悬挂于门户上的风俗。南朝梁宗懔的《荆楚岁时记》记载：“五月五日，谓之浴兰节。四民并踏百草。今人又有斗百草为戏。采艾以为人，悬门户上，以禳毒气。以菖蒲或缕或屑，以泛酒。”

2. 吃粽子

端午节吃粽子是民间的传统风俗，传说是为了祭奠投江的屈原。早在春秋时期，人们就用菰叶（菱白叶）包黍米成牛角状，称其为“角黍”，或用竹筒装米密封烤熟，称其为“筒粽”。至晋代时，粽子正式成为端午节食品，这时包粽子的原料除糯米外，还添加中药益智仁，因此煮熟的粽子被称为“益智粽”。到南北朝时期出现了杂粽，米中掺杂肉类、板栗、红枣、赤豆等，品种增多。唐代时的粽子出现锥形、菱形等形状。宋朝时已有“蜜饯粽”，即果品入粽，诗人苏东坡有“时于粽里见杨梅”的诗句。元明时期粽子的包裹料已从菰叶发展为箬叶，后来又出现了用芦苇叶包的粽子，料中出现豆沙、猪肉、松子仁、枣子、胡桃等，品种更加丰富多彩。

3. 赛龙舟

赛龙舟是端午节重要的活动之一，在中国南方地区普遍存在，在北方靠近河湖的城市也有赛龙舟的习俗，而大部分是划旱龙舟舞龙船的形式。赛龙舟的起源，有祭曹娥、祭屈原、祭水神或龙神等多种说法，其起源可追溯至战国时代的龙舟竞渡习俗。在两湖地区，可能屈原及曹娥、伍子胥等逝去后，当地人民也曾用魂舟送其灵魂归葬，故有此俗。但赛龙舟除纪念屈原之外，在各地人们还赋予了不同的寓意。龙船竞渡前，先要请龙、祭神，举行各种祭祀、纪念之仪式，以祈求农业丰收、风调雨顺、去邪祟、攘灾异、事事如意，也表达保佑划船平安的愿望。

（五）七夕节

农历七月初七即人们俗称的“七夕节”，也称为“乞巧节”。这个节日起源于汉代，东晋葛洪的《西京杂记》有“汉彩女常以七月七日穿七孔针于汉代画像石上的牛宿、女宿图开襟楼，人俱习之。”的记载，这是古代文献中所见到的最早的关于乞巧的记载。后来的唐宋诗词中，妇女乞巧也被屡屡提及，唐朝王建有诗说“阑珊星斗缀珠光，七夕宫娥乞巧忙”。据《开元天宝遗事》载：唐太宗与妃子每逢七夕在清宫夜宴，宫女们各自乞巧，这一习俗在民间也经久不衰，代代延续。七夕节的来历也与民间流传的牛郎与织女的故事有关，它的渊源最早可追溯到春秋战国时期，如《诗经·大东》“跂彼织女，终日七襄。虽则七襄，不成服章。睆彼牵牛，不以服箱。”那时候的七夕是祭祀牵牛星、织女星，直到汉代其细节才逐渐演变与牛郎织女的故事联系起来。

七夕风俗

1. 穿针乞巧

七夕节最普遍的习俗，就是女子在七月初七夜晚进行各种乞巧活动，乞巧的方式大多是女子穿针引线验巧。七夕节最早是在西汉的宫廷里执行的，最早的内涵主要是乞巧，表彰女子巧慧，宫女们在这一天展示刺绣、针线等手艺绝活。七夕节流传到民间以后，也加入了做些小物品赛巧，摆上些瓜果乞巧，以及诸如乞愿爱情、家庭美满，提倡读书等内涵。尽管各地风俗不同，各有趣味，但从古至今一直没有变的就是以“乞求女子巧慧”为主。

2. 七姐诞

广州的乞巧节独具特色，节日到来之前，姑娘们就预先将备好的彩纸、通草、线绳等编制成各种奇巧的小玩意，还将谷种和绿豆放入小盒中用水浸泡，使其发芽，待芽长到二寸多长时用来拜神，称为“拜仙禾”和“拜神菜”。从初六晚开始至初七晚，一连两晚，姑娘们穿上新衣服，戴上新首饰，一切都安排好后，便焚香点烛，对星空跪拜，称为“迎仙”，自三更至五更要连拜七次。拜仙之后，姑娘们手执彩线对着灯影将线穿过针孔，如一口气能穿七枚针孔者为得巧，被称为巧手；若穿不到七个针孔则为输巧。

3. 拜魁星

七夕最早来源于人们对自然的崇拜，对星星的崇拜远不止是牵牛星和织女星。古人认为东西南北各有七颗代表方位的星星，合称二十八宿，其中以北斗七星最亮，可供夜间辨别方向。北斗七星的第一颗星叫魁星，又称魁首。后来，有了科举制度，中状元叫“大魁天下士”或“一举夺魁”，读书人把七夕叫“魁星节”，又称“晒书节”，保持了最早七夕来源于星宿崇拜的痕迹。相传七月七日是魁星的生日，魁星主掌考运，想求取功名的读书人特别崇敬魁星，所以在七夕这天一定要祭拜，祈求魁星爷保佑自己考运亨通。

4. 种五生

宋代以来，民间岁时风俗，在七夕前几天，将绿豆、小豆（赤豆）、小麦等五谷之属，用水浸于瓷器中，等它长出數寸的芽，再以红蓝丝绳扎成一束，置于小盆内，七夕供祀牵牛星，称之为“种生”，其盆又叫“五生盆”或“生花盆”，街市上并有出售。南方各地也称为“泡巧”，将长出的豆芽称为巧芽，甚至以巧芽取代针，抛在水面乞巧。元代白朴《梧桐雨》第一折：“龙麝焚金鼎，花萼插银瓶，小小金盆种五生。供养着鹊桥会，丹青帧（帧指画幅）。”明代陶宗仪《辍耕录·绿窗遗稿》引元孙淑诗：“乞巧楼前雨乍晴，弯弯新月伴双星。邻家小女都相学，斗取金盆看五生。”培种五生同时也成了妇女、儿童的一种巧艺，这一风俗至近代仍然存在。

（六）中元节

农历七月十五日为中元节，俗称亡人节、七月半，是我国古代传统节日，与清明节、寒衣节并称为三大鬼节。七月十五日原是小秋，有若干农作物成熟，古代民间按例要祀祖，用新米等祭供，向祖先报告秋成。因此每到中元节，家家祭祀祖先。中元节是本土道教文化与中国传统民俗相结合的产物，是基于同一宇宙观即天、地、水三界，被神格化为天官、地官、水官所统辖的三界。道教认为，“三元”是“三官”的别称，上元节又称“上元天官节”，是上元赐福天官紫微大帝的诞辰；中元节又称“中元地官节”，是中元赦罪地官清虚大帝的诞辰；下元节又称“下元水官节”，是下元解厄水官洞阴大帝的诞辰。东汉末年，天师道综合了前期道教的宇宙观，上“三官手书”，分别投于天、地、水中，表示向三官忏悔罪过，以祈求平安。经历六朝时期的发展，在唐代官方的提倡下，上元、中元、下元等三元日定型化，成为祈福纳吉、祭祖拜神的三元节日，皇帝率百官参与节日仪式。唐、宋以后，三元日成为民俗节日。

中元风俗

1. 佛教盂兰盆法会

盂兰盆法会于每年农历七月十五日举行，根据《盂兰盆经》，强调借由供养十方自恣僧，以报答双亲养育之恩，乃至度脱七世父母的思想。因与中国崇尚孝道的伦理传统相符，得到中国历代帝王的提倡而盛行不衰。南北朝梁武帝时代，始兴盂兰盆法会，以报答父母祖先恩德。

唐朝时期，法会活动呈现兴盛，官民共乐。

2. 道教中元普渡

民间的“中元普渡”习俗是三教合流的结果。宋朝的时候，由于儒、释、道三教合流日趋明显，民间流传以正月十五日为上元，七月十五日为中元，十月十五日为下元。民间把道教中元地官节祭祀和佛教的盂兰盆会相结合，而流行道士诵经普度众鬼，期使获得三官中的地官赦罪，获得解脱。因此民间习俗的中元普渡着重在祭祀孤魂野鬼，与中国传统对祖先鬼魂崇拜又融合在一起，变成“祭鬼”，亦即为了亡者的鬼魂可得救度，把施饿鬼与祭奠亡魂相混，形成一种民间习俗。

3. 民间祭祀仪式

中元节是诸如中国大陆、港澳台地区、新加坡、马来西亚槟城等有华人的地方，相当看重的民俗节日。不少人会在旧历的七月初一到七月三十日之间，择日以牲礼、烧酒、糕点、糖果、水果等，甚至全猪（闽南语俗称神猪）、全羊等祭品举办祭祀活动，以慰在人世间游荡的亡魂。人们相信这样可以化解其怨气，不至于为祸人间。

4. 放水灯

放水灯也称放河灯，是闽南人、台湾人七月十五日祭奠亡人最隆重的活动。中元节祭拜时，会在各水域先放流灯火迎接到来的亡魂，帮亡魂照路，邀来同享香火号称“水灯”。水灯多是以纸糊如宫殿形，中有蜡油点火，内置一彩色三角形纸旗，号称“普渡旗”，该旗以毛笔写上“庆赞中元”“广施盂兰”“敬奉阴光”“冥辉普照”等中元敬语字样，并写上自己的姓名，好让亡魂知晓是哪家檀越所供奉，也有直接写在灯上而不用旗者。俗谓水灯漂浮愈远，该施主愈得庇佑，希望能将一切亡灵超度到理想的彼岸世界。

（七）中秋节

中秋节源自天象崇拜，由上古时代秋夕祭月演变而来。古代帝王有春天祭日、秋天祭月的礼制，早在《周礼》一书中就有“中秋”一词的记载。在汉代时，又在中秋或立秋之日敬老、养老，有赐以雄粗饼的活动。唐代时中秋节成为官方认定的全国性节日，《唐书·太宗记》记载有“八月十五中秋节”。中秋赏月的风俗在唐代极盛，许多诗人的名篇中都有中秋时节赏月祭拜，咏月寄情的诗句，并将中秋与嫦娥奔月、吴刚伐桂、玉兔捣药、杨贵妃变月神、唐明皇游月宫等神话故事结合起，使之充满浪漫色彩，玩月之风方才大兴。北宋时期中秋节已经成为普遍的民俗节日，文学作品中出现了“小饼如嚼月，中有酥和饴”的节令食品。至明清时已与“元旦”齐名，成为我国的主要节日之一，也是我国仅次于春节的第二大传统节日。

中秋风俗

1. 祭月

祭月也俗称拜月，在我国是一种十分古老的习俗，实际上是古人对“月神”的一种崇拜活动。在《礼记》中就记载有“秋暮夕月”即祭拜月神的习俗，到了周代，每逢中秋夜都要举行迎寒和祭月活动。夕月即拜祭月神，在中秋晚上，人们设大香案，摆上月饼、西瓜、苹果、红枣、李子、葡萄等祭品。在月下，将“月神”牌位放在月亮的方向，红烛高燃，全家人依次拜祭月亮，祈求福佑。祭月赏月，托月追思，表达了人们的美好祝愿。祭月作为中秋节重要的祭礼之一，从古代延续至今，逐渐演化为民间的饮宴赏月、颂月的习俗，同时也成为现代人渴望团聚、寄托对生活美好愿望的主要形态。

2. 吃月饼

月饼，又叫月团、丰收饼、宫饼、团圆饼等，是古代中秋祭拜月神的供品。月饼最初是用来祭奉月神的祭品，后来人们逐渐把中秋赏月与品尝月饼作为家人团圆的一大象征。月饼象征着大团圆，人们把它当作节日食品，用它祭月、赠送亲友。发展至今，吃月饼已经是中国南北各地过中秋节的必备习俗，中秋节这天人们都要吃月饼以示“团圆”。月饼一词最早见于南宋吴自牧的《梦梁录》中，那时它只是种像菱花饼一样的饼形食品。月饼最初是在家庭中制作的，清代袁枚在《随园食单》中就记载有月饼的做法。到了近代，有了专门制作月饼的作坊，月饼的制作越来越精细，馅料考究，外形美观，在月饼的表面还印有各种精美的图案。

【视频】拜月娘

（八）重阳节

农历九月九日亦称“重九”“九日”，为传统的重阳节。古代《易学》以奇数为阳数，偶数为阴数，九为“极阳”，而九月九日更是两个“极阳”之数相遇，认为必有灾厄，故《西厢杂记》谓汉武帝时已有佩茱萸、食糕饵、饮菊酒诸俗，以为禳避之术。至东汉时，又产生方士费长房指点桓景于九日避厄的传说，因而，至迟在汉魏之际已形成此节。此后，重阳登高游赏、佩萸泛菊、食糕成为自宫廷至民间的普遍风俗。三国时魏文帝曹丕在《九日与钟繇书》一文中则明确写出了重阳的饮宴，“岁往月来，忽复九月九日。九为阳数，而日月并应，俗嘉其名，以为宜于长久，故以享宴高会。”东晋陶渊明在《九日闲居》诗序中说：“余闲居，爱重九之名。秋菊盈园，而持醪靡由，空服九华，寄怀于言。”这里同时提到菊花和酒，大概在魏晋时期，重阳日已有了饮酒、赏菊的做法。到了唐代，重阳被正式定为民间的节日。明代，九月重阳，皇宫上下要一起吃花糕以庆贺，皇帝要亲自到万岁山登高，以畅秋志，此风俗一直流传至清代。

重阳风俗

1. 登高

登高是古代岁时民俗，即在节日登上山岭高处。其初多与避灾除厄的迷信传说有关，后乃成为游览健身活动的一种。登高多在人日（旧俗以农历正月初七为人日）、正月十五日或其他节日举行。至魏晋后，因费长房、桓景传说，相率于九月九日（重九）进行，遂在民间形成重阳登高的习俗，故重阳节又称“登高节”。唐代文人写的登高诗有很多，大多是写重阳节的习俗，如王维的《九月九日忆山东兄弟》、杜甫的七律《登高》等，就是写重阳登高的名篇。登高所到之处，没有统一的规定，一般是登高山、登高塔，插带茱萸以避疫消灾，饮酒赏菊，寄托对亲友的思念。

2. 吃重阳糕

重阳糕又称花糕、菊糕、发糕、五色糕等，制无定法，以来粉、豆粉等为原料，发酵，更点缀以枣、栗、杏仁等果馕、加糖蒸制而成，为重阳节的传统食品。重阳糕起源于唐代以前，至宋代时成为普遍的习俗，直至近代。民间习俗，九月九日天明时，以片糕搭儿女头额，口中念念有词，祝愿子女百事俱成，乃古人九月做糕的本意。讲究的重阳糕要做成九层，状如宝塔，上面还做有两只小羊，以符合重阳（羊）之义，有的还在重阳糕上插一面小红纸旗，并点蜡烛灯，以小红纸旗代替茱萸，用“点灯”“吃糕”代替“登高”的意思。现在的重阳糕，仍无固定品种，各地在重阳节吃的松软糕类都称为重阳糕。

3. 赏菊、饮菊花酒

自汉魏以来，重阳有登山、佩茱萸、饮菊花酒之俗，晋代诗人渊明尤爱菊花，至唐宋时重阳赏菊成为风俗。宋代菊花之名种培植繁多，盛况逾越前代，成为当时城市居民的一大活动。民间还把农历九月称为“菊月”，在菊花傲霜怒放的重阳节里，观赏菊花成了节日的一项重要内容。清代以后，赏菊之习尤为昌盛，有堆菊花山等项目，实际即是菊花品种展览，其名目多至千种，且不限于九月九日，但仍然以重阳节前后最为繁盛。

重阳日饮菊花酒之俗自汉代以来就有记载，古人在这一日多提壶携食品，出郭登高，至明胜处饮酒赏节，认为能使人长寿，历代尚之。《艺文类聚》卷四引三国魏曹丕《与钟繇书》：“岁往月来，忽复九月九日，九为阳数，而日月并应，俗嘉其名，以为宜于长久，故以享宴高会 ...... 辅体延年，莫斯（指菊花）之贵，谨奉一束，以助彭祖之术。”

4. 插茱萸、簪菊花

重阳节插茱萸的风俗，在唐代就已经很普遍了。茱萸传有避疫之效，古人认为在重阳节这一天插茱萸可以避难消灾，有人将茱萸佩戴于臂，有人把茱萸放在香袋里面，带在身上，还有人将茱萸插在头上。茱萸大多是妇女、儿童佩带，有些地方男子也佩带。重阳节佩茱萸，在东晋葛洪的《西京杂记》中就有记载。除了佩戴茱萸外，也有头人戴菊花，唐代就已如此。宋代，还有人将彩缯（cǎi zēng 指彩色绢帛。）剪成茱萸、菊花来相赠佩带。清代，北京重阳节的习俗是把菊花枝叶贴在门窗上以“解除凶秽，以招吉祥”，这是头上簪菊的变俗。

【视频】重阳节

（九）寒衣节

寒衣节是农历十月初一，又称“十月朝”“祭祖节”“冥阴节”，民众称为鬼头日，是我国传统的祭祀节日，相传起源于周代。秦国统一中国后，改以建亥之月为首，夏历的十月一日相当于秦之元旦。宋代于立冬日外更重视此节。本《诗经.豳风.七月》记载“九月授衣”之仪，朝廷在此日有赐衣之制，民众祭扫祖先坟茔，多烧纸剪冥衣，故明清时又称为“烧衣节”。寒衣节流行于北方，不少北方人会在这一天祭扫，祭奠先亡亲人，称之为送寒衣。寒衣节与每年春季的清明节、七月十五的中元节合称为中国的三大“鬼节”。过寒衣节，必不可少的东西有三样：饺子、五色纸、香箔。祭祀时除了食物、香烛、纸钱等一般供物外，还有一种不可缺少的供物——冥衣。在祭祀时，人们把冥衣焚化给祖先，叫作送寒衣。同时，这一天也标志着严冬的到来，所以也是为父母爱人等所关心的人送御寒衣物的日子，人们不仅要为亡人送寒衣过冬，生者也要进行一些象征过冬的传统活动。妇女们要在这一天将做好的棉衣拿出来，让儿女、丈夫换季。如果此时天气仍然暖和，不适宜穿棉，也要督促儿女、丈夫试穿一下，图个吉利。北方天寒，以此日始用炉火，称“开炉”。寒衣节流行于北方，南方鲜有耳闻。

（十）冬至节

冬至，是二十四节气之一，冬至后白日渐长，故亦称长至、长日、大冬、冬节，是我国农历中的一个传统节日，至今仍有不少地方有过冬至节的风俗。冬至是北半球全年中白天最短、黑夜最长的一天。过了冬至，白天就会一天天变长。冬至是二十四节气中最早被制定出的一个节气，时间在每年的阳历 12 月 21 日至 23 日之间。

我国古代对冬至很重视。冬至常被当作一个重大节日，曾有“冬至大如年”的说法，且古代就有庆贺冬至的习俗。人们认为，过了冬至，白昼一天比一天长，阳气回升，是一个节气循环的开始，也是阴阳二气的自然转化，是上天赐予的福气，是一个吉日，应该庆贺。汉代视冬至为重要节日，仅次于元旦。当日天子率三公九卿迎岁，祀五方帝及日月星辰于郊坛。魏晋时期开始稍次于元旦。至宋代时，仍视冬至如元旦，百官上朝进贺，都要穿上朝服，如大礼祭祀。民间这一天也更易新衣，备粉饮食，享祀祖先，庆贺往来，一如年节。古人认为，到了冬至，虽然还处在寒冷的季节，但春天已经不远了，这时外出的人都要回家过冬至节，表示年终有个归宿。另外，民间往往以冬至日天气的好坏与来到的先后预测往后的天气。俗语说：“冬至在月头，要冷在年底；冬至在月尾，要冷在正月；冬至在月中，无雪也没霜。”

（十一）腊八节

腊八节又称腊日祭、腊八祭、王侯腊或佛成道日，原来是古代欢庆丰收、感谢祖先和神灵（包括门神、户神、宅神、灶神、井神）的祭祀仪式。除祭祖敬神的活动外，人们还要驱疫。这项活动来源于古代的傩（古代驱鬼避疫的仪式）。腊虽然在岁终，但古时日期无定。汉代时以冬至后的第三个戌日为腊，魏时曾以辰日为腊，晋代以丑日为腊。至六朝时以十二月八日为腊，因此日恰好是佛之生日，故也称为佛成道日。古时腊日除祭神祭先外，尚有其他活动。如汉时曾规定腊日以猪羊祠社稷，此日纵吏民宴饮。晋时腊日饮祭后老人儿童为藏钩之戏。六朝时每逢腊日，村人击鼓，戴假面扮傩以逐疫。唐时腊日召群臣赐食加口脂，腊脂，谓之“赐腊”。宋熙宁以后亦有腊日赐群臣口脂、面药之礼。

腊八风俗

1. 腊八粥

腊八节这天，我国大多数地区都有喝腊八粥的习俗，腊八粥又称“七宝五味粥”。腊八粥内除了需要大米、小米、绿豆、藏豆、花生、大枣等原料外，还要加莲子、核桃、栗子、杏仁、松仁、桂圆、榛子、葡萄、白果、菱角、青丝、玫瑰、红豆等材料。我国喝腊八粥的历史已有 1000 多年，最早开始于宋代。每逢腊八这一天，无论是朝廷、官府、寺院还是黎民百姓家都要做腊八粥。到了清代，喝腊八粥的风俗更是盛行。在宫廷，皇帝、皇后、皇子等都要向文武大臣、侍从宫女赐腊八粥，并向各个寺院发放米、果等供僧侣食用。在民间，家家户户也要做腊八粥，以祭祀祖先，或合家团聚在一起食用，或馈赠亲友。中国各地腊八粥争奇竞巧，品种繁多。

2. 腊八蒜

华北大部分地区在腊月初八这天有用醋泡蒜的习俗，叫腊八蒜。过了腊八二十几天后，正值春节，由于醋的浸泡，蒜整体呈碧绿，非常好看，而醋也具有了蒜的辣味。大年三十，春节前后，就着腊八蒜和醋吃饺子、拌凉菜，味道很好。此外，腊八蒜的蒜字，和“算”字同音，这天各家商号要算账，把一年的收支盈亏算出来，其中包括外欠和外债都要在这天算清楚，“腊八算”就是这天要债的债主要到欠他钱的人家送信儿，该准备还钱。北京有民谚：“腊八粥、腊八蒜，放账的送信儿，欠债的还钱。”后来有欠人家钱的，用蒜代替“算”字，以示忌讳。

（十二）祀灶

祀灶也称为“祭灶”“送灶”，民间俗称“小年”“过小年”，为民间祭祀灶王爷的日子。祀灶本为古代“五祀”之一。汉代祀灶日在夏初，至晋代乃定于腊月二十四日，此后则普遍于腊月二十三或二十四日送灶。据晋代周处《风土记》记载：“腊月二十四日夜，祀灶，谓灶神翌日上天，白一岁事，故先一日祀之。”祀灶这一活动，最终被确定为国家仪轨最早是确定于汉朝，汉武帝“以李少君故，始祀灶”，并规定“立夏祀灶”。民间“送灶神”或“祭灶”，其实源自古人对火神的崇拜。“祭灶”最早叫“纪灶”，即纪念教人吃熟食的“先灶者”。民间认为，灶神于此日上天，要向天帝禀报一家善恶之事，故民间有请灶神、供灶糖、焚轿马灶疏、食糯米饭等习俗。接灶在除夕表示灶神已由上天返回本宅。传说灶王爷虽然在地祇，但在夏朝却是民间尊崇的大神。灶王爷像上大多印有新一年的日历，上书“东厨司命主”“人间监察神”“一家之主”等文字，两旁贴上“上天言好事，下界保平安”的对联。

【视频】二月初二

【视频】财神节

任务二 少数民族传统节日及风俗

任务先行

中国的传统节日有汉族的传统节日，也有各少数民族的传统节日及风俗。少数民族的浴佛节、圣纪节就是追念历史上受崇拜人物的纪念节日；传统歌会、歌节就是以歌舞游艺活动进行社交往来的游乐节日。

任务导入

各地区少数民族传统节日里有什么风俗？选择你知道的一种向大家介绍一下。

一 概述

我国自古以来就是一个多民族国家，除了汉族有许多的节庆文化外，各少数民族也有许多丰富的节日民俗。例如，维吾尔族的节日有肉孜节、古尔邦节；壮族信仰多神，节日有中元节、牛魂节；土家族的节日有赶年、四月八、六月六、大端午、七月十五。我国少数民族 有着多姿多彩的民族节日，各具特色。影响较大的少数民族节日主要包括开斋节、古尔邦节、圣纪节、泼水节、旺果节、火把节、那达慕大会、花儿会、三月三歌会等。

我国少数民族众多，节庆活动更是多姿多彩。由于所处地理环境不同，文化传统不同，所以南方与北方少数民族的节庆活动也不尽相同。我国黄河以北地区深受农耕文化影响，所以节庆活动以庆祝丰收为主，期盼来年风调雨顺。长江以南地区因为受地形的限制，在古代并不是主要的农业区，尤其是西南地区交通闭塞，所以原始文化保存得较为完整，大都保留着一些原始的祭祀习俗和庆祝活动。

二 主要节日及风俗

（一）开斋节、古尔邦节、圣纪节

开斋节、古尔邦节、圣纪节是伊斯兰教的三大节日，是信奉伊斯兰教的回族、维吾尔族、哈萨克族、乌孜别克族、东乡族、保安族、撒拉族等少数民族的盛大节日。

开斋节是阿拉伯语“尔德·菲土尔”的意译，所以也称“尔德节”，在新疆还有“肉孜节”的叫法。据说这是为了体会饥渴的滋味，以培养节约的良好习惯和对穷人的同情心。穆斯林按教义规定，在每年的斋戒月（伊斯兰教历九月，公历为六月左右）期间，除特殊情况的人（如小孩、老弱病人、孕妇等）外，其他人必须静心寡欲，白天戒绝饮食，黄昏后才吃斋饭，直到最后一天的晚上看到新月为止。穆斯林沐浴净身后穿上洁净的衣服，在清真寺举行“会礼”，然后走亲访友，互相道贺，互赠礼品。同时，穆斯林还要给已经亡故的亲人“走坟”，捐助贫困的人。

古尔邦节又称“宰牲节”，在伊斯兰教历十二月十日，即开斋节后的第七十天举行。据伊斯兰教经典记载，“先知”易卜拉辛做了一个梦，梦见安拉（真主）让他杀掉自己的儿子伊斯玛仪献祭，以考验他对安拉是否忠诚，易卜拉欣遵照安拉的命令正要杀自己的儿子时，安拉又命其以羊代替。穆斯林继承了这一传统，每逢这一天，有经济能力的穆斯林都要宰羊杀牛，并分赠给亲友。同时，在宰牲前要先沐浴洁身，到清真寺参加会礼。

圣纪节又称“圣忌节”，在伊斯兰教历每年的三月十二日举行，是纪念伊斯兰教创始人穆罕默德诞生的日子。纪念活动一般在清真寺举行，在活动中要诵经演说、讲述圣绩。有的地方还在这一天举行盛大的尔麦里会（善事宴会）。穆斯林宴请宾客聚集在清真寺诵经赞圣，讲述穆罕默德的生平事迹，并在会餐后走访亲友，互赠礼品。

（二）泼水节

傣族的泼水节源于印度，曾经是婆罗门教的一种宗教仪式，后为佛教所吸收，经缅甸传入云南傣族地区。泼水节为傣历新年的庆祝活动，一般在阳历4月13日至15日。届时人们先至佛寺浴佛，然后互相泼水，用飞溅的水花表达真诚的祝福。泼水节的活动内容丰富，除斗鸡、跳孔雀舞外，节日来临之时，家家还要缝新衣，买新伞，备办节日盛装，还要杀猪宰牛做年糕，准备丰盛的年饭，宴请亲朋好友。泼水节现场，人们身着盛装，喜气洋洋，场面极为热闹。

（三）旺果节

旺果节是藏族人民预祝丰收的节日，一般在秋收前选择吉日举行，庆祝时间一天到三天不等。节日期间，人们穿着节日盛装结队骑马在田间巡游，或聚在一起，在林间草地 搭起帐篷，铺上彩垫，摆出酸奶和各种丰美的食品，互相敬酒尽情欢乐，唱歌跳舞预祝丰收。旺果节时还举行赛马和射箭等文体活动，其中，拾哈达节目最吸引观众，骑手们在规定路程中策马飞驰，边跑边拾赛场上放着的哈达，看谁跑得快、拾得多。

（四）火把节

火把节是彝族、白族、纳西族、基诺族、拉祜族等少数民族古老且重要的传统节日，有着深厚的民俗文化内涵，被称为“东方的狂欢节”。不同的民族举行火把节的时间也不同，大多是在农历的六月二十五日至二十七日，主要活动有斗牛、斗羊、斗鸡、赛马、摔跤、表演歌舞等。火把节第一天：祭火。在夜幕降临时，临近村寨的人们在老人们选定的地点搭建祭台，以传统方式击石取火，点燃圣火，并由毕摩（彝族民间祭司）诵经祭火，然后家家户户、大人小孩都会从毕摩手中接过用蒿草扎成的火把驱邪。火把节第二天：传火。这一天，家家户户都聚集在祭台圣火下，举行各式各样的传统节日活动。小伙子们效仿传说中的阿体拉巴，赛马、摔跤、唱歌、斗牛、斗羊、斗鸡；姑娘们效仿传说中的阿诗玛，身着美丽的衣裳，撑 起黄油伞，唱起“朵洛荷”，跳起达体舞；年长的老人们则按照传说中阿体拉巴勤劳勇敢、英武神俊和阿诗玛善良聪慧、美丽大方的标准，从小伙、姑娘中选出一年一度的俊男和美女。火把节第三天：送火。这是整个凉山彝族火把节的高潮。这一天，夜幕降临时，人人都会手持火把，竞相奔走。最后，人们将手中的火把聚在一起，形成一堆堆巨大的篝火。欢乐的人们聚在篝火四周尽情地歌唱、舞蹈，场面极为壮观。

（五）那达慕大会

那达慕大会是蒙古族人民具有鲜明民族特色的传统活动，也是蒙古族人民喜爱的一种传统体育活动形式，其中以锡林郭勒盟的那达慕大会最具代表性。“慕”是蒙语的译音，意为“娱乐、游戏”，以表达丰收的喜悦之情。每年农历六月初四开始的那达慕大会，是草原上一年一度的传统盛会。那达慕大会已有近800年的历史，一直在锡林郭勒草原上流传和发展，深受各族群众的喜爱，成为蒙古族传统文化的重要载体。那达慕大会上的各项活动都是力与美的显现，体能和智慧的较量，速度和耐力的比拼，比较全面地展示了在草原生活的群众的综合素质。古代和近代的那达慕盛会都要进行男子“三艺”（摔跤、赛马和射箭）竞技比赛。

（六）花儿会

“花儿”又称少年，是流传在青海、甘肃、宁夏等省区的一种民间歌曲。“花儿会”是回族、土族、东乡族、撒拉族、保安族、裕固族等少数民族的传统歌会。“花儿会”比兴起句生动形象，格律严格，歌词优美，曲调时而高亢，时而婉转。在宁夏，几乎随处都能听到“花儿”，但最有民俗特点的是每年农历四、五、六月间的花儿会，相传已有两三百年的历史。花儿会各地会期不一，其中以六月初六莲花山（甘肃）及五峰山（青海）的花儿会规模较大。会场上搭有歌台，歌手登台比赛，优胜歌手被披上红绸带作为奖赏。花儿会期间，远近的百姓都会登山会歌，人数常达上万，届时人们撑着伞，摇着扇，或拦路相对，或席地而坐，歌词多为即兴创作，极具生活气息。花儿会主要活动内容包括拦歌、对歌、游山、敬酒、告别等。花儿会也是青年男女选择对象的极妙场合，他们以歌为媒，向对方表白心迹。

（七）三月三歌会

农历三月初三，是广西壮族群众一年一度的民歌盛会。在百色、河池、柳州、南宁四个壮族聚居的地区，歌会活动丰富多彩。这一天，家家户户都要准备丰盛的节日食品，青年男女穿着节日盛装，带上五色糯饭、彩蛋等食品，女青年还带着精心缝制的绣球，从四面八方涌向歌坪尽情对唱。歌曲一般以爱情为主题，也有历史、生产、风俗、生活常识等方面的内容。对歌的形式有男女个人对唱和集体对唱，具体有见面歌、邀请歌、盘歌、爱慕歌、盟誓歌、送别歌等。壮族青年能歌善唱、出口成歌，遇上对手能对唱一天一夜，赛得难解难分。歌节上青年男女还常用抛绣球、碰彩蛋等形式择偶定情。此外，歌会上还举行舞龙、舞狮、演戏等文体活动，也有部分地方群众在三月初三这天祭扫祖墓、踏青郊游。三月三歌会流传至今，已有上千年历史，其民族性、多样性的节日内容与形式，充分反映了壮族人民的聪明才智、理想追求以及健康向上的审美情趣。

问题与思考

1. 中国传统节日及风俗中，有礼仪也有理想，有群众性也有民族性，有时代性也有变异性。从中国传统节日及风俗的传承中，你能获得哪些方面的启迪？

2. 通过对中国传统节日及风俗的学习，你对其中习俗禁忌了解多少？请分组试着讨论一下。

3. 分组讨论：中国传统节日在当代社会中的变化。

引言

精神文化是文化层次理论结构（物质文化、精神文化、制度文化）要素之一，是文化系统中最深层、最具稳定性和最有决定力的部分。精神文化反映的是人的内心世界，包括心理、心态、信念、观念、思维方式等在内的心理结构，也包括哲学、伦理、道德、宗教、美学、文学、音乐、绘画等理论化和对象化的意识领域。精神文化是一个民族理论思维水平、价值取向、伦理观念、宗教信仰、心理状态、理想人格、审美情趣等精神成果的总和，是民族精神观、价值观、道德观生成延续的主要途径和来源。本篇从文字与书法、文学、宗教、艺术、科技、史学几个方面来阐述中华传统文化独有的精神特质。

下篇 精神文化

开篇名言

任何一个文化的轮廓，在不同的人的眼里看来都可能是一幅不同的图景。

——雅各布·布克哈特

在这富有历史背景、富有高度私人秘密性的社会，人类的文化应是多彩多姿的。

——黑塞

模块一 文字与书法

能力目标

通过完成本任务，你应该能够：

1. 知道关于汉字起源的几种学说；
2. 了解汉字的发展演变史；
3. 掌握各朝代书法特点及代表人物。

核心能力

1. 对中华汉字历史有充分了解，尝试写规范汉字；
2. 深入对中国书法的学习，临摹1～2种字体的书法作品。

中国古代的文字和书法是中国传统文化的重要组成部分，是中华民族的标志，它们以其独特的形式，在世界文明史上闪烁着灿烂的光辉。

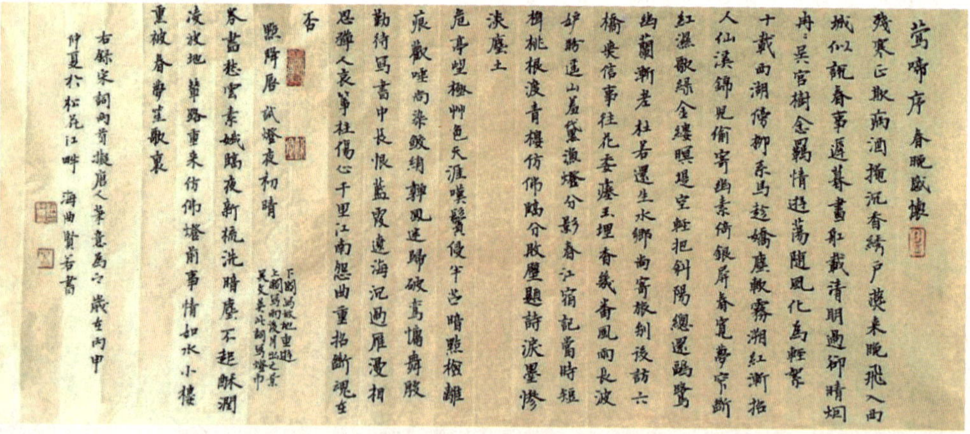

任务一　汉字的起源

任务先行

汉字作为中华民族的通用文字，包含五千年的文化内涵，是我国民族精神的集中反映。从古至今，只有几种文字比中国文字早，最出名的是古埃及象形文字和两河流域（底格里斯河和幼发拉底河）的楔形文字。不过这两种文字早在公元前后就被埋在滚滚黄沙和断壁残垣之下，如今他们都是博物馆里文字，是文字的化石。而汉字是至今仍在使用的，具有鲜活生命力的文字，是世界上使用人数最多的文字。

任务导入

汉字是历史上最古老的文字之一，是中华文明的载体。世界上没有任何一种文字像汉字一样经久不衰。汉字在我国的地位自然不用说，但是你真的了解汉字吗？对汉字的起源知道多少呢？

一　神赐说

神赐说指的是汉字的产生不是人为的过程，而是借助神仙或某种神力完成的，比如神派龙马、灵龟、凤凰等灵物驮到人间的。这一说法是古人对汉字起源的神化。“河图洛书”是文字神赐说的一个典型代表。

二　结绳说

结绳记事，是汉字起源最早的说法。《易经·系辞下》上说：“上古结绳而治，后世圣人易之以书契”意思是上古时代本没有文字，人们用结绳来帮助记忆。后来，圣人才用文字取代了结绳。

结绳记事是原始人类用给绳子打结的方式记录部落中的时间、人数、男人和女人等。涉及范围很广，有部落间的领地争夺，天灾等历史事件，也有人们之间的口角纷争。打结

结绳记事

的位置和不同的形状，表达不同的意思。我国古书里有“结绳为约，事大，大结其绳，事小，小结其绳。”的记载。不仅在我国，古埃及、古波斯、非洲、澳洲的土人，都曾结绳记事。结绳是帮助记忆，传递消息的方式，曾被广泛使用，但结绳是利用实物来记事，不能直接发展为文字，可以看作是文字出现之前的原始探索，是文字的孕育阶段。

三 契刻记事说

人们用契刻的方式，将数目用一定的线条作符号，刻在木片或者竹片上，作为双方的契约。后来人们把契从中间分开，分成两半，双方各持一半，以两者吻合为凭据。古代契上刻的数目主要是用来作债务凭证的。

契刻记事

四 图画说

图画记事

由于结绳记事和契刻记事的不足，人们不得不采用其他的，比如图画的方法来帮助记忆、表达思想，用文字的线条或者笔画把要表达的物体的外形特征具体地勾画出来，绘画促使了文字的产生。现代学者认为汉字真正起源于原始图画。唐兰先生在《中国文字学》中说：“文字的产生，本是很自然的，几万年前旧石器时代的人类，已经有很好的绘画，这些画大抵是动物和人像，这是文字的前驱。”然而图画发挥文字的作用，转变成文字，只有在“有了较普通、较广泛的语言”之后才有可能。正如《中国文字学》所说：“文字本于图画，最初的文字是可以读出来的图画，但图画却不一定都能读。后来，文字跟图画渐渐分歧，差别逐渐显著，文字不再是图画的，而是书写的。”而“书写的技术不需要逼真的描绘，只要把特点写出来，大致不错，使人能认识就够了。”这就是原始的文字。

五 仓颉造字

仓颉也称作苍颉，传说他为黄帝的史官，是汉字的创造者。因造字有功，黄帝非常感动，赐姓仓。

传说黄帝统一华夏之后，他认为结绳记事的方法，远远满足不了实际要求，就命他的史官仓颉想办法造字。于是，仓颉就在当时的洧水河南岸的一个高台上造屋住下来，专心致志地造起字来。可是，他苦思冥想，想了很长时间也没造出字来。说来凑巧，有一天，仓颉正在思索之时，只见天上飞来一只凤凰，嘴里叼着的一件东西掉了下来，正好掉在仓颉面前，仓颉捡起来，看到上面有一个蹄印，可仓颉辨认不出是什么野兽的蹄印，就问正巧走过的一个猎人。猎人看了看说：“这是貔貅的蹄印，

仓颉造字

与别的兽类的蹄印不一样，我一看就知道。”仓颉听了猎人的话很受启发。他想，万事万物都有自己的特征，如能抓住事物的特征，画出图像，大家都能认识，这不就是字吗？从此，仓颉便注意仔细观察各种事物的特征，譬如日、月、星、云、山、河、湖、海，以及各种飞禽走兽、应用器物，并按其特征，画出图形，造出许多象形文字。这样日积月累，时间长了，仓颉造的字越来越多。他把造的这些象形文字献给黄帝，黄帝非常高兴，立即召集九州酋长，让仓颉把造的这些字传授给他们，于是，这些象形文字便开始应用起来。

六 物语说

古人还使用过“物语”，就是用一种具体事物代表一种固定的含义。比如，用一块牛排表示“友好和希望联合”，用一根砍断了的牛肋骨表示“断交”，苦果表示“同甘共苦”，藤叶表示“永不分离”，用火表示“我要找你”，用小柿子叶表示“我很苦闷”等。这些虽然也属于交流思想与情感的工具，但使用起来困难重重，不易推广。

七 八卦说

《易·系辞上》：“河出图，洛成书，圣人则之。”《易·系辞》还说：“伏羲仰观象于天，俯视法于地，观鸟兽之文与地之宜，近取诸身，远取诸物，于是始画八卦，以通神明之德，可类万物之情。”

相传伏羲治理天下时，对日月星辰、季节气候、草木兴衰等，有一番深入的观察。一天，黄河中忽然跑出来了“龙马”，龙马身上背负着图案，出现在黄河边上。也就是在这一刻，他突然发现自己正处于一种强烈的精神震撼之中，深切地感到了自身与所膜拜的自然之间，出现了一种莫名其妙的和谐一致。他发现龙马身上的图案，与自己一直观察万物自然的“意象”心得暗合，龙马身上的图案就叫作“河图”。就这样，伏羲通过龙马身上的图案，与自己的观察，画出了“八卦”，又名龙书。

龙马

有人把伏羲画八卦作为文字的起源。《易·系辞下》以及《尚书·序》中说：“古者包牺氏（即伏羲氏）之王天下也，始画八卦，造书契，以代结绳之政，由是文籍生焉。”孔安国《尚书·序》：“古者伏羲氏之王天下也，始画八卦，造书契以代结绳之政。”在历史记载中，八卦作为文字的起源说便流传了下来。

任务二 汉字的演变

任务先行

汉字是一种形体和意义紧密结合的表意文字。它逐渐从具体走向抽象、符号化方块的形式固定下来。从有文字实物的殷商开始，汉字的演变经历了甲骨文、金文、大篆、小篆、隶书、楷书、草书、行书、宋体等多个阶段。

任务导入

在印章中,人们使用的最多的是哪种字体呢?

汉字是世界上最古老、最有生命力的文字,汉字的演变,在字形方面主要有以下几个阶段。

一 甲骨文

甲骨文是我国最早的可识文字，是书写或镌刻在龟甲、兽骨上的文字。甲骨文大部分都符合最早的象形、会意的造字原则。甲骨文大多是先用刀刻，然后在沟壑中填满朱砂，也有少部分是直接用朱砂书写而成的，并且一个字有多种书写，笔画、样式不定。这种一字多种写法的现象说明文字在殷商时代尚未统一。

甲骨文

二 金文

金文

金文是指铸刻在殷周时期青铜器上的铭文，又叫钟鼎文。

金文出现并盛行的时间，大约有 1200 年，上自商代，下至秦代。青铜器的繁盛时代是商周，当时礼器以鼎为代表，乐器以钟为代表，“钟鼎”是青铜器的代名词。因为周以后把铜也叫金，所以铜器上的铭文就叫作“金文”或“吉金文字”。又因为这类铜器以钟鼎上的字数最多，所以古时还称金文为“钟鼎文”。

三 小篆

公元前221年，秦始皇统一中国后，在政治上推行“书同文，车同轨”的政策，小篆才应运而生。这项对后世意义重大的文字改革由丞相李斯负责，在秦国原来使用的大篆籀文的基础上，进行简化，取消其他六国的文字，统一了文字的书写形式。这种字体一直流行至西汉末年，大约在公元8年，才逐渐被隶书所取代。

小篆

四 隶书

隶书由小篆发展而来，是为了改变小篆的繁难而产生的书体。字形多见宽扁，横画长、竖画短，讲究“蚕头燕尾”。晋朝卫恒在《四体书势》中说：“秦既用篆，奏事繁多，篆字难成，即令隶人佐书，曰隶书。隶书者，篆之捷也。”隶书的出现是汉字发展过程中一个非常重要的里程碑。隶书出现以前的汉字是用绘画式的线条书写的，而隶书以后的汉字是用横竖撇点折等笔画构成的。自隶书出现后，汉字的结构基本上固定了下来，直到现在，基本上没有太大的变化。随着秦王朝的覆灭，小篆随之迅速退出历史舞台，隶书成为社会首要书写方式和书法的典范。其后不久，出现了更为规范的楷书字体。汉朝以后楷书占据正统地位。

五 草书

梁开帝萧衍在《草书状》中认为，草书起源于汉代，而草书的产生原因是：“诸侯争长，简檄相传，望烽走驿，以篆隶之难不能救速，遂作赴急之书，盖今草书是也。”说明草书出现的初衷是为了书写更加便捷。历史上第一次提到草书之名的是《说文解字·叙》，叙中明确指出“汉兴有草书”。从汉到唐，先后出现了章草、今草和狂草等形式。

六 楷书

楷书，也叫正楷、真书、正书、小楷等。由隶书演变而来，更趋简化，横平竖直。《辞海》解释它“形体方正，笔画平直，可作楷模”。楷书字体端正，就是现代通行的汉字手写正体字。因可作为习字的形式楷模，所以叫楷书。楷书被三国魏钟繇和东晋王羲之进一步规范体势，这种改造使楷书成为一种完全独立的书体。

七 行书

行书分为行楷和行草两种。行书是介于草书和楷书之间的一种书体，也是人们日常生活中最常用的一种书体，因此又可以说它是楷书的草化或草书的楷化。唐人张怀瓘说：“不真不草，是曰行书。”事实上，行书正是为了补救草书难以辨认和楷书书写太慢的弊端而产生的。

【视频】汉字发展史

【视频】篆体

任务三 书法

任务先行

中国汉字书法历史悠久，书体形式多变，书法艺术更是美妙绝伦。从甲骨文、金文到大篆、小篆、隶书，再到东汉、魏、晋时期的草书、楷书、行书等，书法一直散发着独特的艺术魅力，在璀璨的艺术长廊中熠熠生辉。

任务导入

书法可以静心、可以让人们更深入地了解中华文化魅力，提高自己的学识和素养，你都知道哪些书法字体和书法大家呢？

【视频】中国书法

中国书法艺术的形成、发展与汉字的产生及演变有着密不可分的关系。但究竟何为“书法”？广义来说，书法是指文字符号的书写法则。换言之，书法是指按照文字特点及其含义，以其书体笔法、结构和章法书写，使之成为富有美感的艺术作品。汉字书法为我国人民独创的表现艺术，被誉为：无言的诗，无行的舞，无图的画，无声的乐等。

一 先秦书法

先秦是中国书法的初期阶段，先秦书法可分为商、西周和春秋、战国时期。

商、西周时期的书法主要有甲骨文和金文。商代中期，青铜器上就出现铭文，铭文很简短，一般为两三个字，多为族徽。战国时期，随着“战国七雄”的出现，各个诸侯国各自为政，文字的地域色彩较为浓厚，春秋晚期就已出现了文字异形的现象。那时候文字书体多样，风格不一，有很高的艺术性。

大多数文字学家认为“汉字的形成时代大概不会早于夏代”，并在约公元前 17 世纪——夏商之际形成了完整的文字体系。为学术界公认的我国最早的古汉字资料，是约公元前 14 世纪至公元前 11 世纪商代中后期的甲骨文和金文。这些汉字已经具有了书法形式美的众多特征，如线条美，单字造型的对称美，变化美以及章法美、风格美等。从商代后期到公元前 221 年秦统一六国，汉字演变的总趋势是由繁到简。这种演变具体反映在字体和字形的变化之中。西周晚期金文趋向线条化，战国时代民间从单篆向古隶发展，削弱了文字的象形性，但书法的艺术性却越来越丰富。

【图文】先秦时期书法作品欣赏

二 秦代书法

春秋战国时期，各国文字书写差异极大，是各诸侯国政治、经济、文化发展的一大障碍。《说文解字叙》说："秦书有八体，一曰大篆，二曰小篆，三曰刻符，四曰虫书，五曰摹印，六曰署书，七曰殳书，八曰隶书。"这段话基本概括了此时字体的面貌。秦始皇一统天下后，统一六国文字。这种文字被称为小篆。小篆是在金文和石鼓文的基础上删繁就简而来。李斯既是秦国重臣，又是著名的书法家。其代表作为秦《泰山刻石》，后世对此作品评价极高。秦代是继承与创新的变革时期。

隶书的出现是汉字书写的一大进步，也是书法史上的一次重大革命，它不但使汉字趋于方正，而且在笔法上也突破了单一的中锋运笔，为后来各种书体流派的出现奠定了基础。

秦代书法是我国书法史上灿烂辉煌的篇章，是中华民族无穷智慧的结晶。与万里长城和兵马俑一样，气势恢宏，堪称人类的奇迹。

三 汉代书法

汉代书法是中国书法发展史上的重要阶段。这是隶书的全盛时代，书法由小篆变隶书，由隶书再变为章草、真书、行书，至汉末，中国汉字书体已基本齐全。因此，两汉是中国书法史上继往开来，由不断变化到趋于定型的关键时代。隶书是汉代普遍使用的书体。汉代隶书笔法更加成熟、流畅，书体风格更加多样。刘勰《文心雕龙·碑》中说："自后汉以来，碑碣云起。"因此，东汉隶书是书法形体和样式日趋娴熟，流派日益众多的阶段，时至今日留下了百余种汉碑，这些碑文都表现出精彩纷呈、琳琅满目，风格各异的风貌。汉代书法艺术的不断发展变化，为后世，尤其是晋代流畅简约的行草及龙飞凤舞的狂草开辟了一条崭新的道路。随着人们书写习惯的变化，金文、小篆因书写繁难，加之实用性低而逐渐衰落。

【视频】汉朝书法

四 魏晋书法

从汉字书法漫长发展历程来看，魏晋是书体演变过程中承上启下的重要历史阶段，是各种书体，如篆隶真行草等日趋完善的时代。汉代隶书确定了方块字的基本书写形态。隶书的产生、发展及成熟过程孕育了楷书，而行草书几乎是在隶书产生的同时就已经萌芽了。真书、行书、草书的定型是在魏晋二百年间。它们的定型以及美化无疑是汉字书法史上的巨大变革。

这个书法史的新纪元，造就了两个承前启后、卓尔不凡的大书法家——钟繇、王羲之。他们揭开了中国书法发展史新的一页。

钟繇被后世尊为“楷书鼻祖”。他擅长篆、隶、真、行、草多种书体，在书法方面颇有造诣，推动了楷书（小楷）的发展。

王羲之被后世称为“书圣”。王羲之的书法兼隶、草、楷、行各体，精研体势，心摹手追，广采众长，备精诸体，冶于一炉，摆脱了汉魏笔风，自成一家，影响深远。风格平和自然，笔势委婉含蓄，遒美健秀。与钟繇被合称为“钟王”，与王献之合称“二王”。其代表作《兰亭序》被誉为“天下第一行书”。

五 南北朝书法

南北朝时期的书法堪称是北碑南帖时代。北朝书法以碑刻为主，风格亦多姿多彩。尤其以魏碑最为精妙。魏碑，是北魏以及与北魏风格非常相近的南北朝碑志石刻书法的总称，是汉代隶书向唐代楷书过渡的阶段。代表作有《郑文公碑》《张猛龙碑》《敬使君碑》。康有为说：“凡魏碑，随取一家，皆足成体。尽合诸家，则为具美。”钟致帅《雪轩书品》称：“魏碑书法，上可窥汉秦旧范，下能察隋唐习风。”唐初几位楷书大家如欧阳询、虞世南、褚遂良等，都是以魏碑为范本进行创作的。

南北朝时期，书法家灿若星河、层出不穷，但创作主流大多为无名书家。他们在继承前代书法优良传统的基础上，又创造了无愧于前人的更多优秀作品，也为唐代书法百花齐放、群星云集的鼎盛局面创造了必要条件。

六 唐代书法

唐代书法是继魏晋南北朝之后出现的又一书法创作高峰。初唐时期，中国文化异彩纷呈、辉煌灿烂、博大精深，达到了中国封建文化的最高峰，可谓“书至初唐而极盛”。根据唐朝书法的特征，我们可以将这一时期的书法划分为三个阶段：初唐、盛唐、晚唐。

唐朝建国之初，社会政治生活安定，相继出现了“贞观之治”“开元盛世”等极盛时代，经济的日益发达，为书法的蓬勃发展奠定了基础。唐太宗李世民极好书法，并竭力推崇王羲之的书法，因此社会上出现了书法学习的热潮。这对唐朝书法的发展和繁荣起到重要的作用。唐初书法四家——欧阳询、虞世南、褚遂良与薛稷代表了初唐风格。

到了盛唐，社会政治、经济空前繁荣，文化艺术也有长足的发展和提升。书法风格由初唐时期的方整劲健趋向雄浑肥厚。真草书法家虽大多模仿王羲之，但此时他们在书写时加入了个人情感，已彻底摆脱了王羲之书派的束缚。李邕被称为唐代行书之冠，李阳冰则为唐代篆书之冠，因秦代李斯也专于篆书，故后人将李阳冰与李斯并称“二李”。此时期的书法大家云集，如韩择木、史惟则、蔡有邻、李潮等被称为隶书四大家。颜真卿、赵孟頫、柳公权、欧阳询并称为“楷书四大家”。颜真卿与柳公权并称“颜柳”，被称为“颜筋柳骨”。

七 五代书法

唐朝灭亡后，中国进入了持续五十多年的分裂局面，战火纷飞，民不聊生。此时代的书法艺术虽继承唐末，但因战乱的影响，它的总趋向仍是凋落衰败。

苏轼评价五代书法时写道：“自颜柳氏没，笔法衰绝，加以唐末丧乱，人物凋落，文采风流，扫地尽矣。独杨公凝式笔迹雄杰，有‘二王’、颜、柳之余，此真可谓书之豪杰，不为时世所汩没者。”由此可见，五代时期，在书法成就上，后人首推杨凝式。杨凝式的书法在书法发展衰微的五代，可谓中流砥柱。除他们之外，还有李煜、彦修等有成就的书法家。五代时期杨凝式的书法，实现了书法由唐至宋元的重要转折，为宋朝“尚意”书风的崛起，做了重要铺垫。

八 宋代书法

宋代书法，是继往开来的时代，开创了一代新的书法风尚。

宋太祖赵匡胤在北周衰微之际，发动陈桥兵变，自立为帝，建立宋王朝。在中国持续了半个世纪之久的五代十国分裂局面终于结束，中国又迎来了大一统的状态。

宋初的书法，推崇“二王”，即王羲之、王献之，虽宋人与唐人同是宗王从帖，但宋人远不及唐人。宋人的书法观念受禅宗“心即是佛”“心即是法”的观点影响，所以宋人尚意，而唐人尚法。这一时期诗人、词人等加入书法行列，将诗词曲赋等方面的功力注入书法，使得宋代书法有了灵魂，充满抒情意味。

蔡襄、苏轼、黄庭坚、米芾被后人合称为宋代书法四大家。除此之外，宋徽宗赵佶的书法也独树一帜，风格清奇。

九 元代书法

蒙古人建立元朝之后，中国的政治、经济、文化都未得到进一步的发展，因此，这一时代的书法总体来说缺乏创新，只是简单的复制古人。

这一时期的代表书法家是赵孟頫，其书法成就最高的当属楷书和行书，他也是继王羲之、颜真卿之后中国书法史上第三位影响力空前的大师。他主张“诗、书、画”三位一体，这是书法艺术上的重大突破。

纵观元代书法，其间最优秀的书法大家均出现在真、行、草书方面。这种以真、行、草书为主流的书法，发展到了清代才得到改变。元代书风，虽各有千秋，却仍沿袭宋代习帖习惯，宗唐宗晋，过于单一。

十 明代书法

朱元璋建立明朝后的近三个世纪中，喜欢书法的封建统治者很多。如明成祖、仁宗，宣宗、神宗等。他们临王羲之的《兰亭序》，临王献之的《鸭头丸帖》。朝野大臣也纷纷效仿，重视帖学。他们最喜欢姿态雅丽的楷书和行书，几乎完全照搬了赵孟頫的字体风格。因此明代书法继承了宋代，是帖学大盛的时代。法帖传刻十分活跃，其中著名的有董其昌刻的《戏鸿堂帖》；文徵明刻的《停云馆帖》；华东沙刻《真赏斋帖》等。其中《真赏斋帖》可谓明代法帖的代表。《停云馆帖》收录了从晋朝至明朝历代名家的墨宝，可谓集从帖之大成为一帖。

封建统治者和士大夫喜好帖学的风气影响了明代书法创作，所以，整个明代书体以行楷居多，作品追求纤巧秀丽之美。至永乐、正统年间，杨士奇、杨荣和杨溥先后入翰林院和文渊阁，写了大量的制诰碑版，姿态媚丽而工整，号称“博大昌明之体”，即“台阁体”，但此类书体横平竖直过于拘谨，缺乏活力。“台阁体”过于注重模仿，使书法失去了艺术情趣和个人风格。明代近三百年间，虽然也出现了一些有造诣的大家，但纵观整个明朝，其书体缺乏突破和创新。所以，近代丁文隽在《书法精论》中总结说：“有明一代，操觚谈艺者，率皆剽窃摹拟，无何创制。”

十一 清代书法

清代书法在将近300年的发展历程中，经历了一场艰难的蜕变，它突破了宋、元、明以来帖学的桎梏，开创了碑学形式，特别是在篆书、隶书和北魏碑体书法方面的成就，可以与唐代楷书、宋代行书、明代草书相媲美，形成了雄浑庄重的书风。尤其是碑学书法家借古开今的精神和表现个性的书法创作，使得书坛流光溢彩，流派纷呈。

清代书法的早期是明代书风的延续，也属帖学期。清代伊始，统治阶级采取了一系列稳定政治、发展经济、促进文化的举措，使书法得以弘扬。顺治喜好临黄庭坚作品；康熙推崇董其昌书体；乾隆喜欢赵孟頫的楷书。历朝历代皇帝对帖学的热爱，使帖学至乾隆时期达到极盛，出现一批取法帖学的大家，如刘墉，他的书体，点划丰腴处短而厚、细劲处含而健，对比强烈；结字内敛拙朴，而决不拥塞，端重稳健中透出灵秀；章法轻重错落，舒朗雍容。整体风格含蓄蕴藉，精气内敛，浑若太极，貌端穆而气清和，有硕儒老臣的持重，无恃才傲物的轻佻，似乎包有万象而莫测高深，洵然可敬，因为喜用浓墨，时号“浓墨宰相”。

【图文】中国古代书法作品欣赏

清朝中期，出土了大量的古代吉书、贞石、碑版，金石学因此兴起。清代中期，帖学由盛转衰，碑学逐渐兴起。清代晚期则是碑学的中兴期。前后有康有为、吴熙载、何绍基、杨沂孙、张裕钊、赵之谦、吴昌硕等大师成功地完成了变革创新，至此碑学书派迅速发展。

问题与思考

1. 关于汉字起源有哪几种说法，请简要说明。关于这些说法，你的理解是什么？

2. 在汉字的演变中过程中，出现了哪几种字体？

3. 中国书法以独特的魅力在中华文化中熠熠生辉，请选择你喜欢的字体临摹一幅不少于10个字的作品。

4. 说说你最喜欢哪一个书法家的字。为什么？

模块二　古代文学

能力目标

通过完成本任务，你应该能够：

1. 了解中国古代散文、韵文的发展及各时代的创作特点；
2. 识记中国古典小说的发展规律和代表作品。

核心能力

1. 掌握中国文学发展脉络、各朝代的代表文学样式、优秀作家作品等；
2. 浸润在中华文化累累硕果中，愉悦了精神、陶冶了情操、增强了民族自豪感，更提升了迈向更广阔天地的自信心。

文学如一颗明珠，在中华优秀传统文化的灿烂星河中，闪烁着耀眼的光芒。从最早的散文《尚书》、最早的诗歌总集《诗经》，到后来出现的诗词、曲赋、戏剧、小说等文学体裁，无不散发着令人瞩目的光辉。它们以无与伦比的丰富内容，造就了中国文学繁盛的面貌和高峰迭起的发展脉络。中国文学遗产不仅是中国人民无比珍贵的财富，也是全世界、全人类共同的精神财富。继承和发扬古人创造的文学硕果是每一个炎黄子孙的责任和义务。

任务一 散文

任务先行

散文是一种重要的文学体裁，它可以叙事，可以抒情，也可以说理；它没有经书的庄严，也没有史诗的凝重，历史掌故、名人轶事、山川河流、风景名胜、玄思冥想、饮茶观花，都可以用散文来记述和表达。散文之美，美在情思，或激昂、或平淡、或低沉、或哀婉，写的人淋漓尽致，读的人心驰神往；散文之美，美在辞章，或古奥典雅，或清新秀丽，或幽默风趣，或质朴自然，写的人字斟句酌，读的人余香满口；散文之美，美在自由，陈年旧事、社会新生、上古遗闻、当代传说，无论雅俗、不分古今，均可信手拈来，或针砭、或褒扬，一切随顺自然。

任务导入

五千年的中华文明孕育出一代又一代的杰出作家和数不胜数的优秀作品。你知道的我国古代作家和作品都有哪些？你知道我国古代散文“八大家”都是谁吗？说出一篇你最喜欢的古代散文，并写下理由。

一 先秦散文

《尚书》是我国最早的散文，可以称得上是我国最早的历史文学典籍之一，它产生于公元前 14 世纪，包括了虞、夏、商、周四代皇室文献。作为中华散文的发端，《尚书》就是上古的书，它是我国最早的一部历史文献汇编，为后世的历史散文和诸子广为引用。《尚书》所载之言，所记之事，情实文质，简明扼要，成为后世师法的榜样。《尚书》开创的典、谟、训、诰、誓、命等六体，成为以后各朝代模仿的主要文体，从六体中还衍生出了后来的诏、策、章、奏、论、箴、铭、颂等诸多文体。

【视频】先秦散文

先秦散文分为历史散文和诸子散文两种。历史散文主要指史官记录而成的各类史书，包括《左传》《国语》《战国策》等；诸子散文则是春秋战国百家争鸣时期儒、墨、道、法等学派的文章，有《论语》《墨子》《孟子》《庄子》《荀子》《韩非子》等。

（一）历史散文

《左传》《公羊传》《穀梁传》被后世合称为“春秋三传”。其中《左传》相传为左丘明所作，原名为《左氏春秋》，汉代改称《春秋左氏传》，简称《左传》，它是我国第一部叙事完备的编年体史书，是先秦史学的代表作，更是研究先秦历史和春秋时期历史的重要文献，对后世的史学产生了很大影响。《左传》记载了春秋时期250多年间各诸侯国的政治、军事、外交等情况。它叙事完整翔实、有条不紊、繁简适当，故有“左氏为书、叙事之最”一说。《左传》描写人物众多，有正有邪，有智有庄，有纯有谐，但都刻画得形象生动、性格鲜明、栩栩如生、呼之欲出，读后令人难忘。因其语言简练，字句精严，行文富于变化，后人赞赏它“其言简而要，其事详而博”。甚至有人评价说：“若论字句之精严，则左公允推独步。”

《国语》是我国第一部国别体史书，也是一部极具特色的历史散文著作。全书共二十一卷，上起周穆王，下迄鲁悼公，分别记载了西周末年至春秋时期周、鲁、齐、晋、郑、楚、吴、越八国的历史事件。整部作品主要反映春秋时代阶级矛盾的尖锐和激烈、政治斗争的错综复杂，展现春秋时期的社会百态。在内容上，《国语》有很强的伦理倾向，弘扬德的精神，尊崇礼的规范，认为“礼”是治国之本，而且非常突出忠君思想。《国语》的政治观也比较进步，反对专制和腐败，重视民意，重视人才，具有浓重的民本思想，是古代散文中的优秀之作。

《战国策》是西汉刘向编写的一部国别体史书，主要记述了战国时期的纵横家（游说之士）的政治主张和策略，展示了战国时代的历史特点和社会风貌，是研究战国历史的重要典籍。这些优秀作品犹如一幅幅恢宏壮丽的时代画卷。战国时代尖锐激烈的斗争形势，波澜壮阔的现实生活以及错综复杂的社会矛盾和战乱动荡中的民间疾苦，在此画卷一一展开。在反映社会和人民生活方面广泛又深刻，在叙事描写方面生动又细密，在人物形象刻画方面语言圆熟又独特，都堪称先秦文学中出类拔萃的佳作。

（二）诸子散文

“百家竞作，九流并起”是春秋战国时期的主要特征，当时各个思想流派的代表人物纷纷著书立说，宣传自己的政治主张。诸子的文章，各具特色和风采。

《论语》和《孟子》是语录体典籍，它们不仅是儒家经典，对后代的影响巨大，也是我国人民重要的精神财富。诸子散文中还蕴含了诸子们独特的文学主张，孔子强调“行有余力，则以学文”，孟子则持“知言养气”说等。《论语》较为集中地体现了孔子及儒家学派的政治主张、伦理思想、道德观念及教育原则等，行文虽看似质朴简练、自然无华，但字里行间流淌的却是知人论世的哲理。《孟子》记述了孟子及其弟子的政治、教育、哲学、伦理等思想观点和政治活动，行文气势充溢，跌宕起伏，说理严密明确，流畅感人，并且以严密的论辩逻辑、磅礴的文章气势、寓言故事和形象生动的比喻，令人折服。

除《论语》《孟子》外，先秦诸子的散文不仅是集论辩性、逻辑于一身的政论文，也是语言流畅、构思清奇的文学作品。《荀子》行文雄浑遒劲、气势恢宏，有包罗万象的气概；《老子》则因文笔简洁、声韵流畅、旨义深邃、文风清净，而追随者众多；《庄子》论辩深入浅出、条理清晰，对后世的影响不同寻常。鲁迅赞誉《庄子》其文则汪洋辟阖，仪态万方；《韩非子》鞭辟入里、逻辑严密，读后令人心悦诚服。

二 汉赋

“赋”最早是《诗经》中的一种表现手法，即铺陈的意思。而赋作为一种独立的文体，最早出现在汉代，是我国特有的一种文学样式，兼具散文和韵文的性质。在结构上，一般由三部分组成，即序、正文和结尾。后期汉赋在写法上大肆铺陈，主要为大汉的强盛和统治者的文治武功高唱赞歌，只在结尾处偶尔略带几笔微含讽谏之意的句子。

汉赋分为骚体赋、大赋、小赋。

骚体赋流行于汉初六十年，它继承了楚辞的风格和余绪，代表作为贾谊的《吊屈原赋》《鹏鸟赋》，它直接受屈原《九章》和《天问》的影响，保留着加“兮”的传统，其语言是四言和散句的结合，表现手法为抒情言志。

大赋又叫散体大赋，规模巨大、结构恢宏、气势磅礴、语汇华丽，往往是成千上万言的鸿篇巨制。西汉时的贾谊、枚乘、司马相如、扬雄，东汉时的班固、张衡等，都是大赋的行家。我们通常所说的赋是指以铺陈排比为主要手法的汉大赋，汉大赋的代表作家首推司马相如，《子虚赋》《上林赋》是他的代表作。

东汉中叶以后，散体大赋逐渐衰微，抒情、言志的小赋开始兴起。这一时期汉赋的思想内容、体制和风格都开始有所转变，歌颂国势声威、美化皇帝功业的大赋逐渐减少，而反映社会黑暗现实、讥讽时事、抒情咏物的短篇小赋占了上风。代表作有张衡的《二京赋》和《两都赋》。

赋是继《诗经》《楚辞》之后，在中国文坛上兴起的一种新的文体。汉赋也被作为文学创作史上的代表，与唐诗、宋词和元曲并列，被称为中国文学史上的丰碑。

三 唐宋八大家

唐宋八大家，后世又称“唐宋散文八大家”，是唐宋时期八位散文家的合称，分别为唐代柳宗元、韩愈和宋代欧阳修、苏洵、苏轼、苏辙、王安石、曾巩八位。他们的文学成就极高、作品流传极广，故被称为“唐宋八大家”。

被苏轼称赞“文起八代之衰”的韩愈，出生于768年，卒于824年，字退之，河南河阳（今河南省孟州市）人，世称“韩昌黎”“昌黎先生”，唐代著名文学家和思想家。韩愈是唐代古文运动的倡导者，被后人尊为“唐宋八大家”之首，与柳宗元并称“韩柳”，有“文章巨公”和“百代文宗”之名。后人将其与柳宗元、欧阳修和苏轼合称“千古文章四大家”。他提出的“文道合一”“气盛言宜”“务去陈言”“文从字顺”等散文写作理论，对后人很有指导意义，代表作有《师说》《马说》等。

柳宗元（773年—819年），字子厚，河东（现山西运城永济一带）人，唐代著名文学家、哲学家、散文家和思想家。世称“柳河东”“河东先生”，因官终柳州刺史，又称“柳柳州”。

柳宗元与韩愈并称为“韩柳”，与刘禹锡并称“刘柳”，与王维、孟浩然、韦应物并称“王孟韦柳”。作为唐代古文运动的倡导者和唐宋八大家之一，柳宗元反对六朝以来笼罩文坛的绮靡浮艳文风，他主张“文以明道”，提倡“褒贬、导扬、讽喻”。他是唐代散文创作最多的作家，他的《黔之驴》、《永州八记》、《捕蛇者说》等文章说理性强，笔锋犀利，讽刺辛辣。

继韩柳之后，唐末五代骈体又占上风，一直延续到宋朝初年，以欧阳修为首的新古文运动兴起，彻底洗涤了骈体浮华轻靡的影响。

欧阳修(1007年—1072年)，字永叔，号醉翁，晚号六一居士，欧阳修忧国忧民，刚正不阿。他领导了北宋诗文革新运动，继承并发展了韩愈的古文理论，其散文创作开启了一代文风。欧阳修在变革文风的同时，也对诗风、词风进行了革新，是宋代散文革新运动的卓越领导者。文学上，他极力反对浮靡雕琢、怪僻晦涩的“时文”，提倡简而有法、流畅自然的风格，作品内涵深广，形式多样，语言精致，富情韵美和音乐性。许多名篇如《醉翁亭记》《秋声赋》等，名传千古。

苏洵(1009年—1066年)，字明允，号老泉，眉州眉山(今属四川眉山)人。北宋文学家，与其子苏轼、苏辙并称“三苏”，他的散文主要是史论和政论，他在孟子和韩愈风格基础之上，形成了独特的雄健、犀利之风。

苏轼(1037年—1101年)，字子瞻、和仲，号铁冠道人、东坡居士，世称苏东坡、苏仙。北宋著名文学家、书法家、画家和古代治水名人。苏轼是北宋中期文坛领袖，在诗、词、散文、书、画等方面取得很高成就。散文著述丰富恢宏，豪放自如，与欧阳修并称“欧苏”。

苏辙(1039年—1112年)，字子由、同叔，号栾城，晚号颍滨遗老。他在父兄的熏陶和影响下，自幼博览群书，抱负宏伟。擅长政论和史论，苏轼称其散文“汪洋淡泊，有一唱三叹之声，而其秀杰之气终不可没。”

王安石(1021年—1086年)，字介甫，号半山，曾封荆国公，后人称王荆公。抚州临川(今江西抚册)人。北宋著名政治家、思想家、文学家。其散文简洁峻切，短小精悍，论点鲜明，逻辑严密，有很强的说服力，开创并发展了融事理和议论于一体的独特散文文体。

曾巩(1019年—1083年)，字子固，出生于建昌军南丰(今江西省南丰县)，宋代新古文运动的重要骨干。文风源于六经，又集司马迁、韩愈两家之长，平实质朴，温厚典雅。曾巩资质聪慧，记忆力非常强，幼时读诗书，脱口能吟诵。成年后，因文才出众，备受欧阳修赏识，曾巩主张先道后文，文道结合。曾巩的一生，成就很多。他的散文大都是“明道”之作，文风以“古雅、平正、冲和”见长。曾巩为文，自然淳朴，不甚讲究文采。

四 清代散文

清代散文从时间上划分，可以分为清初散文及清中叶散文。代表性作家有清初三老(顾炎武、黄宗羲和王夫之)、“清初三大家”(侯方域、魏禧和汪琬)、桐城派(方苞、刘大櫆和姚鼐)。

【视频】散曲

清初古文三大家中，以魏禧文学成就最高。他重视文学理论，认为文学既不能完全拟古，也不能完全摒弃古人，而应善于接受古代先

【视频】记

贤的理论，又要有自己的独创，更重视文章的现实作用。其名篇是写异人的《大铁椎传》。汪琬和侯方域在散文上也各有成就。

清代散文流派中的桐城派是清代文坛上最大的散文流派，也被后人称作“桐城古文派”。代表人物方苞、刘大魁、姚鼐。因三人均为安庆桐城人，故此得名。该流派的文学主张主要是学习唐宋八大家，作品以“义法”为中心，要求文章取舍详略精当、结构布局合理、语言文字雅洁。在发展过程中逐渐形成了一个完整的体系，是对前代散文全面系统的总结。桐城派作家毕生研读古文，总的特点是雅洁。

任务二　韵文

任务先行

韵文，是讲究节奏韵律的一种文学体裁。大多数要使用同韵母的字作句子结尾，达到押韵的目的。它对我国古代文学的发展产生了深远影响。不同时代有不同的韵文文体，我们一一来学习。

任务导入

中国古代六大韵文是什么？如何判别古代韵文的韵字？

一　《诗经》

《诗经》是我国最早的一部诗歌总集，共收录西周初年至春秋中叶500多年的诗歌，共305首，故称“诗”或“诗三百”，到汉代，始称《诗经》。

《诗经》内容上分为“风”“雅”“颂”三部分。“风”包括15国风，共160篇。“风”是来自各地的民歌，是《诗经》中的精华部分。有对爱情、劳动等美好事物的吟唱，也有怀故土、思征人及反压迫、反欺凌的哀怨与愤怒，常用复沓的手法来反复咏叹；“雅”分“大雅”和“小雅”，共105篇，“大雅”多为贵族祭祀的诗歌，是贵族、士大夫所作，是他们祈丰年、颂祖德、朝会宴饮之作，“小雅”则多为个人抒情之作；“颂”包括《周颂》《鲁颂》和《商颂》，共40篇。分别是西周王室和春秋前期鲁国，宋国用于宗庙祭祀的乐歌，其中有一部分是舞曲。

【视频】《诗经》

《诗经》多角度反映了广阔的社会生活，主要囊括以下内容：一是记载西周部族的历史，侧重歌功颂德，也记录周族历史上发生的一些重要事件；二是描写田猎、畜牧和农业生产的场景；三是写征夫久役于外的艰辛以及征夫思妇之间的相思；五是描写西周时期青年男女的爱情和婚姻。《诗经》是周王朝由盛而衰的真实反映，其中的许多优秀作品是中国古代劳动人民智慧的结晶，成为万古传诵的名篇，对后世文学产生了深远影响。

二 楚辞

《楚辞》是中国文学史上第一部浪漫主义诗歌总集。产生于《诗经》后约三百年，是中国诗歌创作迎来的又一新的高潮。楚辞，相传是楚国的屈原等人在民间歌谣的基础上，经过加工，创作成的一种新的诗歌形式，因为其作品都是“书楚语、作楚声、纪楚地、名楚物，”故统称“楚辞”。西汉刘向、王逸等学者将这类作品收集整理编成《楚辞》。《楚辞》对整个中国文化系统具有不同寻常的意义，特别是文学方面，楚辞确立了中国诗歌的浪漫主义传统。因此后世称此种文体为“楚辞体”“骚体”。

楚辞的主要作家是屈原，其主要作品有《离骚》《九歌》《天问》《九章》等，其中最重要的是长达 2400 多字的《离骚》，“楚辞”因此又名“骚”。《离骚》是中国古代最长的抒情诗。此诗以屈原自述身世、遭遇、心志为中心。前半篇反复倾诉诗人对楚国命运和人民生活的关心，表达要求革新政治的愿望，以及坚持理想、虽逢灾厄也绝不与邪恶势力妥协的意志；后半篇通过神游天界、追求实现理想和失败后欲以身殉的陈述，反映出诗人热爱国家和人民的思想感情。全诗运用美人香草的比喻、大量的神话传说和丰富的想象，形成绚烂的文采和宏伟的结构，表现出积极的浪漫主义精神，并开创了中国文学史上的“骚体”诗歌形式，对后世产生了深远的影响。同时，屈原以不拘一格的创新精神，创造了自由多变的句式，语气助词运用得恰到好处，使得诗歌更加跌宕生姿。《楚辞》的其他作者宋玉、贾谊等人的作品都继承了屈原的特点，使楚辞成为一种独特的文体样式存在于中国古代文学史中。

三 唐诗

中国古典诗歌发展到唐代，进入了一个异常繁荣、硕果累累的鼎盛期。仅《全唐诗》就录存诗作近 50000 首，空前绝后，其中家喻户晓的名篇数不胜数。唐朝有包括李白、杜甫、白居易等大家在内的 2000 多位诗人，创作队伍庞大、文学功力深厚，也是前无古人的。唐诗的种种成就都得益于唐朝政权的强大、政治的清明、经济文化的繁荣。

盛唐时期，国力强盛，经济繁荣，唐诗也在这一时期进入顶峰。此时的唐诗题材广泛、风格多样、流派纷呈、内容丰富。比较著名的有以王维、孟浩然为代表的田园山水派，以高适、岑参为代表的边塞派等。除此之外，诗人在盛唐时期，身处封建社会蓬勃向上的高峰期和相对宽松的思想文化环境中，普遍生活态度积极乐观，具有“喜好王霸大略，务功名”的态度和“天生我材必有用，千金散尽还复来”的信念。这种精神、态度与信念在诗歌中被淋漓尽致地表现了出来，使得唐诗洋溢着昂扬气势与浪漫气息。“诗仙”李白是浪漫主义最富有代表性的人物。同时期还有诗圣“杜甫”，他是伟大的现实主义诗人。他们的诗代表了古代诗歌的最高成就。

中国诗歌从创作之初发展到唐代已有一千六百多年的历史。唐诗学习、汲取、内化了《诗经》的写实、《楚辞》的浪漫、汉魏古诗的“风骨”，并形成了集这些优点于一体的唐诗风貌。

唐代诗歌代表了中国古代诗歌的最高成就，在后世备受推崇，得到了广泛传播。

四 宋词

词开始于唐，定型于五代，兴盛于宋。宋词是一种配合音乐歌唱的新型格律诗体，有着音乐与文学的双重属性。

每首词都有“词牌名”，即曲调，然后依调填词，叫“依声”。宋词有长有短，便于歌唱。因是合乐的歌词，故又称曲子词、乐府、乐章、长短句、诗余、琴趣等。词大致可分小令（58 字以内）、中调（59 ~ 90 字以内）和长调（91 字以上，最长的词达 240 字）。一首词，有的只有一段，称为单调；有的分两段，称双调；有的分三段或四段，称三叠或四叠。词的结构分片或阕，所谓不分片的即为单调，分两片的为双调，分三片的则为三叠。我们根据创作风格，可以将宋代词人划分为花间派、婉约派和豪放派。

花间词派是中国古代诗词学流派之一。出现于晚唐五代时期，产生于西蜀，得名于赵崇祚编辑的《花间集》，是奉温庭筠为鼻祖创作词作的一个流派。这一词派题材狭窄、情致单调，大都以婉约的表达手法，写女性的美貌、服饰以及她们的离愁别恨。这些词的共同特点是：描绘景物富丽、意象繁多、构图华美、刻画工细，能唤起读者视觉、听觉、嗅觉的美感。由于注重锤炼文字、音韵，形成了隐约、迷离、幽深的意境。对后世词的创作、发展有一定的影响。

婉约派的词，从内容上看，主要侧重儿女情长。结构深细缜密，重视音律谐婉，语言圆润，清新绮丽，具有一种柔婉之美。由于长期以来词多趋于宛转柔美，人们便形成了以婉约为正宗的观念，认为柳永、李煜、周邦彦等词家才可称为“词之正宗”。

在宋词发展史上做出特殊贡献的，首推专力写作慢词的柳永。柳永生活的时代，社会物质生活文化极其丰富，民间乐曲日趋精良，形式短小的小令逐渐被长调慢曲所代替。柳永一生创作了大量慢词，从题材内容上，柳永将都市风貌、市民生活和失意文人的愁情哀伤等新的社会生活内容带入词中，开拓了新题材、新内容；在手法上，创造性地运用赋体层层铺叙的手法写景抒情，丰富了创作词的艺术经验；在创作实践中，柳永还留下了“渐霜风凄紧，关河冷落，残照当楼，”“今宵酒醒何处，杨柳岸晓风残月”等不少千古传诵的名句。

李煜的词，则继承了晚唐以来温庭筠、韦庄等花间派词人的传统，又受李璟、冯延巳等的影响，语言明快、形象生动、用情真挚，风格鲜明，其亡国后词作更是题材广阔，含意深沉，在晚唐五代词中别树一帜，对后世词坛影响深远。

欧阳修在宋词发展过程中的重要作用，主要表现在他对词的题材做了有益的开拓，以词咏史、咏物，写都市生活、时令节俗，这些在前代词人中很少见。欧阳修还擅长在写景叙事的词中，表达自己豪迈坦荡的胸怀和深沉的感慨，意境雄放开阔，开宋代豪放词风的先河。

以独特的艺术风格，在词和词学理论上兼采众家之长，自成一家的李清照，其词音调清新、格律高秀，外表朴质淡雅，内在蕴蓄深厚，读来其味无穷，取得了很高的艺术成就。尤为难得的是，李清照的词能和生活相激荡，将个人命运与国家、民族的命运融合在一起，其爱国思想和艺术魅力给人以极强烈的感染力量。

【视频】诗词风格

豪放派的创作，视野较为广阔，气势恢弘雄放，好用诗文的手法、句法和字法写词，语词宏博，用事较多，不拘音律。北宋黄庭坚、晁补之、贺铸等人都有这类风格的作品。南渡以后，由于时代巨变，悲壮慷慨的高亢之调发展起来，蔚然成风，辛弃疾更成为创作豪放词的一代巨匠。豪放词派不但自成一派，震撼宋代词坛，而且影响深远，从宋金到清代，历来都有高举豪放旗帜，学习效仿苏轼、辛弃疾的词人。

宋词称得上我国古代文学皇冠上光辉夺目的明珠，是一座芬芳绚丽的园圃。宋词以姹紫嫣红、千姿百态的神韵，与唐诗争奇，与元曲斗艳，历来与唐诗并称双绝，都代表着一代文学之盛。

任务三　古典小说

任务先行

“小说”一词最早出现于《庄子·外物》：“饰小说以干县令，其于大达亦远矣。”在庄子看来，小说是指琐碎的言论，与小说观念相差甚远。后来班固的《汉书·艺文志》将“小说家”列为十家之后，他这样定义：“小说家者流，盖出于稗官，街谈巷语，道听途说者之所造也。”这才使小说的意义与如今相近。小说与诗歌、散文、戏剧，并称“四大文学体裁”，可见小说的重要性。

任务导入

你喜欢的中国古典小说有哪些？能举一些例子并说说你喜欢的理由吗？

一　魏晋南北朝小说

小说最早起源于神话传说。到魏晋南北朝时期，小说创作开始繁盛，社会上形成了写小说的风气，涌现出大量作品。这些作品大体可以分为两类：志人小说和志怪小说。前者主要记述神仙方术、鬼神妖魔、佛法灵异、殊方异物，充满宗教迷信思想，但也保存了一些具有进步意义的民间故事和传说。后者记述人物的轶闻琐事、言谈举止，从中可以窥见当时部分社会政治生活的面貌。在艺术上，志人志怪小说已具备了小说的最初规模和雏形，比如这类小说有了比较完整的故事结构，注重刻画人物性格。魏晋南北朝是中国古典小说的形成期。

【视频】志人小说

志怪小说以干宝的《搜神记》为代表。《搜神记》主要辑录神仙鬼怪的故事，也有一些没有故事性的琐碎记载。结构较完整，描写较生动，已初具短篇小说的规模，且语言朴素，叙事生动。

二 唐代传奇

到了唐朝，传奇登上中国小说的历史舞台。它是魏晋南北朝小说的继承和发展，唐代传奇又被称为唐人小说或唐传奇。

从内容上来说，创作者开始了独立意识的创作，除部分记述神灵鬼怪外，大量记载人间的世事百态，作品也具备较完善的艺术形式；取材更多的面对现实，不局限于神灵鬼怪，人物有上层的，也有下层的，不仅有士族阶层，还包括商贾艺人、豪侠义士、妓女优伶，甚至还有贵族官僚、帝王妃嫔等；反映面较过去更为广阔，生活气息浓厚。

唐传奇的出现将中国小说从六朝的单纯记述民间传说、宗教神话及历史人物生活片段的狭小天地引向反映社会的人情世态，揭露社会矛盾。它向后人展示了一个丰富多彩、充满喜怒哀乐的人间世界。从艺术上看，唐传奇塑造典型人物形象，情节结构引人入胜，并通过环境气氛的烘托和典型情节刻画人物。这些都是小说必备的要素，中国古典小说在此阶段已具备完整形式。唐传奇的作品大都形象鲜明，情节曲折，结构完整，文辞华美。唐传奇中描写婚姻恋爱主题的作品分量很重。代表作有《柳毅传》《李娃传》《霍小玉传》《莺莺传》等。

除此之外，晚唐时期出现了新的题材的传奇小说，主要是描写豪侠剑客的故事。杜光庭的《虬髯客传》颇具传奇色彩，借风尘三侠李靖、红拂女和虬髯客的故事曲折地反映了晚唐混乱的社会状况。另外还有《红线传》《聂隐娘》等小说通过反映唐末藩镇割据的现实，表现了人民铲除暴虐，向往奇侠异能的思想。

三 宋元话本

话本小说是中国古代小说的一种文体，属于中国古典小说的范畴。它是继唐代传奇之后发展演变而来的，流行于宋元时期，故被后人称为宋元话本。

话本，意思是说话的底本，又叫说话、词话。宋代开始流行一种娱乐形式——说书，其内容为说书人讲唱各种题材类型的故事，其讲唱内容的底本，即称为“话本”。小说家的话本称作小说，都是短篇故事；讲历史故事的话本称作平话，一般篇幅较长；还有称作诗话的，如《大唐三藏取经诗话》等。宋代话本小说多半是白话短篇，讲历史故事的平话则多用浅显易懂的文言，具长篇小说的规模，在中国小说发展史上，宋代讲史话本是后世章回体小说的源头。

小说家的话本又称“短书”，现存冯梦龙的“三言”（《喻世明言》《警世通言》和《醒世恒言》）“二拍”（《初刻拍案惊奇》和《二刻拍案惊奇》）等。话本除标题外，还分入话、正话和结诗三部分。话本的题材可分为灵怪、烟粉、传奇、公案、朴刀、杆棒、神仙、妖术等八种，其中烟粉（即婚恋故事）和公案故事成就最高。婚恋故事中较著名的有《碾玉观音》《快嘴李翠莲记》《志成张主管》等。

讲历史故事的话本，元代以后称作“平话”，话本基本上是说白，也穿插一些诗，语言朴实，文言语汇较多。讲史家的话本不多，有一本《梁公九谏》，讲的是唐代狄仁杰九次劝阻武后传位于武三思的历史故事，文字简略。

总体来说，宋元话本的内容多取材于现实生活，主人公多为普通的市井阶层，主要表达普通大众的理想和愿望，更贴近生活。“说话人”为了吸引更多的听众，大多采用白话叙事的方式，广泛吸收了民间谚语、俗语，故话本小说注重趣味性，这一特点对文学语言的发展和丰富有很大的促进作用。

宋元话本小说确立了以自话为主体的小说，开辟了中国古代小说创作的新纪元，同时为明清小说、戏剧等文学创作提供了题材，也是很多明清长篇小说的雏形。总之，宋元话本对后世影响深远，使小说与一直统领古代文坛的诗歌、散文分庭抗礼，标志着以小说为主体的文学新时代的到来。

四 明清小说

中国的小说经历了唐传奇小说、宋元话本小说两个重要发展阶段后，到明清时代，中国古典小说迎来了繁荣时期。这个时代的小说从思想内涵和题材表现上来说，最大限度地包容了传统文化的精华，而且经过世俗化的图解后，传统文化竟以可感的形象和动人的故事，走进千家万户。涌现出《三国演义》《水浒传》《西游记》《金瓶梅》《儒林外史》和《红楼梦》等著名的长篇小说。前四部被称为明代“四大奇书”，后两部被誉为清代长篇小说的双璧。

明初罗贯中的历史演义小说《三国演义》，是中国文学史上第一部章回体小说，是历史演义小说的开山之作，也是第一部文人长篇小说。小说描写了从东汉末年到西晋初年近百年的历史风云变化，以描写战争为主，记述了东汉末年的群雄割据和魏、蜀、吴三国之间的政治和军事斗争，最终司马炎一统三国，建立晋朝的故事。反映了三国时代各类社会斗争与矛盾的转化，并概括了这一时代的历史巨变，塑造了一群叱咤风云的三国英雄人物，这些经典人物形象栩栩如生、家喻户晓。“三绝”——“奸绝”曹操、“智绝”诸葛亮、“义绝”关羽均深入人心。这部小说在客观上把统治阶级的各种斗争手段、谋略向民间普及，成为一部集文学、历史、政治、军事为一体的教科书，包涵丰富的文化内蕴。

北宋末年宋江等人起义的故事在民间广为流传，宋元话本和元杂剧都有所反映。《水浒传》就是在这些传说的基础上创作而成的。全书以宋江领导的农民起义为主要题材，艺术地再现了中国古代人民反抗压迫、英勇斗争的悲壮画卷。作品充分暴露了封建统治阶级的腐朽和残暴，揭露了当时尖锐对立的社会矛盾和“官逼民反”的残酷现实，《水浒传》严厉地批判了封建统治阶级的腐朽和罪恶，成功塑造了鲁智深、李逵、武松、林冲、阮小七等一批英雄人物。小说故事情节曲折，语言生动，人物性格鲜明，具有高度的艺术成就。但作品歌颂、美化宋江，鼓吹“忠义”和“替天行道”，表现出严重的思想局限。歌颂反抗与宣扬忠义是并行不悖的。这也体现了传统文化精神的两面性。

清代的阶级矛盾、民族矛盾和思想文化领域里的斗争，给小说创作以深刻影响。清代小说的创作数量位居历代之首，而且题材类型不断扩大。在明代历史演义、英雄传奇、神魔小说和世情小说的基础上，创作出才子佳人小说、才学小说、讽刺小说，公案小说等新品种。文言小说在志怪、轶事、传奇的基础上洐生出“剪灯系列”“聊斋系列”“世

【图文】中国古代文学作品欣赏

说系列”等新类型，其中影响最大的是蒲松龄的《聊斋志异》、吴敬梓的《儒林外史》和曹雪芹的《红楼梦》。

问题思考

1.《诗经》中“风、雅、颂”和“赋、比、兴”分别指的是什么？
2. 简述汉赋的发展及其代表作家。
3. 根据你对唐诗的了解，试对其中的两位诗人及诗作进行分析。
4. 结合你最喜欢的中国古典小说，谈谈你对中国古典小说的认识。

模块三 古代宗教

能力目标

通过完成本任务，你应该能够：

1. 识记原始崇拜的内容及特点；
2. 掌握道教、儒教、佛教的发展历程及教义。

核心能力

通过完成本模块任务，学生将能够：

1. 对道教、儒教和佛教有深刻的认识；
2. 学生将能够明确信仰的重要性。

“宗教”一词源于希腊文 religare，基本意是“联系”。马克思主义认为，宗教的本质就是人们用自己的幻想和想象把支配现实生活的自然力量和社会力量做出虚幻的和歪曲的反映。宗教作为人类社会特有的一种现象，是人类社会发展至一定阶段的产物。中国文化重世俗而轻宗教，所以宗教形态并不发达。我国宗教，经历了原始宗教的多神崇拜，发展至夏、商、周时期的天神崇拜，终于在两汉时期形成有组织的较为完善成型的本土宗教——道教。东汉传入我国的佛教，经魏晋南北朝的发展，于隋唐时期在社会上广泛传播，对中国文化产生了深远的影响。

任务一 原始崇拜

任务先行

说到宗教，有人认为它是封建迷信，宗教其实是人类文化的一个重要组成部分，中国古代宗教不仅是中华传统文化的重要内容，更深深地影响着整个社会发展的各个方面，甚至很多思想对于现代社会的发展具有重要价值。早在远古时代，已经出现了人类最早的宗教，而且在很长一段的原始社会发展过程中，仍存在着以反映人和自然矛盾为主要内容的原始宗教，大多表现为对动植物和自然的崇拜，以及对图腾和祖先的崇拜等。请大家查阅资料寻找原始宗教各种崇拜的例子吧！

任务导入

中国传统的原始崇拜与图腾中最为典型的是什么？

一 自然崇拜

从古至今，人和自然都是世界的重要组成部分，大自然为人类生存和发展提供一切物质和生活资料，但也会给人类带来巨大的不幸和灾难，古人因此对之敬拜和求告，希望获其消灾降福和佑护。自然崇拜就是在这样的矛盾中产生的。

人类社会早期，由于生活尚未稳固安定，为生存所迫，人们不得不随着自然环境的变化而迁徙，虽然环境改变了，但有些自然现象，如日月星辰等，却始终伴随着人们，不曾发生改变。所以，最初的宗教表现是反映自然现象和季节的更换以及与自身生活有密切关系的庆祝活动。也就是说，最古老的崇拜对象是自然力，是那些经常与人类的日常生活有着密切利害关系的自然现象，这些自然现象都具备神奇的力量。因此，天体、自然力、自然环境、动植物等便成了自然崇拜的主要对象。

（一）天体崇拜

天体崇拜指对天以及天上日、月、星辰等的崇拜。我国古代文献和民间神话传说中有许多关于对日月星辰的崇拜，如夸父追日、嫦娥奔月、精卫填海等，原始时代人们最崇拜的当属日神，主要是感谢太阳赐给人间光明，并给予人以确定方位的便利。在《礼记·祭义》中有这样的记载："祭日于坛，祭月于坎，以别幽明，以制上下；祭日于东，祭月于西，以别外内，以端其位。"这反映了日崇拜的自然崇拜性质。民间普遍认为"地上有多少人，天上就有多少星"，每降生一口人，就多添一颗星；每死去一口人，天空就会落下一颗星。人们还认为星辰能预知祸福，每个凡人都占有其中一星为本人之星宿神，这样，每年都有一星值命。因此，要"祭星"求吉。

（二）自然力崇拜

自然力崇拜指的是对风、雨、雷、电等自然天象的崇拜。原始人类认为，一定有一个神灵在背后操纵这些现象的产生，所以这些天象才变化无常，不以人的意志为转移。《礼记·祭法》写道："燔柴于泰坛，祭天地。瘗埋于泰折，祭地也。埋少牢泰昭，祭时也。相近于坎坛，祭寒暑也。王宫，祭日也。夜明，祭月也。幽宗，祭星也。雩宗，祭水旱也。四坎坛，祭四方也。山林、川谷、丘陵，能出云，为风雨，见怪物，皆曰神。有天下者祭百神。"在原始人的眼里，强大的自然物和自然现象，都具有至高无上的灵性，这种灵性往往能主宰人类的命运，改变人们的生活。因此在不能征服和认识它们的时候，只能把它们当作有生命力的神灵加以顶礼膜拜。这种对自然力的崇拜，直接表现为对自然物本身的崇拜。原始人类通常把自然力拟人化，赋予自然力以形体，就像雨有雨师，风有风伯，雷有雷公，电有电母，云有云神一样。这些都反映了远古时代人类对自然力的崇拜。

（三）自然环境崇拜

自然环境崇拜一般指对山川湖海等的崇拜。中国古代居民居住分散，民族众多，所崇拜的自然物也很多，而且与居住的环境有很密切的关系。例如，居住在沿海地区的居民，多崇拜海神；居住在河流两岸的多崇拜河神；居住在林木山间的多崇拜山神和树神。中国人在山祭山、临水祭水。最主要的是对土地神的祭祀，与祭祀谷神的活动相融合，逐渐演化为后世非常重要的一种祭祀活动，即对社稷的祭祀，成为中国传统农业社会一项非常重要的国家性活动。

狩猎经济、农耕经济是原始人类主要的生存方式，动物与植物是原始人类生存的基础，并因此成为人类崇拜的对象。原始宗教中有动物崇拜，而崇拜的种类很多，昆虫、龟蛇，虎豹熊等都是崇拜对象，对树神的崇拜就是植物崇拜的范畴。原始人认为灵魂无处不在，无时不有，也明确的反映在中国古代的祭祀制度上，世间一切事物都有诸神管理，因此，都需祭拜。人类生活在千姿百态，变化无穷大自然中，但千变万化的自然现象却是原始人的感觉器官和心理所不能承受的，这种超人的力量震撼着原始先民的心灵，从而使他们产生了强烈的恐惧心理。这就是自然崇拜所产生的原因。

实际上，自然崇拜是原始人的一种自发宗教，而这种宗教又没有固定的形式，因为当时的人们只凭借简单的思维模式和奇妙但浅显的生活经验，去观察庞大又神秘的世界，又因为自然界是人类生存和依赖的基础，所以对于一切不可理解的自然现象，人们都会将其作为自己崇拜的对象。

二 图腾崇拜

图腾是原始社会中作为种族或氏族血统的标志并当作祖先来崇拜的某种动物、植物或其他物件。图腾崇拜虽不是直接意义上的宗教，但多少含有宗教因素。图腾作为民族的崇拜物和标志，常常对这个民族的文化以及民族心理产生巨大的影响。以龙为例，在中国古代诗文中，涉及龙的内容，几乎随处可见。《周易》作为中国最早的哲学著作之一，在很多方面都反映了中国古代人民的思想意识。《周易》中的乾卦，是开篇第一卦，其卦文均以龙为象征："潜龙，勿用""见龙在田，利见大人""或跃在渊，无咎""飞龙在天，利见大人""亢龙，有悔""见群龙无首，吉"。龙是中国先人们的崇拜物，是图腾，这一观点可以从《周易》的这些记载中得到印证。就因为如此，龙成了中华民族的象征。皇帝是龙的化身，因此把皇帝称为真龙天子，秦始皇被称作"祖龙"，炎黄子孙成了"龙的传人"。由于龙在国人心中至高无上的地位，人们创造出了许多有关龙的故事，形成了许多与龙有关的民俗。在汉语词汇中，与龙有关的词也多到不可胜数，例如《汉语大词典》中，单是以龙字为词头的词语就有数十个之多。

图腾崇拜行为的主要特点：一是认为图腾是祖先、保护者、亲人，有超人的能力，因而人们崇拜它，甚至畏惧它；二是不得屠杀、食用或接触图腾所代表的动物、植物或其他物种；三是举行崇拜图腾的仪式，是原始公社教育的内容之一。

从中国原始人类的图腾崇拜中发展而来的龙凤崇拜逐渐形成一种龙凤文化，对中国传统文化的发展产生了深远的影响。

三 祖先崇拜

祖先崇拜，或敬祖，是儒教（宗法性宗教）的一种习惯，人们认为祖先虽已经死去，但他们的灵魂仍然存在，仍然会影响到现世，并且对子孙的生存状态仍会产生影响。祖先崇拜在母系氏族社会向父系氏族社会的发展过程中，由图腾崇拜发展过渡而来。即在亲缘关系中萌生、演化出对本族始祖先人的敬拜思想。最初始于原始人对同族死者的某种追思和怀念。随着氏族社会的发展，父权制确立，原始家庭制度日趋稳定、明确和完备，人们逐渐形成了同家庭或同族长者的灵魂可以庇佑本族成员、赐福儿孙后代的观念，并因此开始出现祭拜、祈求其祖宗亡灵的宗教活动，从此才形成严格意义上的祖先崇拜。一般崇拜的目的是相信去世的祖先会继续保佑自己的后代。在大部分不同文化中，祖先崇拜和神灵崇拜不太一样，对神灵的崇拜是希望祈求一些好处，但对祖先的崇拜一般展示的是一种孝道。

【视频】槐树崇拜

祖先崇拜最大的特点，首先是将本族的祖先神化，并对其加以祭拜，这一行为具有本族认同性和异族排他性；其次是坚信其祖先具有神奇超凡的神灵威力，会庇佑后代族人并与之沟通互感；最后超越了原始图腾崇拜和生殖崇拜的认识局限，不再用动植物等图腾象征或生殖象征来作为其氏族部落的标志，而用其氏族祖先的名字来取代，由此使古代宗教从自然崇拜上升为人文崇拜。祖先崇拜在中国封建社会的宗教传统中尤为突出。

【视频】图腾

早期祖先崇拜的内容表现在：一是对先祖丰功伟绩的赞颂；二是对先祖美德的赞颂，即崇拜的是祖先的崇高人格和丰功伟绩，从中发展出圣贤崇拜，成为人文主义的文化理想，起到了增强氏族成员的认同感，强化氏族团结的作用，有利于氏族的发展和壮大。

随着社会政治、经济等制度的日益完善，祖先崇拜也逐渐深化和发展，形成一套成熟的宗法制度，成为中国整个封建社会的统治基础，突出表现在丧葬礼仪方面。因此，中国自古以来就在丧葬和祭祀上表现出隆重、繁盛的礼仪规范，由此逐渐演化出一系列礼仪制度和文化。

任务二 道教

任务先行

道教，是发源于我国春秋战国的方仙道，是一个崇拜诸多神明的多神教原生的宗教形式。道教主要宗旨是追求长生不死、得道成仙、济世救人。道教是中国本土宗教，以“道”为最高信仰。道教奉老子为教祖，视之为道的化身，把《道德经》作为主要经典。

任务导入

现代人能从道教生活态度中借鉴哪些东西呢？

一 老庄之学

（一）老子

姓李名耳，字聃，春秋时期人。中国古代思想家、哲学家、文学家和史学家，道家学派创始人和主要代表人物，与庄子并称“老庄”。

老子学识渊博，性格深沉内向，仕途坎坷，几遭贬谪。老子年近 80 岁时，看到周王室日渐衰落，诸侯纷争，社会矛盾突出，感到非常厌倦，便决意退隐，到相对繁荣稳定的秦国安度晚年。于是，他辞官不做，骑着一头青牛，离开洛阳向西行进。一天清晨，函谷关善观天象、博学多识的关令尹喜看到东方紫气氤氲，认为紫气一现，必有高人前来，便出关相迎。果然见一长须如雪、道骨仙风的老者，骑着青牛悠悠而来，这个人就是老子。尹喜仰慕老子已久，见老子来到函谷关，便恳求老子说："您有那么大的学问，将要退隐了，请在函谷关多住几日，为我留下一些教诲吧！"言下之意是老子只有做篇文章才能走。

老子看尹喜很有才华，盛情难却，便留了下来。据说老子在函谷关留住了 3 个多月，写下了一篇 5000 字的文章。后来，人们把这篇文章印成书，书名就叫《老子》，分《道经》和《德经》上下两篇，故又称《道德经》。《道德经》的主要思想是"道"。"道"是超越时空的天地万物之源，玄妙异常，十分神秘。

（二）庄子

庄子，名周，生活在老子之后一百多年的战国中期。思想家、哲学家、文学家。代表作品为《庄子》，其中名篇有《逍遥游》《齐物论》《养生主》等。其作品被称为"文学的哲学，哲学的文学"。

庄子和惠施都是战国时期的著名思想家，更是挚友，他们经常一起谈经论道。有一天，庄子和惠施在濠水的一座桥梁上散步。庄子看着水里的鱼说："鱼在水里悠然自得，这是鱼的快乐啊。"惠子说："你不是鱼，怎么知道鱼的快乐呢？"庄子说："你不是我，怎么知道我不知道鱼的快乐呢？"惠子说："我不是你，固然不知道你；你不是鱼，你不知道鱼儿的快乐，也是完全可以断定的。"庄子说："请回到我们开头的话题。你说：'你怎么知道鱼快乐'这句话，就是已经知道了我知道鱼的快乐而问我，而我是在濠水河边上知道的。"这个故事充分说明了庄子的敏思善辩。

（三）老庄与道教

老子和庄子创立了道家学说，道教学说的主旨是天道自然观，它不是宗教，但道教与老庄存在着从内容到形式的必然联系。道教一开始是对老子及其思想的神化，而道教成熟时，则是对老庄及其思想的扬弃以及再度神化。老庄道论本来就玄之又玄，因而有被道教神化的可能；老庄哲学具有超然性，它追求永恒至境，极度吻合道教追求长生的宗旨。从思想史的角度说，没有老庄学说，就不可能有道教思想体系的产生。这应该被看作道教对老庄思想最大的汲取。

二 道家学说与道教

老子在道教中被尊为道祖，并将其《老子》一书改名为《道德真经》，作为宗教的主要经典。在很多道观的三清殿中，供奉玉清元始天尊、上清灵宝天尊、太清道德天尊，其中太上老君塑像居元始天尊右位，手执蒲扇，居住大罗天上太清仙境，是"道教最高尊神三清天尊"之一，而太上老君就是老子的化身。

道论和养生论是老庄之学的主要内容。老庄关于大道化生天地万物的理论和清静无为的理论给道教提供了博大精深的哲学基础。例如，道教发挥了老子在《道德经》中所说"道生一、一生二、二生三、三生万物""有物混成，先天地生"的天道思想，认为"道"不仅是宇宙的本源，而且是创造宇宙万物的动力。与“道”并提的是“德”，“德”是对“道”的衍化，是“道”的法则落实于人类社会的人性、人伦、人情等方面的道德行为规范。道教认为，“道”与“德”制约并驾驭宇宙的一切。

除了老庄创立的道家学派之外，战国时期形成的黄老之学也对道教思想的形成产生了极大影响。黄老之学是黄帝之学和老子之学的合称，表面上是黄帝和老子的思想，实际是道家与法家思想的结合，并兼顾阴阳家、儒家、墨家等诸家观点。

汉初的黄老之学主要是一种政治哲学，它继承并吸收了老子“清静无为”的思想，同时采纳了儒家的宗法伦理和法家的刑罚主张。在文景时期，因发挥了缓和各阶层之间的矛盾和恢复经济的社会功能而备受推崇。东汉时期，黄老之学转而侧重养生，受到修道者的欢迎。黄老之学与神仙方术、符咒祈禳相结合产生了《太平经》《周易参同如》《老子想尔注》等书，成为最早的道教神学性质的经典，为道教的产生做了理论上的准备。

三 道教的信仰

道教包罗万象，其内容庞杂多端，但其基本信仰——尊德贵道、羽化升仙却从未改变。

“道”是道教的根本信仰，一切教理教义都由此衍化而来。《道德经》中着重论“道”，神仙家们也是按照自己的理解来解释“道”。从张道陵创立五斗米道开始，道教徒一步步将老子“道”的概念改造为神，认为“道”是“虚无之系，造化之根，神明之本，天地之元，万物以之生，五行以之成”。道教信奉很多神，拥有庞大的神仙体系，道教主要有四大神系：正统道教神系，民间信仰神系，上古神话神系，神魔小说神系（基本无用）。在道教中，“神”指先天自然化生之圣，“仙”指后天修炼得道之人。从天上到地下以至于人间，都有不同的神仙各自管辖一方。玉皇大帝、王母娘娘、三十六天罡、七十二地煞、真武大帝、东岳大帝、关圣帝君、城隍、土地、灶君、门神等，经过漫长的衍化，逐渐形成一套系统的神仙谱系。

道教宣扬的“道”是永恒的，是宇宙万物的初始和演化者，是宇宙的本原，万事万物的主宰。人一生追求“道”，得道便可得长生，因此教育人注重人生价值，追求长生不死。道教所说的“德”一方面指事物所具有的赖以生存的秉性灵智，另一方面说的是社会的伦理道德和人的品德。“道”是“一”之上，不可言说，“德”是道所衍生的万事万物存在的规律。道教追求的最高境界是长生不死，实现的基本途径便是修道积德，功德圆满，即可得道成仙。

【视频】雷法

四 道教的影响

道教是中国土生土长的宗教，道教思想对中国人影响深远。道教贵生乐生、逍遥洒脱的精神，塑造了中国人热爱生活、求真务实的品性；道教上善若水、以柔克刚的思维方式，造就了中国人内敛、含蓄的性格特点；道教阴阳协调、天人合一的思想，决定了中国人的辩证思维方式；道教奉行“知常容，容乃公”的准则，形成了中国人宽容谦让、包容开放的民族性格。“仁义道德”是中华文化的最高准则，道教既

【视频】道教符咒

奉行“尊道贵德”，又提倡“忠孝仁义”，把道德作为信徒修仙的必要条件，在善男信女中积极推广、传播各种劝善书，对中国人的生活方式和价值观念产生了广泛深远的影响。道教大力宣扬始祖轩辕黄帝，使得海内外华人都尊黄帝为祖宗，形成了血浓于水的民族感情和可以战胜一切困难的民族凝聚力。

任务三　佛教

任务先行

佛教产生于公元前5世纪的古印度，创始人释迦牟尼。他20岁时离家成道，此后被尊称“佛陀”，意为觉悟者，简称“佛”，所传宗教被称为“佛教”。印度佛教大规模向国外传播，是从公元前3世纪孔雀王朝的阿育王时期开始的，对外传播主要沿南北两路进行，称为南传佛教和北传佛教，分别以小乘佛教（个人修行和解脱）和大乘佛教（以普度众生为宗旨）为主。

任务导入

佛教对中国民俗有什么样的影响？佛教的节日和习俗都有哪些？

一　佛教传入中国

佛教传入中国的确切年代尚无定论，学界观点不同，但有确切资料证明，东汉初年，上层统治者之中就开始出现佛教信奉者，代表人物就是光武帝之子、汉明帝的兄弟楚王刘英。传说东汉永平十年，汉明帝刘庄做了一个奇怪的梦，梦见一高大的金人，头顶上放射白光，降临在宫殿的中央。刘庄正要开口问，那金人又呼的一声腾起凌空，一直向西方飞去。梦醒后，百思不得其解。第二天朝会时，他向群臣详述梦中所见，大多数人都不知其由，但博士傅毅，博学多才，见识良多，他启奏说“西方有神，称为佛，就像您梦到的那样”，明帝听说西域有神，就派遣使者至西域拜求佛像及经典，并迎请摄摩腾、竺法兰等印度僧人至洛阳，明帝下令在洛阳建立第一座官办寺庙——白马寺，两位印度僧人在此寺弘法布教，并完成我国最早传译的佛典《四十二章经》。白马寺乃中国佛教的释源祖庭，世界佛教的集大成者。东汉后期，因为汉恒帝和汉灵帝是虔诚的佛教信徒，使得佛教在宫中流传开来，他们为了进一步推广佛教，在皇宫中公开建祠祭祀，佛教在社会上也有了一定的影响。加之东汉末期的长期战争，民不聊生，尸横遍野，这种社会环境为佛教的发展提供了有利条件，佛教“普度众生”的教义渐渐深入人心。

佛教最初传入中国，以翻译经典为主。目前看到最早的汉译佛经是《四十二章经》，由印度高僧摄摩腾、竺法兰等传译，他们把佛说的某一段话编为一章，这部著作集结了佛陀关于持戒、忍辱、断欲、精进、观空等事的四十二段语录。通篇言简义丰，明了易懂，通摄大小乘一切教义，涵诸法要，是佛教传入中国最早的记录。

二 佛教教义

印度佛教于公元1世纪由西域传入中国后，经过与中国传统文化的碰撞、融合，形成了一套具有中国特色的佛教教义。

佛教的基本教义，主要是：缘起、法印、四谛、八正道、十二因缘、因果业报、三界六道、三十七道品、涅槃，以及自成一体的密宗法义等。

佛教与中国传统社会在冲突中相互融合，佛教教义内容庞杂，但它对中国传统社会产生的巨大影响主要表现在以下几个方面：

（1）四大皆空。佛教所讲的四大，是指“地、水、火、风”的四大物质因素。佛教宣扬世间一切均为空，万物无常，不能久远，终归灭亡。这一理论就是引导人们走上非现实的解脱道路。

（2）因果报应。“因”就是一切事物的成因，“果”就是事物的结果，佛教认为今生种什么因，来生结什么果，善有善报，恶有恶报。这是佛教教义系统中用来说明世间一切关系的基本理论，指一切事物皆由因果法则支配，有因必有果，有果必有因，“已作不失，未作不得”，成为封建统治秩序的保证，对中国封建社会的稳定和持续发展发挥了一定作用。

（3）涅槃。意译为“天、寂灭、灭度、圆寂”等，佛教发展到今天涅槃主要指灭度和寂灭。灭度，即“灭”除烦恼，“度”指脱生死的意思。寂灭，寂说的是理性，“寂”静，灭指烦恼“灭”除。也可以理解为，得“寂”静之体性，自然烦恼“灭”除；烦恼灭除，自然得寂静本性，是一种不生不灭、超越生死、永恒安乐的境界。此外，出现于此世为人的佛（特指释迦牟尼），其肉体之死，称“涅槃”。后来，也将佛教高僧大德的死亡称作“涅槃”。

（4）轮回说。轮回又称流转、轮转、生死轮回，意思是众生死亡后，灵魂又轮回重新投胎成为另一个人，像车轮一样转动不停，循环不已。佛教认为，众生所有的行为、言语和意念都会招致业报，行善就会得善报，行恶就会得恶报。而得到了善恶报应的众生，在天、人、阿修罗、畜生、恶鬼、地狱等六道中生死相续、无止息的循环。

【视频】放焰口

【视频】三净肉

【视频】青龙寺

【视频】大威德金刚

三 佛教对中国文化的影响

佛教是一种宗教，也是人类社会的一种重要文化现象，是调整人们社会行为的重要规范，是集信仰、观念、组织、制度等于一体的复合体文化。一般认为，它于两汉时期从古印度传入中国，被中国社会所接受，这在很大程度上是由于佛教中的“空”的思想与中国本土道儒的

"道""天"思想非常接近。佛教自传入我国以来，就对我国社会的方方面面产生了深刻的影响。

（一）佛教对哲学的影响

佛教哲学本身蕴藏着极深的智慧，它对宇宙人生的洞察，对人类理性的反省，对概念的分析，有着深刻的见解。恩格斯在《自然辩证法》中称誉佛教徒处在人类辩证思维的较高发展阶段上。在哲学思想领域、中国古代哲学与佛教结下不解之缘。魏晋南北朝时期的玄学，其先作为佛教般若学传播的媒介，其后与般若学交融汇合，最终为般若学所取代。隋唐二代，虽说儒释道齐头并进，但佛教毕竟是最强大的思想潮流，甚至成为思想界的骄子。唐末宋初，唯有禅宗独盛，且操纵当时思想界。至于宋明理学，在"理一分殊"的本体论建构方式、"明心见性"的修行方式等方面，都明显吸收了佛教的思维成果。佛学在中国近代哲学也占有相重要的地位，并对中国近代哲学的发展有着广泛而深刻的影响。

（二）佛教对中国史学的影响

佛教为史学增加了新的记录和研究对象，丰富了史书的题材，同时，史学材料也深受佛教观念的影响。史书中吸收了佛教传说的故事，也出现了佛教论著、注疏、佛教经录、佛教史传等史书形式。比如，牟融的《理惑论》、陆澄撰写的《法论》、宝唱编撰的《续法论》等。

（三）佛教对中国文学的影响

佛教经典有很多就是典雅的文学作品。随着佛典的翻译和流传。僧侣与文人名士交往的增多，寺院讲经说法的普及，佛教对我国古代文学的各方面起着广泛的作用。许多汉译佛经文笔畅达，词句典雅，善用譬喻，所以学者们普遍认为："为文学计，《法华经》《华严经》不可不读"。随着佛经的流传，许多佛教用语演化成为汉语的日常用语，大大增强了汉语的表现力。佛教对于中国诗歌的影响极大，一方面是伴随佛教而传入印度"声明论"（语言学中的音韵学、训诂学），导致南朝音韵学上四声的发明和诗歌格律的制定，从而促进了魏晋玄言诗、南北朝山水诗的发展，并推动了唐以来格律诗新体裁的开创。另一方面是佛教思想，尤其是般若空观和禅宗禅理，给诗歌内容以强烈的刺激、渗透，开拓了诗歌的意境，使诗歌的面貌更为绚烂多彩。佛教对中国古代小说的发展也起着推动作用。

（四）佛教对中国艺术的影响

在艺术领域，佛教的广泛传播给中国古代绘画、建筑、雕塑的发展提供了契机。据历史记载，佛教绘画、塑像、建筑是和佛教经典一并传入中国的。汉明帝时，从印度带来的佛像置于洛阳白马寺中，并在佛寺画千乘万骑绕塔三匝图于壁，标志着我国佛像、佛寺、壁画三大艺术的开端。中国绘画在佛教尚未传入前，已具独特风格，后受佛教影响发生重大变化。东吴画家曹不兴，接受西域佛画艺术影响，所画佛教人物传神逼真，被称为中国佛像画的"始祖"。唐宋以至明清画坛，大凡有大作、有名气、无不深得佛教思想熏陶，表现在作品上往往深远宁静，大有反净其意、超然物外的意境。禅宗兴旺时，绘画道盛，禅宗衰退时画坛冷落。也算是中国画史上一特殊现象。中国古代的建筑，虽不如西洋之实用，但力求精美，如房屋前后之陈列布置，左右美妙的点缀，又非西洋建筑物可比，特别是一般佛寺之营造，结构之精致，气派的宏伟庄严，皆仿印度原始佛教之状态，至于遍布中国大陆各地之佛塔，更足以代表佛教坚毅之精神，给人神圣而崇高的感觉。中国古代虽有雕刻，而塑像及铸像，却始于佛教之输入，唐朝名工之塑像，以及用木或石所雕刻之佛像，实是划时代的艺术创作。如洛阳龙门与大同云冈的石佛、敦煌石窟之佛像与壁画，其形态之逼真，岂止栩栩如生，简直是飘飘然欲飞之势，诚属中国艺术界之无价珍品。此后经数代传衍流变，至盛唐时，终使三大艺术达到灿烂辉煌、登峰造极的程度，至今仍属于中华文化中的瑰宝。

任务四 儒教

任务先行

事实上，中国历史上并没有叫儒教的真正严格意义上的宗教。中国人普遍信奉孔子创立的儒家学说，因而使得儒家宗教化，许多学者把中国伦理看成一种道德宗教，把儒学称作儒教，或孔教。儒学当然不同于西方宗教，但封建统治者和民间长期把孔子神化，其学说的地位和作用无异于宗教。

任务导入

中国历史上有“三教”之称，即儒、释、道三教。那么儒教学说是什么？它是如何渐渐宗教化的呢？

一 孔孟之道

（一）孔子

孔子（公元前551年—公元前479年），姓孔，名丘，字仲尼，鲁国陬邑（今山东曲阜）人，中国古代思想家、教育家，儒家学派创始人。

孔子创立了以仁为核心的儒家学说，他自己也是一个很善良的人，富有同情心，乐于助人，待人真诚、宽厚。“己所不欲，勿施于人”“君子成人之美，不成人之恶”“躬自厚而薄责于人”等，都是他的做人准则。“吾十有五而志于学，三十而立，四十而不惑，五十而知天命，六十而耳顺，七十而从心所欲，不逾矩。”这是孔子对自己一生各阶段的总结。

孔子的仁说，体现了人道精神。孔子的礼说，则体现了礼制精神，即现代意义上的秩序和制度。人道主义这是人类永恒的主题，对于任何社会，任何时代都是适用的，而秩序和制度则是人类建立文明社会的基本要求。孔子的这种人道主义和秩序精神是中国古代社会政治思想的精华所在。

孔子的政治思想核心是“礼”与“仁”，在治国的方略上，他主张“为政以德”，用道德和礼教来治理国家是最高尚的治国之道，这种治国方略也叫“德治”或“礼治”。这种方略把德、礼施之于民，严格遵循等级制，把贵族和庶民截然划分为治者与被治者。打破了贵族和庶民间原有的一条重要界限。

孔子的最高政治理想是建立“天下为公”的大同社会。“大同”社会的基本特点是：大道畅行，“天下为公”，因而能“选贤与能，讲信修睦”。汉代戴圣在《礼记·大道之行也》这样解读孔子的“天下为公”，“人不独亲其亲，不独子其子，使老有所终，壮有所用，幼有所长，鳏、寡、孤、独、废疾者皆有所养，男有分，女有归”。这段话的意思是在大同的世界里，天下的人，不止以自己的家人为亲，不止以自己的父母儿女为爱，而是相互敬爱，爱天下所有的人。使老有所终，壮有所用，孩子们都能获得温暖与关怀，孤独的人与残疾者都有所依靠，男人各自有自己的事情，女人有满意的归宿。阴谋欺诈不兴，盗窃祸乱不起，路不拾遗，夜不闭户，人人讲信修睦，选贤举能。这是一幅理想化的传说中尧舜时代的原始社会景象，也是孔子憧憬的最理想社会。

（二）孟子

孟子（约公元前 372 年—公元前 289 年），名轲，字子舆，邹国（今山东邹城东南）人。战国时期哲学家、思想家、政治家、教育家，儒家学派的代表人物之一，与孔子并称“孔孟”。孟子宣扬“仁政”，最早提出“民贵君轻”的思想，被后人尊称为“亚圣”。

孟子的主要思想就是：仁、义、善。《史记》记载孟子共有七篇传世著述，《汉书·艺文志》说有十一篇。东汉末赵岐说孟子有《性善辩》《文说》《孝经》《为政》四篇外书，十一篇应当是在七篇外又加外书四篇。

在社会政治观点方面，孟子强调仁政、王道的理论。孟子认为，这是一种最理想的政治，如果统治者实行仁政，可以得到人民的衷心拥护；反之，如果不顾人民死活，推行暴政，将会失去民心，政权也会被人民推翻。仁政的具体内容很广泛，包括经济、政治、教育以及统一天下的途径等，其中贯穿着一条民本思想的线索。这种思想是从春秋时期重民轻神的思想发展而来的。

孟子以“仁政”为根本出发点，创立了一套以“井田”为模式的理想经济模式。提倡“省刑罚、薄税敛”“不违农时”等主张。要求封建国家在征收赋税的同时，必须注意生产，发展生产，使人民富裕起来，这样财政收入才有充足的来源。这种思想是积极的，应该肯定；作为新兴地主阶级的思想家，孟子还提出重农但不抑商理论，改进了传统的“重农抑商”的思想，这种经济观念在当时是进步的。孟子的“井田制”理想，对后世确立限制土地兼并，缓和阶级矛盾的治国理论，有着深远而积极的影响。

【视频】孟子思想

他反对推行用兼并战争去征服别的国家的霸权主义，提出应该行仁政，争取民心的归附，以不战而服，归根结底就是他所说的“仁者无敌”——实行王道就可以无敌于天下。

在价值观方面，他强调舍生取义，“生，亦我所欲也；义，亦我所欲也。二者不可得兼，舍生而取义者也。”孟子反复强调要以“礼义”来约束自己的一言一行，不能为优越的物质条件而放弃礼义，“万钟则不辨礼义而受之，万钟于我何加焉”，说的就是这个道理。

孟子也十分看重气节，“呼尔而与之，行道之人弗受；蹴尔而与之，乞人不屑也。”对于这种嗟来之食，孟子觉得君子应该不屑一顾。

二 儒教发展历程

儒教指儒家学派，又称孔教。中国历史上把孔子创立的儒家学派视同宗教，与佛教、道教并称为三教。“儒教”一词首先出现于《史记》，其《游侠列传》道：“鲁人皆以儒教，而朱家用侠闻。”到了汉代末年，儒者蔡邕就正式使用作为名词的儒教：“太尉公承夙绪，世笃儒教，以《欧阳尚书》《京氏易》诲受四方。学者自远而至，盖逾三千。”魏晋时代，“儒教”这个概念逐渐流行开来。隋唐以后，就成为指称由古代圣帝明王开创和不断改进的、由孔子加以综合创新的、在汉代被国家立为国教的宗教。《晋书·宣帝纪》中有：“少有奇节，聪朗多大略，博学洽闻，伏膺儒教。”《梁书·儒林传序》中有：“魏、晋浮荡，儒教沦歇，风节罔树，抑此之由。”唐代王维在《和仆射晋公扈从温汤》中这样阐述：“王礼尊儒教，天兵小战功”，唐朝《封氏见闻记》也把儒教单列，“儒教近而易见，故宗之者众焉。道意远而难识，故达之者寡焉。道者，万殊之源也。儒者，大淳之流也。三皇以往，道治也。帝王以来，儒教也。”孔子以后不久，战国时代早期，因为儒者们奉行着自认为正确的“道”，所以墨子曾称儒教为“道教”。汉代末年，一部中国佛教著作《牟子理惑论》中，也称孔子的教为“道教”。到晋代，皇帝在征召儒者到朝廷服务的诏书中，仍然称儒教为“道教”。后来为了与崇尚“老庄”的道教区分开来，从南北朝开始也被称作“圣教”或者“孔教”，跟佛教、道教并称为三教。

“儒”是春秋时从巫、史、祝、卜中分化出来的、熟悉诗书礼乐而为贵族服务的术士。《说文解字》中解释儒，是术士之称。《法言·君子》中解释为：“通天地之人曰儒。”依据可靠的文献资料，周代初年，曾经协助周武王推翻了商朝统治的周公姬旦，在周朝建立以后，曾经“制礼作乐”，建立了当时先进的政教一体的礼仪制度。但是数百年以后，这套制度逐渐遭到了破坏。春秋时代的孔丘，忧虑当时的混乱状况，希望国家恢复秩序和安定。他是当时最为博学的圣人，因而得到许多人的尊敬，被尊称为“孔子”或“夫子”，人们称呼他的名字就感到是一种亵渎，但是他的主张得不到当时国君们的响应。于是，他整理了被认为是古代圣帝明王们创造的文化成果，并且提出了自己的理解，希望这些文献能够成为后世人们行为的依据。经由孔子整理的古代文献，成为儒经或者儒经的基础。由于周公姬旦和孔子在礼仪制度和宗教观念上的重大贡献，直到唐代，人们还常常是“周孔”并称，认为他们是两个大圣人，并把儒教的主张说成是“周孔之道”。

汉代由于国家统治的需要，从汉武帝开始，实行“独尊儒术”的政策。儒者董仲舒依据孔子的思想，适应新的历史条件，对传统的国家宗教教义进行了新的解说。在董仲舒新解说的基础上，后来的儒教不断努力，逐渐使传统宗教彻底建立在由周公、孔子奠定的儒家学说的基础之上。因而，独尊儒术，是传统的国家宗教彻底儒化的开端，也是儒教的真正开端。

经由董仲舒重新解释和发挥的儒教教义，重视礼仪制度的建设，特别是其中祭天、祭祖的礼仪制度建设。完备而复杂的礼仪制度有助于人们养成遵守秩序、安分守己的习惯，这正是儒教重视礼仪的重要目的之一。然而礼仪制度的外在性质，也容易导致虚伪。魏晋时代，儒教思想家以王弼等人为代表，认为应该更加重视有形可见的行为（有）背后那无形可见的东西（无），并且认为，那背后无形可见的东西，比起有形可见的，更加重要。他们的意见虽然得到许多人的赞同，却并没有成为儒教国家的思想指导，因为他们讲不出那个“无”是什么，会导致由于理解不同而各行其是。

隋唐时代，礼仪制度的建设达到了高潮。唐代中期制订的《开元礼》，成为后代礼仪制度的模范，其中对于如何祭天、祭祖，如何祭孔，都做了详细的、具有法典意义的规定。这样的制度建设本应使国家趋于安定，然而不久就爆发了著名的“安史之乱”，国家从此陷入混乱，唐代政权从此一蹶不振。唐朝后期的儒者反思儒教的效能，一面主张应该坚决排斥佛教和道教，另一面认为应诉诸人们内心，培养人们遵守礼仪制度的虔诚，因而对于心性问题的探讨逐渐成为儒者们最重要的理论方向。《孟子》《大学》《中庸》等过去被忽略的儒教典籍又受到了特别重视。到了宋代，经过程颢、程颐兄弟和他们的后继者，特别是朱熹的努力，《孟子》等著作被当作经典，受人尊重，和《论语》一起，被称为“四书”，成为儒者们必修的、最重要的著作。

儒教自汉代以来被奉为官学。在中国古代，儒教或孔教始终居于社会或国家的统治地位。个别皇帝或国家官吏崇拜佛教、道教，仅仅是个人的行为，而不代表国家。中国古代国家，从汉代开始，一直是把儒教或孔教作为国家宗教。

三 儒教教义

（一）儒教教义的内涵

儒教信奉的神就是“天”，“天”在凡世间的代言就是“天子”，也就是皇帝，而皇帝又是儒教的“教皇”，他手握“神权”，主管天下的“教徒”与“教会”，朝廷是整个中国的“总教会”，古代官僚机构为组织，每个家庭则是“小教会”，每个家庭的家长就是“教会”的“主教”或者“牧师”，每个中国百姓便是儒教的“教徒”，以天坛、宗庙、孔庙、泰山为祭祀场所，以郊祀、祀祖、祭社稷、雩祀、释奠礼、五祀为祭祀仪式，以十三经（《易经》《尚书》《诗经》《周礼》《仪礼》《礼记》《左传》《公羊传》《谷梁传》《论语》《孝经》《尔雅》《孟子》）为教义经典。

儒教的主旨是“圣人神道设教”，其基本信仰是“仁”，即人人友爱。“礼”是实现“仁”的基本途径。“道德仁义，非礼不成，教训正俗，非礼不备。纷争辨讼，非礼不决。君臣上下父子兄弟，非礼不定。宦学事师，非礼不亲。班朝治军，莅官行法，非礼威严不行。祷祠祭祀，供给鬼神，非礼不诚不庄。是以君子恭敬撙节退让以明礼。”

（二）修身致诚之道

1. 敬天思想

诗曰："敬天之怒，无敢戏豫；敬天之渝，无敢驰驱。"意思是敬畏天的发怒警告，怎么再敢荒嬉逍遥。看重天的变化示意，怎么再敢任性桀骜。"天之不可不畏敬，犹主上之不可不谨事。不谨事主，其祸来至显，不畏敬天，其殃来至暗。"敬天除了要行天道，还要祭祀上天。诗曰："惟此文王，小心翼翼，昭事上帝，聿怀多福，厥德不回，以受方国。"

2. 天人感应

天人感应是儒教的教义之一。《尚书·汤诰》中的"天道福善祸淫，降灾于夏，以彰厥罪，"从这一说法可以看出天人感应思想源于《尚书》，孔子所作的《春秋》，其中写有天灾和天道，到西汉，董仲舒称《公羊传》是集天道灾异说之大成者。董仲舒认为，天和人同类相通，相互感应，天能干预人事，人亦能感应上天。董仲舒把天视为至上的人格神，认为天子违背了天意，不仁不义，天就会出现灾异进行谴责和警告；如果政通人和，天就会降下祥瑞以鼓励。

3. 天命观

儒教信奉"天命成败，圣人知之，有所不能救，命矣夫。"《尚书·仲虺之诰》也中说："钦崇天道，永保天命。"

4. 德行

《孝经》中说"与天地合其德，与日月合其明，""立身行道，扬名于后世，以显父母，孝之终也。夫孝，始于事亲，中于事君，终于立身。"

儒家哲学注重人的自我修养，倡导人们要与身边的人建立一种和谐的关系。对待长辈要尊敬讲礼貌；朋友之间真诚守信用；对待父母长辈要孝顺；对待其他人要博爱；尊重知识，善于吸取别人的长处；提倡人要到达温、良、恭、俭、让的道德境界，讲究"十伦""十义"。

5. 生死观

儒教认为，生的意义并不在于活着本身，而在于修行仁义去完成人生的使命，主张积极入世，对现实的人生抱着极大的乐观态度。孔子自己就曾经宣称："其为人也，发愤忘食，乐以忘忧，不知老之将至。"曾子说："士不可以不弘毅，任重而道远。仁以为己任，不亦重乎？死而后已，不亦远乎？"以实现"仁"为己任，主张积极投入社会，乐民之乐，忧民之忧。而正因有此人生理想和精神追求，儒者们有一种面对死亡的认命与坦然的态度。《尚书·泰誓中》曰："乃一德一心，立定厥功，惟克永世。"儒教认为，一个人若能成就绝对的善，那这个人就永远存在于天地之间，不会有死亡。

6. 政事

敬天忠君是儒教的根本原则，再配合着大一统的天下模式，任用贤能的用人主张，德治与教化的治民方案，和长治久安的根本目的。儒教强调"先王之道"，就是政治上的复古思想。皇权在儒教的宣传之下，逐步发展形成了主张大一统、主张君臣父子、忠君爱国之道。

【视频】儒教

儒家主张内圣外王，把人道还推行到政治上去，要求统治者要仁政爱民，“为政以德，譬如北辰，居其所而众星共之，”“君使臣以礼，臣事君以忠。”

四 儒教的影响

2500年前，中国社会刚刚从原始社会走出来的时候，出现了孔子及其思想。世界上和孔子同时代的还有耶稣、佛陀。孔子给中国人制定了道德标准，并认为只要按照这些道德标准严格要求自己，人一定可以修炼到较高的境界，他用他的儒教带领中国人从荒蛮走向文明。

【图文】中国古代宗教名地欣赏

孔子提出“天”的概念，所谓“天人合一，天地合德”，孔子说的“天”和耶稣说的“神”，佛陀说的“佛”有许多的相似之处。中国人心目中一直敬畏天，孔子在中国历史上的贡献就如同耶稣和佛陀一样，他是人类的教育者，在他生活的年代，虽然他周游列国，宣传自己的主张和思想，但都被当时的君王拒绝了，没有国家采用他的主张。直到死后，他的言论和思想才得到世人的认同，尤其是汉朝之后，“罢黜百家，独尊儒术”，儒家的影响力达到了空前的地步，这与西方所有的宗教一样，几乎没有区别。

从儒教产生开始，孔子的言论和思想一直影响着中国人，是维系国家、社会和家庭的秩序，中华民族得以和谐发展的重要法宝。

问题与思考

1. 简述佛教在中国的发展阶段。
2. 宗教对社会的影响表现在哪些方面？（请以某一种宗教为例论述）
3. 通过对中国古代宗教的学习，你对宗教文化的认识是什么？请结合实际论述。
4. 禅宗的主要观点是什么？你是怎样理解的？

模块四 传统艺术

能力目标

通过完成本任务，你应该能够：

1. 了解中国戏曲的发展历史以及代表剧种的特点；
2. 掌握中国古代各时期绘画的代表人物及画作；
3. 了解舞蹈的相关知识。

核心能力

通过完成本模块任务，学生将能够：

1. 对中国戏曲、绘画和舞蹈有充分认识；
2. 对传统艺术更加热爱，进而让学生爱上中国优秀传统文化，培养学生对我国文化的认同感。

中华民族在悠久的发展历史中，积淀并形成了自己独特的民族性格和民族精神：自强不息、厚德载物、居安思危、乐天知足、崇尚礼仪等。很多的艺术作品都贯穿了这样的精神，正所谓画以载道、以歌载道，所画所歌的东西都是为了要传达一种做人的道，这个道也可以说是仁道，是做人最根本的道理，是最高的人格追求。所以，国画也好，诗词也好，其被人推崇的原因不仅仅在于辞章的美丽，更重要的是寓意深刻。

任务一 戏曲

任务先行

中国戏曲主要是由民间歌舞、说唱和滑稽戏三种不同艺术形式综合而成。它起源于原始歌舞，是一种历史悠久的综合舞台艺术样式。经过汉、唐到宋、金才形成比较完整的戏曲艺术。它由文学、音乐、舞蹈、美术、武术、杂技以及表演艺术综合而成，约有三百六十多个种类。它的特点是将众多艺术形式以一种标准聚合在一起，在共性中体现各自的个性。

任务导入

中国传统艺术最早起源于新石器时代，代表性艺术有戏曲、绘画、舞蹈等。中国传统艺术的遗产极其丰富并且辉煌。这是中华民族的宝贵财富，也是全人类的宝贵财富。中国的戏曲与希腊悲剧和喜剧、印度梵剧并称为世界三大古老的戏剧文化，经过长期的发展演变，逐步形成了以“京剧、越剧、黄梅戏、评剧、豫剧”五大戏曲剧种为核心的中华戏曲百花苑。

请在课前搜集有关中国戏曲、国画和舞蹈的相关知识。

一 中国戏曲的发展历程

中华传统文化中的戏曲，起源很早，历经漫长的发展，至宋金时期形成了比较完整的体系。

（一）先秦时期至唐朝——萌芽期

戏曲是我国传统的戏剧形式，是我国最具有民族特点和风格的艺术样式之一。其最早可以追溯到上古时代用来娱神的原始歌舞。《尚书尧典》上说：“於！子击石拊石，百鲁率舞。”《吕氏春秋古乐》上也说：“昔葛天氏之乐，三人操牛尾，投足以歌八阙：一曰载民，二曰玄鸟，三曰遂草木，四曰奋五谷，五曰敬天常，六曰达帝功，七曰依地德，八曰总禽兽之极。”如在许多古老的农村，还保持着源远流长的歌舞传统，如“傩戏”；同时，一些新的歌舞如

“社火”“秧歌”等适应人民的精神需求而诞生。正是这些歌舞演出，造就出一批又一批技艺娴熟的民间艺人，并向着戏曲的方向一点点迈进。《诗经》里的“颂”，《楚辞》里的“九歌”，就是祭神时歌舞的唱词。从春秋战国到汉代，在娱神的歌舞中逐渐演变出娱人的歌舞。从汉魏到中唐，又先后出现了以竞技为主的“角抵”（即百戏）、以问答方式表演的“参军戏”和扮演生活小故事的歌舞“踏谣娘”等，这些都是萌芽状态的戏剧。

（二）宋金——雏形期

北宋时的都城东京（今开封）有专为集合艺人表现而设立的瓦舍，内有许多勾栏，艺人们在勾栏里演出，相互竞争、相互吸收，促进了戏曲艺术的发展。

宋代杂剧是中国最早的戏曲形式。其主要节目有以大曲曲调唱故事，有由参军戏演变来的调笑剧，还有歌舞段子。表演时，一般先演一段歌舞段子，再演正杂剧，有时最后还加演一小段玩笑段子。金时生了金院本。各种表演艺术经过发展融合后，形成了中国古代戏曲的雏形，即宋杂剧和金院本。伴随着杂剧和院本这一新的艺术形式的出现，艺术评论家们也对它们的渊源、形式原因、艺术特征及发展情况等加以了探讨与论述。这些论述，便构成了古典理论的雏形。

（三）元代——成熟期

到了元代，“杂剧”就在原有基础上大大发展，成为一种新型的戏剧。它具备了戏剧的基本特点，标志着中国戏剧进入成熟的阶段。12 世纪中期到 13 世纪初，逐渐产生了职业艺术和商业性的演出团体及反映市民生活和观点的元杂剧和金院本，如关汉卿创作的《窦娥冤》、马致远的《汉宫秋》以及《赵氏孤儿大报仇》等作品。这个时期是戏曲舞台的繁荣时期。

元杂剧不仅是一种成熟的高级戏剧形态，还因其最富于时代特色，最具有艺术独创性，而被视为一代文学的主流。元代杂剧以北方流行的曲调演唱，是在宋杂剧、金院本的基础上糅合其他艺术产生的。元杂剧每本四折，表演一个故事。也有加一个短小的“楔子”，或者分成多本多折来演唱的。唱词及对白，或用以描摹场景，抒发剧中人物感情，或用来交代事件、展示剧情。男主角叫正末，女主角叫正旦，配角有外末、冲末、外旦、净等。戏班的演员多数属于教坊或乐籍。都市里公开的演出场所也叫勾栏。著名元杂剧作家关汉卿的《窦娥冤》、王实甫的《西厢记》等代表作，就是在勾栏里演出的。

宋元时期，在南方还产生了由村坊小戏演变而来的南戏。南戏与元杂剧的不同在于：备行角色都可以唱；且曲调形式、唱词格调变化很多，适合表演各式人物的情感；行当角色齐全，有生、旦、净、丑、外、末、贴七种。

元末的《琵琶记》就是南戏的代表作，对后世影响很大。

（四）明清——繁荣期

戏曲到了明代，传奇发展起来了。明代传奇的前身是宋元时代的南戏（南戏是南曲戏文的简称，它是在宋代杂剧的基础上，与南方地区曲调结合而发展起来的一种新兴的戏剧形式。温州是它的发祥地）。南戏在体制上与北杂剧不同：它不受四折的限制，经过文人的加工和提高，这种本来不够严整的短小戏曲，终于变成相当完整的长篇剧作。例如高明的《琵琶记》

就是一部由南戏向传奇过渡的作品。这部作品的题材，来源于民间传说，比较完整地表现了一个故事，并且有一定的戏剧性，曾被誉为“南戏中兴之祖”。

明代中叶，传奇作家和剧本大量涌现，其中成就最大的是汤显祖。他一生写了许多传奇剧本，《牡丹亭》是他的代表作。作品通过杜丽娘和柳梦梅死生离合的故事，歌颂了反对封建礼教，追求幸福爱情，要求个性解放的反抗精神。作者给爱情以起死回生的力量，它摆脱了封建礼教的束缚，取得了最后胜利。这一点，在当时封建礼教牢固统治的社会里，是有深远的社会意义的。这个剧作问世三百年来，一直受到读者和观众的喜爱，直到今天，“闺塾”“惊梦”等片段还活跃在戏曲表演的舞台上。16 世纪明朝中叶，江南兴起了昆腔，涌出了《十五贯》《占花魁》等戏曲剧目。这一时期受农民欢迎的戏是产生于安徽、江西的弋阳腔，昆腔受封建上层人士的欢迎。

明后期的舞台，开始流行以演折子戏为主的风尚。所谓折子戏，是指从有头有尾的全本传奇剧目中摘选出来的出目。它只是全剧中相对独立的一些片段，但是在这些片段里，场面精彩，唱做俱佳。折子戏的脱颖而出，是戏剧表演艺术强劲发展的结果，又是时间与舞台淘洗的必然。观众在熟悉剧情之后，便可尽情地欣赏折子戏的表演技艺了。《牡丹亭》中的“游园”“惊梦”，《拜月亭记》中的“踏伞”“拜月”，《玉簪记》中的“琴挑”“追舟”等众多的折子戏，已成为观众爱看、耐看的精品。

明末清初的作品多是写人民群众心中的英雄，如穆桂英、陶三春、赵匡胤等。这时的地方戏，主要有北方梆子和南方的皮黄。京剧是在清代地方戏高度繁荣的基础上产生的。在同治、光绪年间，出现了名列“同光十三绝”的第一代京剧表演艺术家及不同流派的宗师，标志着京剧艺术的成熟与兴盛。不久京剧向全国发展，特别是在上海、天津，京剧成为具有广泛影响的剧种，将中国的戏曲艺术推进到一个新的高度。

（五）近现代——革新争辉期

辛亥革命前后，一批有造诣的戏曲艺术家从事戏曲艺术改良活动，著名的有汪笑侬、潘月樵、夏月珊等，他们为以后的戏曲改良积累了宝贵的经验。从 1919 年“五四运动”到中华人民共和国成立，在这段时期内，一些仁人志士对戏曲进行了改革。

梅兰芳在“五四”前夕演出了《邓粗姑》《一缕麻》等宣传民主思想的时装新戏，周信芳、程砚秋等也创作了不少的作品。袁雪芬则高举越剧改革之大旗，主演鲁迅名著《祥林嫂》，在中国戏曲中率先形成了融合编、导、舞、音、美为一体的综合艺术机制，率先开始了中国戏曲艺术大写意与大写实相结合的机制。

新中国成立后，涌现了一批优秀剧目，如京剧《将相和》《白蛇传》，评剧《秦香莲》，越剧《梁山伯与祝英台》，昆剧《十五贯》等，著名历史学家吴晗还撰写了历史京剧《海瑞罢官》。以后，又陆续推出一系列优秀作品，如京剧《白毛女》《红灯记》《奇袭白虎团》，越剧《西厢记》，评剧《刘巧儿》，沪剧《芦荡火种》，豫剧《朝阳沟》等。粉碎“四人帮”后，集结到一大批戏曲艺术队伍和为群众喜爱但被停演或遭到批判的大量传统剧，如京剧《谢瑶环》，莆仙剧《春草闯堂》，吕剧《姊妹易嫁》等也得以重新上演。戏曲艺术发展到今天，经过不同的时代，不断适应新时代、新观众的需要，保持和发扬民族传统的艺术特色，戏曲界提出的“现代化”与“戏曲化”的问题，已成为新的历史时期积极探讨和积极实践的问题。

二 中国戏曲主要剧种

（一）昆曲

昆曲，原名“昆山腔”，是中国古老的戏曲声腔和剧种，现又被称为“昆剧”。昆曲是汉族传统戏曲中最古老的剧种之一，也是汉族传统文化艺术，特别是戏曲艺术中的珍品，被称为百花园中的一朵“兰花”。明代汉族音乐以戏曲音乐为主。明代时称南戏为“传奇”。明以后，杂剧逐渐衰落，传奇独霸剧坛，兼收杂剧音乐，改名“昆曲”。

昆曲《长生殿》

昆曲发源于600多年前，由昆山人顾坚草首创。到明代嘉靖年间，杰出的昆曲音乐家、改革家魏良辅对昆山腔进行大胆改革，吸收了当时流行的余姚腔、弋阳腔、海盐腔的特点，形成了新的声腔，广受欢迎。因为这种腔调软糯、细腻，好像江南人吃的用水磨粉做的糯米汤团，因此被人们叫“水磨调”，也就是今天的昆曲。

昆山腔开始只是民间的清曲、小唱，其流布区域，开始只限于苏州一带。到了万历年间，便以苏州为中心扩展到长江以南和钱塘江以北各地，万历末年还流入北京。这样昆山腔便成为明代中叶至清代中叶影响最大的声腔剧种。

昆曲是明朝中叶至清代中叶戏曲中影响最大的声腔剧种，很多剧种都是在昆剧的基础上发展起来的，被称为“百戏之祖，百戏之师”，有“中国戏曲之母”的雅称。即时，无锡昆曲社对昆曲起到了繁荣推广的作用。昆剧是中国戏曲史上具有最完整表演体系的剧种，它的基础深厚，遗产丰富，是中国传统文化艺术高度发展的成果，在中国文学史、戏曲史、音乐史、舞蹈史上占有重要的地位。

昆曲的表演，也有它独特的体系、风格，它最大的特点是抒情性强、动作细腻，歌唱与舞蹈的身段结合得巧妙而和谐。在语言上，根据丑、副两类角色的念白特色，该剧种通常可分为南昆和北昆：南昆以苏州白和扬州白为主，北昆以大都韵白和京白为主。

昆曲唱腔华丽婉转、念白儒雅、表演细腻、舞蹈飘逸，加上完美的舞台置景，可以说在戏曲表演的各个方面都达到了最高境界。正因如此，许多地方剧种，如晋剧、蒲剧、湘剧、川剧、赣剧、桂剧、越剧、闽剧等，都受到过昆剧艺术多方面哺育和滋养。

昆曲中的许多剧本，如《牡丹亭》《长生殿》《桃花扇》等，都是古代戏曲文学中的不朽之作。昆曲曲文秉承了唐诗、宋词、元曲的文学传统，曲牌则有许多与宋词元曲相同。这为昆曲的发展打下了良好的文化基础，同时也造就了一大批昆曲作家和音乐家，这其中梁辰鱼、汤显祖、洪昇、孔尚任、李玉、李渔、叶崖等都是中国戏曲和文学史上的杰出代表。

（二）京剧

中国京剧的发展至今已有200多年的历史，其剧目极为丰富，据不完全统计，目前为止，京剧约有3800余出。许多传统剧目，长演不衰，作为中国传统戏曲的杰出代表，京剧以其鲜明的民族特色、民族风格，独特的演出体系和独有的魅力，在世界上享有极高的声誉。

京剧《战马超》

京剧集歌剧、舞剧和话剧于一身，融唱（美妙的唱腔）、念（抑扬顿挫的念白）、做（优美的身段舞步与动作）、打（精彩的武功表演）于一炉，在表演形式上就高出中外其他剧种剧目一筹。京剧表演艺术讲究虚实结合，使虚拟与写意相映衬，最大限度地超脱了舞台空间和时间的限制。演出中一条桨可以代表一只船，一条鞭意味着一匹马，甚至不用道具，也可以表现出开门、上楼等动作，通过创造意境，给观众留下广阔想象空间的奇特艺术效果。京剧的虚拟与写意的表演特点，妙在不但为演员塑造人物提供了充分的艺术空间，而且为观众驰骋想象留下了巨大的场景画面空间，从而产生无穷的艺术魅力。中国京剧在徽汉二调的基础上，吸收昆曲、梆子腔等而形成，以二簧、西皮为主要声腔，吹打曲牌大都来自昆曲。其最初的角色行当分为生、旦、净、丑、末、副、外、武、杂、流十行，各行都有一套表演程式，在唱念做打上各具特色，表现出不同人物的性格特征。在京剧200余年的历史中，产生了一批著名的京剧艺术家。仅就近现代而论，就有梅兰芳、尚小云、程砚秋、荀慧生、谭鑫培、郝寿臣、裘盛戎、袁世海、周信芳、马连良、叶盛兰、俞振飞、盖叫天、杨小楼等。在生、旦、净、末、丑各个行当中都有大师名家。特别是继承和发扬京剧优良传统的杰出大师梅兰芳，在旦角表演艺术上广泛吸取、大胆创新，巧妙地把多种旦角（青衣、花旦、刀马旦、闺门旦）的表演艺术融合为一，使旦角的演技发展到一个新阶段，确立了旦角在京剧舞台上的中心地位。

中国京剧在中华优秀传统文化中占有独特的地位。作为艺术，它是不折不扣的民族精粹，其内在精神与中国的诗、书、乐、画重“写意传神”的内在精神完全一致；作为艺术，它显示出中华民族无穷的智慧、才能和创造力；作为艺术，它为世界艺术宝库增添的是中华民族特有的艺术资质和审美内容。京剧，作为中华民族对人类的伟大贡献，是值得我们引以为豪的。

（三）越剧

越剧，是中国第二大剧种，有第二国剧之称，也称绍兴戏，又被称为“流传最广的地方剧种”，在国外被称为“中国歌剧”，亦为中国五大戏曲剧种（依次为京剧、越剧、黄梅戏、评剧、豫剧）之一。越剧发源于绍兴嵊州，先后在杭州和上海发展壮大起来，流行于全国，流传于世界，在发展中汲取了昆曲、话剧、绍剧等特色剧种之大成，经历了由男子越剧到女子越剧为主的历史性演变。

越剧长于抒情，以唱为主，声音优美动听，表演真切动人，唯美典雅，极具江南灵秀之气；多以“才子佳人”题材为主，艺术流派纷呈，公认的就有十三大流派之多。主要流行于上海、浙江、江苏、福建、江西、安徽等广大南方地区，以及北京、天津等北方地区，鼎盛时期除西藏、广东、广西等少数省、自治区外，全国都有专业剧团存在。除中国外，美国、澳大利亚、新加坡等地，亦有当地的越剧团。

（四）黄梅戏

黄梅戏，为中国五大戏曲剧种之一，发源于湖北省黄梅县，发展壮大于安徽安庆一带。它的前身是黄梅地区的采茶调，清代中叶后形成民间小戏，称“黄梅调”，用安庆方言演唱。

20世纪50年代在严凤英等人的改革下，表演日趋成熟，发展成为安徽的地方大戏。著名剧目有《天仙配》《牛郎织女》《女驸马》等。曲调悠扬委婉，优美动人，具有芬芳的泥土气息，深受各地人民群众喜爱。

（五）豫剧

豫剧，为中国五大戏曲剧种之一，又称“河南梆子”。有人认为它是中国最大的地方剧种。豫剧起源已经很难考证。有人说是在河南当地民歌小调的基础上，与后来传入的河南昆曲以及秦腔等剧种相结合而形成；也有考证说它自成体系，是由唐宋梨园剧种及宋元时期中州流行的杂剧中演变发展而来的。除河南外，河北、山西、山东、湖北、甘肃、台湾、四川以及江苏、江西、安徽等省份都有豫剧团存在。原有豫东调、豫西调、祥符调、沙河调四大声腔，后出现过陈素真、桑振君、闫立品、崔兰田、常香玉、马金凤、唐喜成、牛得草等著名演员。剧目有《三上轿》《抬花轿》《春秋配》《穆桂英挂帅》《对花枪》和现代戏《朝阳沟》等。

（六）评剧

评剧，全国最有影响的剧种之一，为中国五大戏曲剧种之一，除京剧外，中国评剧院是全国唯一一个带国字头的地方戏曲剧院。清末在河北滦县一带的小曲“对口莲花落”基础上形成，先是在河北农村流行，后进入唐山，称“唐山落子”。20世纪20年代左右流行于东北地区，出现了一批女演员。20世纪30年代以后，评剧在表演上在京剧、河北梆子等剧种影响下日趋成熟，出现了白玉霜、喜彩莲、爱莲君等流派。1950年以后，以《刘巧儿》《花为媒》《杨三姐告状》《秦香莲》等剧目在全国产生很大影响，出现新凤霞、小白玉霜、魏荣元等著名演员。现在评剧仍在河北、北京一带流行。

杨三姐告状

【视频】京剧

【视频】汉剧

【视频】黄梅戏

任务二 国画

任务先行

中国画，具有鲜明的民族特色和悠久的历史，中国绘画艺术的风格和传统是在历史的长河中，代代相传形成的。早在战国时期楚国的两幅帛画，就以其生动的气韵、简洁的笔墨、流畅的线条，表达出完美的意境，确立了中国绘画艺术以线条造型的民族风格形式。这种传统风格和民族的审美需求，又在时代的前进中不断地得到充实、突破和创新，并孕育和造就了新的风格，成为华夏艺苑中的瑰宝，也是世界美术花园中一朵光彩夺目的奇葩。

任务导入

中国画历史悠久，源远流长，经过数千年的发展变革，以借物抒怀作为展现民族文化思想与审美观念的理论基础，在创作实践中积淀了丰富的经验，造就了精工细丽的“工笔”与洒脱洗练的“写意”两大样式，更有纯以色彩图之的“没骨”，运墨而五色俱的“水墨”以及洗尽铅华的“白描”，可谓悠情远思，千姿百态，在世界艺坛独树一帜。

一 中国画发展历程

（一）萌芽期——史前绘画

有关中国绘画的起源问题，像有关中国历史的起源一样，令人难以琢磨。究竟中国的绘画开始于何时何地？是何人所创造？这一谜团千年以来绕在历代美术史研究者的思绪中。我们对史前绘画的了解是通过出土的彩陶及遍布全国的岩画遗存中得来的，而今天的我们有理由相信，这些作品的创作大多出于宗教和巫术的目的，并不是出于审美和欣赏的需要。《中国的绘画史》：“相传有巢氏，绘轮圜螺旋，或系一种绳墨？然推其形象，已略存绘画之意味。不过当草创之始，对于表现之方法等，均未完备，仅以简单之线条，以象征之意味，为天地水火山泽之标记而已。实为吾国绘画之雏形。”

石器时代是中国绘画的萌芽时期，伴随着石器制作方法的改进，原始的工艺美术有了发展。但在若干年以前，我们所掌握的中国绘画的实例还只是那些描画在陶瓷器皿上的新石器时代的纹饰。但，在中国的许多省份发现了岩画，使得史学家们将中国绘画艺术的起源推前至旧石器时代。在这些众多的发现中，也包括了许多描绘人的图像，有些堪称宏幅巨制。内蒙古阴山岩画就是最早的岩画之一。在那里，我们的先人们在长达一万年左右的时间内创作了许多这类图像，这些互相连接的图像把整个山体变成了一条东西长达300千米的画廊。据推测，是宗教或巫术的感召促使先人们不辞辛劳地创作了这些图像。类似的图像还可以在苏北的连云港孔望山将军崖岩画遗址中见到。

原始社会到春秋战国之前是中国画萌芽时期。在我国的广西、安徽、河北、江西等地发现距今约一万年以前的新石器时期的岩画，那时的岩画是原始人类按照自己的认识水平和思想理念所创造出来的一种精神产品，多基于实用性，用于记事、巫师驱邪、某种意义上的图腾，没有艺术欣赏功能，那时的绘画只能算是广义上的中国画的胚胎期。

仰韶文化时期陶器上的纹饰和夏商周时期青铜器上的图案，这些纹饰和图案装饰着器物的表面，附着众多的宗教神秘色彩。其功能还是以实用为主，而不在于欣赏。这些纹饰和图案虽然有一定的装饰和美化作用，但它们所描绘出来的图案都过于粗陋稚嫩，纯粹供欣赏的绘画还未出现。那时的绘画只能算是中国画的雏形期。夏书《五子之歌》中所谓的“那堪峻宇又雕墙”，可见那时已有壁画出现，可惜这些壁画作品大都湮灭在历史的长河之中，难见真容。

（二）起始期——春秋战国至秦汉

春秋战国最为著名的有《御龙图》帛画。它是在丝织品上绘画。这些早期绘画奠定了后世中国画以线为主要造型手段的基础。战国以后则进入了封建社会。伴随着社会分工的扩大，各种手工业得到了极大的发展，出现了所谓的“青铜文明”。统治阶级的需要带动了美术各门类的发展，绘画当然也不例外，有了长足的发展。但是，我们今天能够见到的先秦绘画遗迹少之又少，造成这种现象的原因被推测为大部分的绘画都绘制在了易于腐烂的木质或者布帛上面。在商代的多处墓葬中发现了残存的彩绘布帛，在商代王室的墓葬中更是发现了很多的木制品上的漆画残留。可见，用漆作为颜料绘制器物在当时已很广泛了，常用的黑、红两种基本色的并置形成了强烈的对比。据说，那时的漆绘制品经常是与铮亮的青铜器以及白色的陶器摆在一起的，极富观赏性。在殷墟也曾发现过建筑壁画的残块，以红、黑两色在白灰墙皮上绘出的卷曲对称的图案，颇有装饰趣味。西周、春秋、战国时期都有庙堂壁画创作的情况被记载下来，楚国屈原著名作品的《天问》就是在观看了楚先王庙堂的壁画后有感而作的。幸运的是，在长沙的楚墓中先后出土了两幅战国时期的带有旌幡性质的帛画，它们都属于公元前3世纪的作品。两画描绘的都是墓主的肖像，一幅为妇人，其上方绘有飞腾的龙凤；另一幅则是一位有身份的男子，驾驭着一条巨龙或龙舟。墨线勾勒的侧面肖像及伴有象征意义的动物是两画的相同之处，所不同的是《人物御龙图》所表现出来的画家技巧要熟练了许多。

秦汉时期，是中国统一的多民族封建国家的建立与巩固时期，也是中国民族艺术风格确立与发展的极为重要的时期。公元前221年，秦始皇统一中国后，在政治、文化、经济领域的一系列改革使得社会产生了巨大的变化。为了宣扬功业，显示王权而进行的艺术活动，在客观上促进了绘画的发展。西汉统治者也同样重视可以为其政治宣传和道德说教服务的绘画，在西汉的武帝、昭帝、宣帝时期，绘画变成了褒奖功臣的有效方式，宫殿壁画建树非凡。东汉的皇帝们同样为了巩固天下，控制人心，鼓吹“天人感应”论及“符瑞”说，祥瑞图像及标榜忠、孝、节、义的历史故事成为画家的普遍创作题材。汉代厚葬习俗，使得我们今天可以从陆续发现的壁画墓、画像石及画像砖墓中见到当时绘画的遗迹。秦汉时代艺术以其深沉雄大的气魄，在中国美术史上放射着夺目的光彩。

春秋战国至秦汉是中国画的初始阶段。春秋战国时期中国画所特有的基本形态已大体确立，20世纪从战国时期楚墓中出土的三幅帛画，《帛书图像》《人物龙凤图》《御龙人物图》可以确凿地证实两千多年前的春秋战国时期，中国传统绘画的独特风格——“以线造型”已形成，在用笔和设色上已经积累了相当的经验，为中国绘画艺术的发展奠定了基础。另外，从许多文章典籍也可以看到有关于这个时期的绘画记载和评说，如孔子的“绘事后素”，庄子的“解衣般礴”，又如春秋战国时代，楚先王庙、公卿祠堂，多画天地、山川之神，古代圣贤之像等。秦汉时期，中国画主要以壁画和帛画两种形式双双向前演进。至汉代，帛画、宫廷壁画、墓葬壁画、画像石、画像砖、漆画等都得到了相当大的发展。

（三）成熟期——魏晋南北朝

魏晋南北朝时期由于玄学的兴起及佛教艺术的传入，加上儒家稳定的伦理秩序和人之常情为基础的美学观，使得当时绘画的表现题材有了较大的拓展，中国画迅速脱离襁褓期，开始从草创走向成熟。由于当时的诸侯割据、三国鼎立及连年的战争，使得人情风俗大变，绘画从原来描述生活实际及百姓之常转向人内心本质的心绪哀怜。出现了有着较多内容的“晋尚故实”的人物画，这直接影响着魏晋人物画“重神理而轻形骸”的美学理念。在绘画技巧上注重形式，更注重细致敏感的对自然生活的情思，体现出战乱时代文人士大夫阶层对个体存在意义和价值的关注，在山水画方面出现了“凡所游履，皆图之于室”之说。价值学方面也进一步确立了中国画既可为教化人伦服务，又能愉悦精神的多元取向。此外，顾恺之的“形神论”和谢赫的“六法说”对后世审美原则的确立起到了至关重要的作用，在中国画发展的历史上也具有里程碑意义。

域外文化的输入与本土文化所产生的撞击及融合，使这时的绘画形成以宗教绘画为主的局面，描绘本土历史人物、取材文学作品亦占一定比例，山水画、花鸟画亦在此时萌芽。隋唐时期社会经济、文化高度繁荣，绘画也随之呈现出繁荣的局面。山水画、花鸟画已发展成熟，宗教画达到了顶峰，并出现了世俗化倾向；人物画以表现贵族生活为主，并出现了具有时代特征的人物造型。五代两宋又进一步成熟和繁荣，人物画已转入描绘世俗生活，宗教画渐趋衰退，山水画、花鸟画跃居画坛主流，而文人画的出现及其在后世的发展，极大地丰富了中国画的创作观念和表现方法。

（四）高潮期——隋唐时期

中国绘画发展至隋唐，趋向全盛。当时的人物画空前繁荣，“缛丽浓艳、丰腴肥美”正是那时人们审美观的体现，那时的人物画艺术造诣，达到后人难以企及的水平。山水画和花鸟画逐渐从人物画的附庸和陪衬中独立出来，形成人物、山水、花鸟齐头并进格局。五代两宋时期绘画又进一步成熟和繁荣，人物画已转入描绘世俗生活，宗教画渐趋衰退，山水画、花鸟画跃居画坛主流。在这期间尤其值得重视的是当时的山水画中出现了“皴法”，它突破了此前中国画的线条主要用于勾勒轮廓的局限，对后世绘画创作影响深远，在宋代，迎合皇家审美趣味的院体画成了主流。苏轼提出“不以形似”和“诗画一律”的观点，使中国画的精髓“意象”和“写意”在这个时期也表现得淋漓尽致。元、明、清三代水墨山水和写意花鸟得到突出发展。元代文人画空前高涨，画坛领军人物赵孟頫主张“复古”和“以书入画”的观点，此观点对这以后的中国画发展影响极大。明代对“诗画一律”和“书画结合”有了进一步的发挥，使得中国画的诗、书、画、印四者结合起来的形式日趋成熟稳定。清代北方少数民族文化和西方文化的融入，出现了多元并举的趋势。在绘画的图式、技法方面也日趋规范化、程式化和定型化。

隋代的绘画风格，承前启后，有“细密精致而臻丽”的特点。来自各地，集中于京畿的画家，大多擅长宗教题材，也善于描写贵族生活。作为人物活动环境的山水，由于重视了比例，较好地表现出“远近山川，咫尺千里”的空间效果，山水画开始独立出来。

唐代的绘画在隋的基础上有了全面的发展，人物鞍马画取得了非凡的成就，青绿山水与水墨山水先后成熟，花鸟与走兽也作为一个独立画科引起人们注意，可谓异彩纷呈。初唐时的人物画发展最大，山水画则沿袭隋代的细密作风，花鸟画已经出现个别名家，宗教绘画的世俗化倾向逐渐明显和增多。从已发现的乾陵陪葬墓壁画的山水画中，我们已经可以看到的比较简单的“斧劈皴”画法（“斧劈皴”是唐代李思训所创之勾斫方法，笔线遒劲，运笔多顿挫曲折，有如刀砍斧劈，故称为斧劈皴，这种皴法宜于表现质地坚硬、棱角分明的岩石）。以薛稷、殷仲容为代表的花鸟画，则设色和水墨的形式都已出现。此外，这时最著名的画家还有阎立德与康萨陀等。他们的作品和风格丰富了初唐时期的画坛，为盛唐画风的突变奠定了基础。虽然他们的作品大多没有流传，但是我们从乾陵各陪葬墓的壁画、新疆出土的绢画与敦煌莫高窟的壁画中，都可以看到当时他们不同的风格。

盛唐时期是中国绘画发展史上一个空前繁盛的时代，也是一个出现了巨人与全新风格的时代。宗教绘画更趋世俗化，经变绘画又有发展。不同地区的画法交融为一，产生了颇受欢迎的新样式，以“丰肥”为时尚的现实妇女进入画面。以吴道子、张萱为代表的人物仕女画，从初唐的政治事件描绘转为描写日常生活，造型更加准确生动，在心理刻画与细节的描写上超过了前代的画家。而山水画则在此时已经获得了独立的地位，代表的画家有李昭道、吴道子和张璪，分“工细”和 " 粗放 " 两种。泼墨山水也开始出现。花鸟画的发展虽不像人物画和山水画那样成熟，但在牛马画方面却名家辈出，曹霸、韩干、陈闳、韩滉与韦偃等都是个中好手。此外，著名的画家王维、卢稜伽、梁令瓒等也名重于时，时至今日还能看到他们的传世作品或者后世的摹本。

中晚唐的绘画，一方面完善盛唐的风格，另一方面又开拓了新的领域。此时，以周昉为代表的人物仕女画及宗教画更加完备。而王墨等人的山水画则发生了变异，盛行树石题材，渐用重墨，泼墨山水也开始出现。边鸾、滕昌祐、刁光胤等的花鸟画作品则体现出了花鸟画的日臻完善。此外，李真与孙位也是当时的著名画家。虽然他们的作品大多已无从得见，但从日渐发现的出土作品与壁画中，可以让我们想见当时的盛况。

中国绘画的发展与社会经济和文化的发展紧密联系。从唐朝开始，由于经济文化的空前繁荣，加上唐诗的伟大成就和影响，绘画上以脱离了人物画的山水画取代了释道画成为绘画主要题材。绘画重情趣求意境，追求一种“画中有诗”的意境，希望通过绘画来表达一种心境。文人士大夫追求的抒情性成为当时绘画的主流，文人画从此兴起。唐朝是中国绘画史上的鼎盛时期，开创了新纪元。

（五）继续发展期——五代两宋

五代十国历时53年，虽然纷争并峙，但在绘画创作方面并没有停止，仍在前代的基础上继续发展。五代十国的书画，在唐代和宋代之间形成了一个承前启后的时期。五代的山水画不但改变了晋唐时期空勾无皴的初级程式，并且有了皴染完备的山水派系。北宋的山水画风沿波接，在五代的基础上更趋成熟。五代时期，花鸟画从人物山水中脱离出来，成为独立的画科，山水、人物、花鸟等各类，均得到了极大发展，题材广泛，名家辈出，成就卓越，对后代影响至大。无论是人物、山水，还是花鸟，都在前代的基础上有了新的变化和面貌。中原地区的战乱，并没有使得寺庙壁画的创作陷入停顿，但是风格都依托于吴道子的风范之下。在山水画的创作中则将唐人的水墨法发展迅速，出现了荆浩开创的北方山水画派。南唐的相对安定和其统治者对书画艺术的偏好，使得南唐绘画得到了长足的发展。画院的创立为画家开辟了新的出路和去向，同时也在很大程度上开始左右民间的绘画观念和风尚。人物肖像画、宗教画和仕女画都有名手出现，皆从前代的吴道子和周昉等处脱胎。在山水画上，则出现了与北方相异的江南山水画派，它的开创者是著名的画家董源。花鸟画也由于宫廷贵族的喜好而逐渐发展起来。南唐的著名画家有曹仲玄、周文矩、顾闳中、王齐翰、高太冲、董源、徐熙、赵干和卫贤等。地处内陆的西蜀则因为晚唐以后不断有画家避乱入蜀，也设立了画院，在宗教壁画的创作方面极为兴盛，宗教人物画方面则出现了贯休、石恪等有变形风格的作品和写意画法。同时代的花鸟画则显得极其精致，黄筌父子是其完善者和光大者。

960年到1127年间的北宋和南宋时期的阶级矛盾、民族矛盾都极为尖锐，并多次受到战争破坏，但社会的发展却没有止步，在手工业、农业、商业发展的基础上，文化艺术也走向新的繁荣，绘画也迈向了一个新的台阶。南宋以后蓬勃发展的江南经济促进了绘画艺术的繁荣。“南宋四家”的崛起，成为当时画坛的主流。宋代承继前朝，全面发展了各画种，题材愈加广泛，画派并出，空前繁荣，盛极一时，其光辉璀璨，照耀百代。中期出现了以水墨写意为主体的文人画，讲求诗书画统一，注重笔墨情趣，是富有生命力的画派新支。

北宋继承了五代西蜀和南唐的旧制，建国之初，就在宫廷中设立了“翰林书画院”，对宋代绘画的发展起到了一定的推动作用，也培养和教育了大批的绘画人才。徽宗赵佶时的画院日趋完备，“画学”也被正式列入科举之中，天下的画家可以通过应试而入宫为官。这是中国历史上宫廷绘画最为兴盛的时期。北宋画坛上，突出的成就是山水画的创作。画家们继承前代传统，在深入自然、观察体验的过程中，创造了以不同的笔法去表现不同的山石树木的方法，使得名家辈出，风格多姿多彩。李成和范宽为其代表。花鸟画在北宋时期的宫廷绘画中占据了主要地位，风格是黄筌的富贵之风，直到崔白等画家的出现才改变这个局面。北宋人物画的主要成就表现在宗教绘画和人物肖像画及人物故事画、风俗画的创作上。武宗元、张择端都是人物画家中的卓越人物。

在北宋时，除了宫廷和民间各自存在有数量可观的职业画家之外，还有一支业余的画家队伍存在于有一定身份和官职的文人学士之中。他们虽然不以此为业，但是在绘画的创作实践和理论探讨方面，都有显著的特点和突出的成就，并且已经自成系统，这就是当时被称作“士人画”，后来被叫作“文人画”的一类。以官僚贵族和文人身份参与绘画的创作活动，古已有之，但是那些人的作品和职业画家的作品没有分别，也没有自己的理论体系。但从北宋中期以后，苏轼、文同、黄庭坚、李公麟、米芾等人在画坛上活跃起来，文人画声势渐起。苏轼明确提出了“士人画”的概念，并且认为士人画高出画工的创作。他们还为士人画寻找到了一条发展脉络，唐朝的王维、东晋的顾恺之都变成了这一体系的创始人，强调绘画要追求“萧散简淡”的诗境，即所谓“诗中有画，画中有诗”。主张即兴创作，不拘泥于物象的外形刻画，要求达到“得意忘形”的境界。采用的手法主要是水墨，内容从山水扩展为花鸟，这一时期文人贵戚出身的山水花鸟画家增多与此有关。这股潮流的兴起，是中国绘画史上的一件大事，不但对后代的中国绘画发展产生了深远的影响，甚至在一个时期内，左右了中国画坛。

南宋山水画的代表人物主要有号称“南宋四家”的李唐、刘松年、马远、夏圭，他们各自在继承前代的基础上有所创造。

文人画在南宋时期除了在理论上进一步展开讨论以外，在实践中也有令人瞩目的成就。时至今日仍被画家看重的四君子——梅、兰、竹、菊是中国传统文化的题材，其品质分别是傲、幽、澹、逸。“花中四君子”成为中国人借物喻志的象征，也是咏物诗文和艺人字画中常见的题材。其文化寓意为：梅，探波傲雪，高洁志士；兰，深谷幽香，世上贤达；竹，清雅淡泊，谦谦君子；菊，凌霜飘逸，世外隐士。他们都没有媚世之态、遗世而独立。四君子在南宋时已基本成为文人画的固定题材。

南宋的著名人物画家有李唐、萧照、苏汉臣等。他们的人物画创作，很多都与当时政治斗争形势有关，多选择历史故事及现实题材，擅长简笔人物画的梁楷的出现，则为中国人物画的创作开辟了一条新的道路。

（六）再现辉煌期——元明清

元代取消了五代、宋代的画院制度，除少数专业画家服务于宫廷外，还有一部分身居高位的士大夫画家，但更多的是隐居不仕的文人画家。元代绘画在继承唐、五代、宋绘画传统的基础之上进一步发展，标志就是“文人画”的盛行，绘画的文学性和对于笔墨的强调超过了以前的所有朝代，书法趣味被进一步引申到绘画的表现和鉴赏之中，诗、书、画进一步结合起来，体现了中国画的又一次创造性发展。人物画相对减少了，山水、竹石、梅兰等成为绘画的主要题材。此外，由于社会的急剧变化也促使了社会审美趣味的转变，在绘画上，强调要有“古意”和“士气”，反对“作家气”，摒弃南宋近体，转而主张师法唐、五代和北宋。绘画理论上进一步强调神韵的重要作用，把形似放在了次要的地位，以简单飘逸为上，重视绘画创作中主观意兴的抒发，把对自然景物的描写当作画家抒发主观思想情趣的一种手段，与宋代绘画的刻意求工求似形成了鲜明对照。元代虽然时间不长，但是在绘画上却是名家辈出，成就可观，其最重要的画家有赵孟頫、“元四家”等。

明代是中国古代书画艺术史上的一个重要阶段。这一时期的绘画，是在沿着宋元传统的基础上继续演变发展。特别是随着社会政治经济的逐渐稳定，文化艺术变得发达起来，出现了一些以地区为中心的名家与流派。绘画方面，如以戴进为代表的浙派，以沈周、文徵明为首的吴门画派，以张宏为首的晚明吴派，蓝瑛称为武林派等，流派纷繁，各成体系，各个画科全面发展，题材广泛，山水、花鸟的成就最为显著，表现手法有所创新。整个明代绘画大体可以分为前期、中期、晚期三个阶段，这三阶段相互有所区别，但也不能截然分开，而应该说是相互交替衔接的。

清代是中国最后一个封建王朝，自 1644 年至 1911 年，历 286 年。清代的绘画艺术，继续着元、明以来的趋势，文人画日益占据画坛主流，山水画的创作以及水墨写意画盛行。在文人画思想的影响下，更多的画家把精力花在追求笔墨情趣方面，造成了形式面貌更加多样，愈加派系林立。在董其昌“南北宗论”的影响下，清代画坛流派之多，竞争之烈，是前所未有的。清代绘画的发展，大致也可以分为早、中、晚三个时期。早期，“四王”画派占据画坛的主体地位，江南则有以“四僧”和“金陵八家”为代表的创新派；清代中期，宫廷绘画由于社会经济的繁盛和皇帝对于书画的爱好而得到很好的发展，但在扬州，却出现了以“扬州八怪”为代表的文人画派，力主创新；晚清时期，上海的海派和广州的岭南画派逐渐成为影响最大的画派，涌现出大批的画家和作品，影响了近现代的绘画创作。

此外，壁画的创作渐趋衰败，但仍有许多精彩作品传世，便于传播的版画和年画在明代中期以后却得到了极大的发展，晚清时期，出现了众多的版画流派和年画生产中心。

二 中国画的主要技法形式

中国画按题材可分为人物、花鸟、山水三大画科，这主要是依据描绘对象的不同来划分的。人物画是以表现人物形象和事迹为主要题材内容的绘画；花鸟画和山水画至隋唐之际才开始独立成科。历史上，也有中国画分“十门”和“十三科”的表述。“十门”由北宋《宣和画谱》提出，为道释门、人物门、宫室门番族门、龙鱼门、山水门、畜兽门、花鸟门、墨竹门、蔬菜门等；“十三科”是明代陶宗仪《辍耕录》记载的“佛菩萨相、玉帝君王道相、金刚鬼神罗汉圣僧、风云龙虎、宿世人物、全境山林、花竹翎毛、野骡走兽、人间动用、界画楼台、一切傍生、耕种机织、雕青嵌绿。”这其中，界画指的是一部分用直尺画墨线作成的画，主要表现庄严雄伟的建筑。以上十三科，基本都在现代画科之内，只是更加细分而已。

中国画的技法形式又可以分为：白描、工笔、写意、勾勒、设色、水墨等。其中设色又可分为金碧、大青绿、小青绿、没骨、泼彩、淡彩、重彩、浅绛等几种。没骨就是不勾轮廓线，完全用墨或色渲染成画的一种表现技法。所谓水墨、青绿、金碧等在作画形式和颜色上有很大的区别，例如中国画中纯用墨水的画体是水墨画，而以中国画颜料中的石青和石绿作为主色的画为青绿画，浅绛山水画则是指在水墨勾勒被染的基础上敷设以赭石为主色的淡彩山水画。

（一）白描

中国画在长期的发展过程中，已经形成了一套完整的笔墨技法和创作技巧。最为基础的技法形式是不设色的“白描”，全用墨色线条勾描形象，或仅以淡墨、淡水色稍加渲染。白描对于人物画的重要性，从清代沈宗骞《芥舟学画编》中所记可知：“画人物之道先求笔墨之道，而渲染点缀之事后焉，其最初而要者，在乎以笔勾取其形，能使笔下曲折周到轻重合宜，无纤毫之失，则形得而神亦在个中矣。”仅仅用线条便能将神态表达得完美。白描多半用中锋直悬的线条，并不遒劲，所以看得出画者的功力。

白描有两种画法。一种是单勾：用同一墨色的线勾描整幅画的为一色单勾；用浓淡不同墨色勾成的，如用淡墨勾花、浓墨勾叶的为浓淡单勾。单勾要求线条准确、流畅、生动，笔意连贯。另一种是复勾：先以淡墨全部勾好，再以浓墨对画面局部或全部进行勾勒，多用以加强所描绘物象的精神和质感。

线描作为中国画的主要造型手段，是构成中国画民族风格的一个要素。它不着颜色，有时可用一些淡墨来略加渲染，具有独特的表现形式和造型规律，并富有韵味。通过历代画家的长期实践和不断创造，仅画人物衣褶的描法就有“十八描”。所谓“十八描”，是不同线型的程式化线描，大都是中锋用笔，绝大部分用于工笔画。写意人物画以减笔描之类宽线条为多。

“十八描”又被归纳为三种类型。

第一种类型是铁线描类，特点为压力均匀，粗细无变化。高古游丝描、琴弦描、铁线描都属于这一类型。代表性作品有以“画绝、才绝、痴绝”驰名于世的顾恺之的《女史箴图》和《洛神赋图》，从中可以看出他那高古简朴的用笔。唐代阎立本用笔一变顾恺之“春蚕吐丝”的描法，是一种比较浑厚坚实的铁线描，用色吸收了六朝盛行的晕染法，能成功地表现对象的质感和厚度，《历代帝王图》是其代表作。

第二种类型是兰叶描类。兰叶描主要体现丰富的衣纹曲折特征，特点是压力不均匀，运笔时提时顿，产生忽粗忽细、形如兰叶的线条。枣核描、柳叶描属于这一类型。代表画家是吴道子，他的艺术成就是多方面的，山水人物、花鸟走兽无所不能，是我国古代最享盛名的画家之一，被誉为“画圣”。他靠笔下千变万化的线条表现对象的体积、质感和精神，线条轻重顿挫，富有韵律美。《送子天王图》便是他的代表佳作。这一类型的继承者也有很多。宋代李唐的《采薇图》、元代的永乐宫壁画、明代陈洪绶和张路及浙派画家的人物画等所用技法，均属此类。

第三种类型是减笔描类。梁楷自创了减笔描，为之后的写意线描及浓淡交互的描法开创了道路。梁楷画水墨人物时，大胆舍弃次要笔墨，抓住形象的主要特征，完美地表现出对象的神韵，写神又不失形似，使写意人物画达到一个新的高峰，如《泼墨仙人图》。此类方法的特点是把压力偏向一端，运笔加速，有时线面结合，竹叶描、枯柴描属于这类型。

（二）工笔

工笔作为中国画技法类别中的一种，属于工整细致的一类画法，崇尚写实，求形似，是以工整者多，如宋代的院体画、明代仇英的人物画《修竹仕女图》等。北宋韩拙在《山水纯全集》中谈到工笔画要求“有巧密而精细者”，水墨、浅绛、青绿、金碧、界画等艺术形式均可表现工笔画，以线造型是中国画技法的特点，也是工笔画的基础和骨干。工笔画对线的要求是工整、细腻、严谨，一般中锋用笔较多。以固有色为主，一般颜色艳丽、沉着、明快、高雅，有统一的色调，具有浓郁的中国民族色彩审美意趣。工笔画中的没骨花鸟画不用墨勾线，直接用墨或色彩描绘物体形象，所以称为“没有骨干”的工笔画，如《丹枫呦鹿图》。除了不勾轮廓线外，其他部位的线条，如叶筋、花脉、鸟羽等，在染色之后仍要用色线勾画，并要做到线色融合一体，或是直接用色染出线的感觉来。没骨具有细致、丰富、和谐、艳丽明快而俊秀的效果。

工笔画在唐代已盛行起来，之所以能取得卓越的艺术成就，一方面是因为绘画技法日臻成熟，另一方面是因为绘画材料的改进。工笔画须画在经过胶矾加工过的绢或宣纸上。初唐时期绢料的改善对工笔画的发展起到了一定的推动作用，据米芾《画史》所载：“古画至唐初皆生绢，至吴生、周、韩干，后来皆以热汤半熟，入粉捶如银板，故作人物，精彩入笔。”

（三）写意

与工笔相对的另一种中国画技法是写意。写意属于放纵一类的画法，要求通过简练的笔墨，传达物象的形神，表达作者的意境。写意法是在长期的艺术实践中逐步形成的，其中文人参与绘画，对写意画的形成和发展起了积极的作用，使它成为融诗、书、画、印为一体的艺术形式。写意画多画在生宣上，纵笔挥洒，墨彩飞扬，较工笔画更能体现所描绘景物的神韵，也更能直接地抒发绘画者的感情。王维是唐代著名的山水田园诗人，又是影响深远的画家，他的诗画讲求意境的创造，苏东坡评价他的作品，称“味摩诘之诗，诗中有画；观摩诘之画，画中有诗”。他的《雪溪图》景色看似平淡却能唤起人的亲切感，如山水田园诗，意境优美，耐人寻味。

【视频】丹青

【视频】工笔画

【视频】没骨画

【视频】写意画

五代徐熙开创了徐体“落墨法”，用墨色写意，表现花的枝叶蕊萼，然后略施淡彩。之后宋代文同喜于绘制具有象征意义的“四君子”，如《墨竹图》。明代林良创造了“院体”写意画的新格局；明代沈周善用浓墨浅色，《庐山高图》为其41岁时的力作，崇山峻岭中但见云气飘荡，瀑布飞挂，画面错落有致，展现了庐山雄伟的气象。还有八大山人的《荷花水鸟图》、石涛的《细雨虬松图》、吴昌硕的《桃实图》等。后经齐白石、张大千、潘天寿、李苦禅、李可染、范曾等画家不断发扬光大，写意法成为影响最大、流传最广的中国画画法。

中国画的画幅形式较为多样，横向展开的有长卷（又称手卷）、横批，纵向展开的有条幅、中堂，盈尺大小的有册页、斗方，画在扇面上的有折扇、团扇等。中国画强调“外师造化，中得心源”，要求“意存笔先，画尽意在”，强调融化物我，创造意境，以形写神，形神兼备，气韵生动。中国画在思想内容和艺术创作上，反映了中华民族的社会意识和审美情趣，集中体现了中国人对自然、社会及与之相关联的政治、哲学、宗教、道德、文艺等的认识。

任务三　舞蹈

任务先行

舞蹈是人类最古老的艺术形式之一，可以说，中国有多少年的文明，就有多少年的舞蹈史。从蒙昧的上古时代开始，中国传统舞蹈经过了多个阶段的发展和演变，逐渐形成了具中国独特形态和神韵的东方舞蹈艺术。

任务导入

舞蹈是人们最早创造和运用的艺术体裁之一，有着极为古老的历史渊源。各民族舞蹈在各历史时期的发展历程中形成了自己的体系、风格和特色，并在新时期得到了更进一步发展。

一　舞蹈的发展历史

（一）起源——原始社会

中华民族的舞蹈文化源远流长，上下五千年，记录中华民族舞蹈发展轨迹的文物图像和文字，连绵不断，这在世界文化史上也是罕见的。

距今五六千年的新石器时代舞蹈纹陶盆的出土，向世人展示了原始舞蹈整齐的队势及其群体性、自娱性的特点。从远古传说：“帝俊有子八人，始为歌舞”，说明了歌舞的创造者是人群。

人类为了维持生命和延续生命，必须通过劳动创造物质财富与精神财富。人类为了繁衍种族，必须生儿育女。因此，劳动与生殖是人类最基本、最重要的社会活动。深深植根于人类生活中的舞蹈，必然会反映劳动与生殖的内容。

舞蹈纹陶盆带尾饰的人物形象，既是狩猎劳动生活的反映，又带有图腾崇拜的遗迹。图腾是氏族的标记和保护神，所以人们崇拜它。

（二）初步发展阶段——夏商周

在这些甲骨文中，有一些关于舞蹈的记载。这是中国舞蹈史上最早的文字记录。又有“庸舞”，即一面击庸一面舞蹈的记载。一面演奏乐器一面舞蹈是中国传统，今天的腰鼓舞、花鼓舞、钹舞、芦笙舞等属于这类舞蹈。甲骨文中还出现一些与面具舞有关的字形，史家认为这是“魌”字。另外几个头形奇特的字，可能与后世驱鬼逐疫的傩舞有关。

夏商周时期的舞蹈从自娱、全民性的活动，部分地进入表演艺术领域，并且出现了最早的专业舞人——乐舞奴隶。安阳武官村殷墟奴隶主墓中，出土了许多殉葬人的尸骨，其中就有与乐器、舞具埋在一起的年轻女子的尸骨，她们很可能是乐舞奴隶。

从舞蹈艺术的发展看：这个时期，舞蹈进入表演艺术领域，出现了专业舞人，标志着舞蹈艺术取得了进步，比如巫舞、傩舞等。

西周初年制礼作乐，汇集整理了从远古到周初歌颂对推动人类进步有贡献领袖的乐舞，如黄帝的《云门》、尧的《咸池》、舜的《大韶》、禹的《大夏》、商汤的《大濩》以及歌颂武王伐纣的《大武》，合共六舞，史称“六代舞”。分文舞、武舞两大类。周代将这些乐舞用于礼仪祭祀。各种不同等级的人，用不同规模的乐舞，等级严明，不容僭越。

同时又编制“六小舞”，用以教育国子（即贵族子弟，当时只有贵族子弟才有受教育的权利），可说是中国最古老的舞蹈教材。自此以后，雅乐舞体系建立。雅乐舞一直延续到清代，各朝各代均按本朝歌功颂德的需要而增删、编制。直至当代，日本、韩国，以及东南亚一带仍保存了从中国大陆传去的雅乐舞。有的地区，用于祭孔，有的地区按自己国家的需要加以改编。流传到韩国的雅乐，用于祭礼。1995 年，韩国的祭礼乐舞被联合国教科文组织认定为“世界文化遗产”。中国的山东曲阜孔庙，至今仍用雅乐祭祀孔子，是旅游观光的项目之一。

雅乐在世界流传了3000多年，但由于它刻板僵化，仅仅成为祭礼仪式，毫无艺术感染力，又无欣赏价值，早在公元前四五百年前的春秋战国时代，已渐趋衰落，不受人们的欢迎。

周代是中国舞蹈发展史上第一个集大成的时代。

（三）精彩纷呈——秦汉时期

秦代已有了乐府，秦二世曾在甘泉宫“作角抵俳优之观”。汉代为了政治上的需要，还演出大角抵招待外国宾客。角抵不断发展变化，内容日趋丰富，后来称为百戏。

秦代讲武为角抵戏，把民间流传的角抵戏引入宫廷。角抵原是两个人角力以强弱定胜负的技艺表演，当时的艺人力图用角抵的技艺去表现生活故事。这样就促使角抵向戏剧转化，成为角抵戏。角抵戏《东海黄公》演的是秦朝末年，一个能施法术的黄公到东海去降服白虎，可惜法术失灵，自己被虎所杀的故事。表演中的两个人，都有与扮演对象相适应的装扮，黄公头裹红绸，身佩赤金刀，白虎是人装成的虎形。《东海黄公》这个故事在表演中已有人物、情节、冲突、结局，不属于两两相角、以力的强弱裁定胜负的角抵竞技，而是衍化为表演既定故事内容的戏剧表演。另一出《总会仙倡》有虎、豹假形，有神人、仙女，是巫舞的进一步发展。

角抵戏到汉代就成为乐舞杂技节目中的一部分，也就是百戏中的一员。在百戏中，舞蹈类的有巾舞、长袖舞、盘鼓舞、建鼓舞，歌舞戏类的有《东海黄公》《总会仙倡》等。

汉代初年，高祖刘邦返回故乡沛县时，感慨万分，就唱起舞歌《大风》：“大风起兮云飞扬，威加海内兮归故乡，安得猛士兮守四方！”同时，他喜好民间的楚声、楚舞，后来把俗乐舞用于宫廷祭祀。汉武帝扩大了“乐府”机构，大力采集民间乐舞，记录了吴、楚、燕、齐、郑各地歌诗300多篇，乐府中的乐工舞人有800余名。

汉代盛行百戏，百戏是多种民间技艺的串演，包括杂技、武术、幻术、滑稽表演、音乐演奏、舞蹈等，深受人们的喜爱。从汉墓出土的大量画像石、画像砖及陶俑等，我们仍可一窥2000多年前丰富多彩的汉代百戏和舞蹈。

汉代舞蹈的特点是博采众长，技艺向高难度发展，结合舞蹈与杂技的《盘鼓舞》就是一个典型例子。此外，以长袖为特征的袖舞，双手执长巾而舞的巾舞，也是汉代著名的舞蹈。

丰富多彩的汉代舞蹈，是各种乐舞艺人的辛勤成果，但由于他们被社会贱视，史籍中很少留下他们的名字和事迹。我们较熟悉的汉代著名舞人赵飞燕和戚夫人，虽然她们靠出色的舞艺进入统治阶层中，但最后都落得悲惨下场，从中我们亦可了解到一般歌舞伎人的辛酸。

俗乐舞中，除了汉代当时的民间舞外，还有很多前代留下来的散乐，如巾舞、拂舞、鞞舞、铎舞等等。此外，在汉画像砖石中，保留了大量舞蹈形象，如盘鼓舞、长袖舞等，从中可以看到汉代舞蹈“罗衣从风，长袖交横”的飘逸舞姿，以及“浮腾累跪，跗蹋摩跌”的高超技巧。

汉代盘鼓舞，又称盘舞、七盘舞。舞时将盘、鼓覆置于地上。盘、鼓数目不等，按表演者技艺高低而定。舞者有男有女，在盘、鼓上高纵轻蹑，浮腾累跪，踏舞出有节奏的音响。

汉画像砖石有十分丰富的盘鼓舞形象，或飞舞长袖，或踩鼓下腰，或按鼓倒立，或身俯鼓面，手、膝、足皆触及鼓面拍击，或单腿立鼓上，或正从鼓上纵身跳下。舞姿各异，优美矫健。

山东沂南汉画像石中的《百戏图》，场面浩荡，气势雄伟，较完整地记录了百戏演出的盛况，包括杂技、马术、鸟兽舞，当中更有汉代著名的七盘舞。画面中有一男舞者，前面有七盘分两行排列地上，还有一鼓放在盘前，舞者似正从盘上纵身飞跃而下，右腿“登弓”，左腿伸直贴地，足近鼓边，挺身回头，他的长袖舞衣和帽带随势飘起，显出一个健美的形象。

盘鼓舞将舞蹈与杂技巧妙地结合，体现了中国传统舞蹈的特殊风格。此舞传至后世，表演形式有所变化。

“长袖善舞”历史久远。公元前11世纪立国的西周，用以教育“国子”的“六小舞”之一的《人舞》，“以舞袖为容”。在出土文物中的玉器、青铜器及漆器，出现了许多十分优美生动的舞袖形象。例如河南洛阳金村出土的一对玉雕舞女，二人肩并肩、身靠身作对舞状。外侧手作“托掌姿”扬袖，内侧手作“按掌姿”拂袖而舞，舞姿温婉妩媚。

汉代继承楚舞袅袅长袖、细腰欲折的传统。汉高祖刘邦的宠姬戚夫人，多才多艺，“善为翘袖折腰之舞”。山东出土的一块汉画像石，翘袖与折腰同在一个画面上。舞姿各异，感情相互呼应，既协调，又有对比。汉代文物中，有极丰富的舞袖形象，袖式繁多，舞姿各异。既有矫捷昂扬之姿，也有柔曼温婉之态。甘肃武威磨子嘴汉墓出土一着窄长袖舞衣的木俑，一臂下垂，一臂直举冲天。舞姿雄健，气度不凡。

汉画像砖石中的袖舞图像，更是丰富多彩，或飞扬长袖，或长袖垂拂，或卷绕长袖，或长袖翘起。千变万化，美不胜收。

唐代多姿多彩的舞蹈壁画和舞俑，都身着掩手长袖舞衣。

汉唐以后，描述舞袖的文字，史不绝书，各代出土文物中的舞袖形象，更是层出不穷。时至今日，戏曲舞与民间舞中，还保存了十分丰富且富于表情的舞袖技法。

（四）交流融汇期——魏晋南北朝

魏晋南北朝时期，南朝的统治者一向崇尚歌舞作乐，他们生活在大动乱时代，崇尚清谈，提倡及时行乐，他们养有大批家妓，歌舞艺术成为他们享乐的工具。大量的民间歌舞被宫廷贵族采用，南朝盛行的清商乐，就是汉朝和魏晋南北朝时期流传在汉族地区的传统音乐和舞蹈。随着时代的发展，清商乐的内容逐渐扩大，它包括北方的许多民间歌曲、乐曲和配合舞蹈表演的舞曲、舞歌，如汉代的《巴渝舞》《公莫舞》、三国时吴国江南地区的《拂舞》《白纻舞》、晋朝的《明君舞》等。

（五）兼收并蓄期——隋唐

隋统一中国，结束了长期战乱的局面。隋文帝为了显示自己统一国家的功绩和国力强盛，于开皇初年（公元 581 – 585 年）集中整理了南北朝及部分外国乐舞，制订七部乐，后来发展成九部乐，使宫廷燕乐得到空前发展。

唐代是中国文化蓬勃发展的时期，唐代的舞蹈艺术也得到高速发展。唐代宫廷设置的各种乐舞机构，如教坊、梨园、太常寺，集中了大批民间艺人，使唐代舞蹈具有自信而又宽怀的气量。“坐部伎”和“立部伎”等宫廷燕乐，都是吸收了各地乐舞而创制的新型乐舞节目，在内容上则都是歌功颂德的。

唐代的乐舞活动也渗透于社会的各阶层，上至宫廷，下至庶民百姓，在节庆和宴饮中，乐舞表演都是不可或缺的。这些在一般宴会中表演的小型舞蹈，按其动作特征和风格，可分为“健舞”和“软舞”。“健舞”是指那些舞蹈动作风格健朗、豪爽的乐舞，著名的有《剑器舞》《柘枝舞》《胡旋舞》等。“软舞”则舞姿优美柔婉，节奏舒缓，著名的有《春莺啭》和《绿腰》。

唐代的舞蹈尚有由乐器演奏、舞蹈和歌唱组成的多段体乐舞套曲——歌舞大曲，如《霓裳羽衣舞》。此外，民间还有一些带故事情节、有人物角色的歌舞戏，如《踏谣娘》。

（六）转折期——两宋

宋代是中国乐舞文化史上一个重要的转折阶段。这一时期，开封、临安等大城市商业繁华，交通畅达，促使城市文娱生活的兴盛，民间文学、艺术有很大发展，乐舞文化亦出现新的生机。

在大城市中，有许多叫“瓦子”的地方，瓦子内栏成一个个的圈子叫“勾栏”，是专门表演各种技艺的固定场所，表演项目包括杂技、说书、皮影、傀儡戏、舞剑、舞砍刀，以及舞旋等。当中的民间舞蹈及舞蹈性较强的歌舞节目，深受民众欢迎，在中国舞蹈史上占有一席之地。

此外，宋代民间舞队也十分兴盛，每逢农历新年、元宵或清明，各地都会举行庆祝活动，各村、各社（城市内各行各业的行会组织）都有自己的民间舞队，这些民间舞队是综合性的街头游行表演队伍。这些舞队所表演的节目，不少至今仍在民间流传。

宫廷队舞是宋代宫廷流行的舞蹈，是唐代舞蹈的继承和发展，很多都是沿用唐代舞蹈的名称，但表演形式已发生变化，主要在宫廷举行典礼时演出。

宫廷队舞中有一部《抛球乐队》，与体育关系密切，是直接从体育游戏的抛球活动中孕育发展出来的一种舞蹈形式。舞者穿“四色罗绣宽衫，系银带”，服饰颇为华丽。舞蹈动作的特点是“奉绣球”。

宋代民间节日的游行表演队伍叫“舞队”，有时也称“社火”，类似清代的“走会”。虽名为“舞队”，除演《村田乐》《旱龙船》《鲍老》《十斋郎》《竹马儿》《杵歌》等民间歌舞外，还有音乐演奏《清乐》、武术《掉刀》，以及带戏剧性的《乔三教》《乔亲事》等表演项目。这种表演形式一直流传至今。河北等地的“走会”或“花会”，陕西的“社火”等，就是继承和发展宋代“舞队”的民间综合性表演形式。

这种表演队伍，是业余或半业余的群众性表演队伍，其中的各种表演专案，代代传承，正是由于它们与人民的生活及风俗习惯紧密结合，故此具有顽强的生命力，千百年来传承不断。时至今日，《旱龙船》《竹马儿》《杵歌》等仍然“活”在民间。

（七）民间舞蹈繁盛期——明清

舞蹈作为独立的表演艺术，在明清两代，有逐渐衰落的趋势，社会上没有专业的舞蹈表演团体，极少专业的舞蹈艺人。但是，作为节庆时群众娱乐活动的民间歌舞却呈现出繁盛的局面，表演者多是业余或半业余的民间艺人。宗教活动中的舞蹈，依然由专职的巫师代代传习。明清两代广泛流传的汉族民间歌舞，大多在正月十五日灯节时演出。明代的社火，清代的走会，就是将多种民间娱乐或技艺，如音乐、舞蹈、杂技、武术等组织在一起，形成综合性的游行表演队伍。在这种队伍中，舞蹈如秧歌、跑旱船、跑竹马、大头和尚、狮子舞、龙舞、霸王鞭、高跷等表演占有重要地位。通过社火、走会的活动，这些舞蹈得以流传。明清时期中国少数民族地区保存了许多相当古老的传统舞蹈，如新疆维吾尔族的大型歌舞曲《十二木卡姆》，在明代史书上已有记载，明人所作《百夷传》中记载了傣族的孔雀舞《车里乐》中的象脚鼓舞等；壮族的铜鼓舞除史书记载以外，在出土的铜鼓文物中也可以看到它的舞姿形象；苗族的芦笙舞、铜鼓舞、调年舞、傩舞等不但有文字记载，而且有不少清代的图画可证；云南纳西族的祭祀舞东巴舞，在发现的清代《东巴经》写本中记录了这种舞蹈的舞谱；此外如族的跳乐、瑶族长鼓舞、土家族摆手舞、藏族锅庄、满族的莽式、太平鼓舞等在这一时期也广为流传。中国各民族人民在民间歌舞中唱述历史、祭祀祖先、教育后代、祈祝丰收、倾诉爱情、赞美家乡，歌舞是劳动人民生活中必不可少的组成部分。

二 历代重要的舞蹈形式

（一）巫舞

巫舞是古代由巫（女）、觋（男）求神降神的祭祀舞蹈，起源于原始时代。原始社会的人们对自然界的许多现象不理解，认为冥冥中有神在主宰一切。当人们遇到灾难或疑难时，就去求神保佑或询问神的指示。从事这种祭祀占卜活动的巫、觋，以舞蹈媚神娱神。

神权统治的殷商时代，巫是神的代言人，社会地位高，甚至可以左右国王的行动及国家政事。自春秋战国以后，由于社会的变革与思想的进步，人们对巫术的迷信程度渐减，《巫舞》由娱神向娱人的方向转化发展。楚地的巫人，必是姣好美女。晋朝时候出现了章丹、陈珠等色艺双全的女巫，她们所跳的巫舞，舞蹈与杂技幻术相结合，具有较高的欣赏价值，融祭祀与审美于一体，这是历代巫舞的共同特点。

祈福去灾的巫舞，同时也是自娱娱人的民间舞蹈。千百年来，中国各民族、各地区，流行形式不同、风格各异的巫舞。汉族的《花香鼓舞》、彝族的《羊皮鼓舞》形如扇，类似《单鼓舞》、蒙古族的萨满（巫）舞等。时至今日，各式巫舞原有的宗教迷信色彩大都淡化，成为自娱、娱人的民间舞或表演性舞蹈艺术了。巫舞是中国传统舞蹈中的一份宝贵遗产。

（二）傩舞

傩舞是古代驱鬼逐疫“大傩”祭礼中的面具舞，风格猛厉，今人称之为傩舞，源于原始时代的巫术活动，自公元前 11 世纪的西周时代确立傩祭后，直至今日，历时 3000 多年，“大傩”广泛流传在宫廷和民间。

傩舞

宫廷傩祭相当隆重，“方相氏：掌蒙熊皮，黄金四目，玄衣朱裳，执戈扬盾，帅百隶而时难（傩），以索室驱疫。大丧，先柩，及墓，入圹，以戈击四隅，驱良久”（《周礼·夏官》郑玄注）。《论语·乡党》记载了孔子见到民间“乡人傩”时，穿上朝服，恭立敬候的情景。及至汉代，傩祭更加隆重，除传统的方相氏，还有 120 个 10 岁至 12 岁的少年侲子，另又有扮十二兽神的，驱鬼逐疫的声势更加浩大。经两晋、南北朝、隋、唐，“大傩”仪式中的面具舞仍承旧制，唐代规模更为盛大。与此同时，由于社会的进步，傩舞神秘的驱鬼气氛渐淡，而表演娱人的成分逐渐加浓。

到了宋代，由于受到戏曲艺术发展的影响，傩仪发生了较大变化，方相氏、侲子、十二兽等“角色”，已由将军、门神、判官、钟馗、小妹、土地神、灶神所代替，人数多至千余人，娱人成分更浓。宋以后，从明、清至今日，“大傩”已发展成戴面具表演的戏曲，成为一种广泛流传在中国各民族、各地区的戏曲艺术品种——傩戏，题材也大大丰富了。同时傩舞仍在部分地区流传。有的偏僻山区傩舞与气功、武术等相结合，出现在民间祭祀活动中，仍具有一定的神秘感。

（三）羽舞

古代传说，禹征有苗 30 天，有苗仍不服。于是收兵，“舞干羽于两阶”。禹用干（防御性武器）和羽（表示和平愿望的橄榄枝），于是有苗归服，战争结束了。雅乐舞体系中的另一大类——文舞，就是拿着羽毛和籥（编管乐器）舞蹈的。广西花山岩画和云南沧源岩画中，都有戴着长长羽翎或披羽的人。

羽舞

（四）柘枝舞

柘枝舞是从西域传入中原的著名“健舞”。唐卢肇《湖南观双柘枝舞赋》中有“古也郅支之伎，今也柘枝之名”的句子。郅支为西域古城名，在今中亚江布林一带。

柘枝舞原为女子独舞，身着美化的民族服装，足穿锦靴；伴奏以鼓为主，舞者在鼓声中出场。章孝标《柘枝》诗有“柘枝初出鼓声招”，白居易《柘枝妓》有“连击三声画鼓催”。舞姿变化丰富，既刚健明快，又婀娜俏丽。舞袖时而低垂，时而翘起，即诗中所谓“翘袖中繁鼓”“长袖入华裀”。快速复杂的踏舞，使佩带的金铃发出清脆的响声。观者惊叹舞姿的轻盈柔软。舞蹈即将结束时，有深深的下腰动作。唐诗中对《柘枝舞》的描述，与今日新疆流行的手鼓舞有许多相似之处。

（五）白纻舞

白纻舞是古代著名舞蹈，原为江南民间舞。舞服用质地轻薄的白纻缝制，因而得名。从晋至唐的五六百年间，一直盛行不衰，是酒宴表演中的保留节目。舞者佩戴珠翠饰品，身穿白色长袖舞衣，动作以舞袖为主。舞者时而高举双袖如天鹅飞翔，时而低回婉转，轻移舞步，如推若引，似留且行，乐声节奏渐快，双袖急挥如雪飘，敏捷步态似流波，如流风行云般轻盈飘逸的舞姿，在观众面前掠过。

【视频】中国古典舞

问题与思考

1. 你认为戏曲艺术在当今社会有无存在价值，无论是说“有”还是说“无”，都请说说你的理由。

2. 请结合时代背景、表现内容、艺术特色、整体评价，分析张择端的《清明上河图》。

3. 简述商代舞蹈发展有何成就。

4. 为什么说唐代是中国古代舞蹈发展史上的黄金时代？

【视频】傩舞

【图文】中国古代十大名画欣赏

模块五 古代科技

能力目标

通过完成本任务，你应该能够：

1. 了解四大发明及其对人类文明的贡献；
2. 了解中国古代天文历法的发展历程及每一时期的成就。

核心能力

通过完成本模块任务，学生将能够：

1. 概述古代中国的科技成就，认识中国科技发明对世界文明发展的贡献；
2. 增强民族自尊心和自豪感，弘扬科学精神，激发爱国主义情感。深深体味“科学技术是第一生产力”的论断，理解科教兴国战略实施的必要性和艰巨性，自觉地树立科学意识。

在历史长河中，科技文化为中华民族的绵延发展提供了重要支撑。中国科技文明在特定的自然环境和社会环境里创造和发展。纵观中国古代科技发展史，我们的祖先取得了辉煌的成就，在相当长的时期内一直居于世界前列，在天文、数学，医学、农学、工艺学等许多方面有过无数的发现、发明与创造，为人类文明的进步和科学的发展做出了巨大的贡献。英国科学家李约瑟曾指出：“中国在公元三世纪到十三世纪之间保持一个西方所望尘莫及的科学和知识水平。”

任务一　中国古代四大发明

任务先行

中国古代四大发明是指造纸术、指南针、火药和印刷术（也指活字印刷术），是中国古代对世界具有很大影响的科技发明。这一说法最早由英国汉学家艾约瑟提出并为后来许多中国的历史学家所认可，普遍认为这四种发明对中国古代的政治、经济、文化的发展产生了巨大的推动作用，且这些发明经由各种途径传至西方，对世界文明发展史也产生了很大的影响。中华五千年璀璨夺目的优秀传统文化中，科学技术的重大成就是极为重要的部分。你能找到关于中国古代科技的辉煌成就吗？试试看。

任务导入

四大发明在我们日常生活中起到了什么作用？

一　指南针

指南针，古代叫司南，主要组成部分是一根装在轴上的磁针，磁针在天然地磁场的作用下可以自由转动并保持在磁子午线的切线方向上，磁针的南极指向地理南极（磁场北极），利用这一性能可以辨别方向。

常用于航海、大地测量、旅行及军事等方面。物理上指示方向的指南针的发明有三类部件，分别是司南、罗盘和磁针，均属于中国的发明。据《古矿录》记载，指南针最早出现于战国时期的磁山一带。指南针是中国古代劳动人民在长期的实践中对磁石磁性认识的结果。作为中国古代四大发明之一，它的发明对人类的科学技术和文明的发展，起了无可估量的作用。在中国古代，指南针起先应用于祭祀、礼仪、军事和占卜与看风水时确定方位。

指南针

在中国的方位文化中，经历了从天文学方法定位再以磁学方法制成司南，最后由司南演变成指南针的三个阶段，随之而来的是测定方位技术的不断完善。

战国末年发现了天然磁石的指极性，“磁石占铁，或引之也”。那时就发明了一种正方向、定南北的仪器，叫作司南。它的样子像一只勺子，底圆，可以在平滑的“地盘”上自由旋转，当它静止时，勺柄就会指向南方，这是世界上最早的指南仪器。

宋代，有人发明了人工制成的指南计。据北宋沈括实验，人造指南针的放置方法有四种：将磁针穿在灯芯草上浮于水面，放在指甲上，放碗沿上，悬在丝线上。经过检验比较，沈括认为第四种“缕悬法”为最佳。沈括还总结了“看风水”为业的“方家”长期使用指南针定方向的经验和自身亲自观察的结果，发现磁针所指方向正南稍偏东的现象。这是世界上关于地磁偏角（即磁针子午线与地球子午线相交的角度）的最早记载。欧洲直到 1492 年才由意大利人哥伦布发现地磁偏角的存在。

在宋代，特别是南宋，中国海外贸易空前发达。据考证，至迟在北宋末年已把指南针应用于航海。南宋时，出现了将指南针安装在刻有度数和方位的圆盘上的罗盘针，使海船上的舟师在白昼无太阳、黑夜无星月的情况下，也能凭借罗盘针辨认方向，安全正确地航行。

指南针在航海上的应用对地理大发现和海上贸易有极大的促进作用。

二 造纸术

造纸术是中国四大发明之一，发明于西汉时期，改进于东汉时期。纸是中国古代劳动人民经验的积累和智慧的结晶，它是人类文明史上的一项杰出的发明创造。

据考古学家推测，中国造纸术的发明不晚于西汉。1957 年，考古发现的西汉灞桥纸，用大麻纤维制成，比较粗糙。这种纸张，由于在选材和技术处理上还有所欠缺，因此不利于书写。再加上其他原因，西汉时期还没有满足社会需要的造纸手工业的产生。东汉和帝元兴五年，即公元 105 年，宦官蔡伦发明了一种“新纸”。这是经过对造纸方法的改进以后生产出来的质量较好的植物纤维纸，时称“蔡侯纸”。

造纸术

“蔡侯纸”有着自身的优点：一是取材方便、化旧利废，便于推广。它采用树皮、麻头、破布、旧渔网等作为原料，取材便利、成本低廉，便于迅速推广应用。二是蔡伦改进了造纸工艺，解决了纸浆的化学处理和漂白等关键工艺，从而提高了纸张质量，符合书写需要。

中国的造纸术发明后，纸张这种书写工具，迅速取代了过去的竹简、木牍、缣帛，为科学文化的传播、普及与发展提供了极重要的物质条件。公元 8 世纪，中国造纸术传人西亚，12 世纪传入欧洲，以后逐步在全世界推广应用，为世界科学文化的发展做出了巨大贡献。

三 印刷术

在我国，最先出现的是雕版印刷术。雕版印刷术是在周、秦时期已出现的印章技术和稍后出现的拓石技术的基础上发展起来的。雕版的制作就是先在尺寸相等的木板上刻上凸出的反体的文字或图画，然后在版面上涂墨，付印在纸上，即可大量印制同样的书籍、图画。据

印刷术

史书记载，最早的雕版书是唐太宗时刻印的长孙皇后的《女则》。最早的雕版画是玄奘和尚大量雕印的菩萨像。8 世纪 80 年代，有了作为商人纳税凭据用的“印纸”出现。824 年（长庆四年），诗人元稹为白居易《长庆集》写的序文中说到，有人拿白诗的写本和印本在街头叫卖或换取酒茶。到文宗大相年间，四川和江淮一带民间已经每年“以板印历日”，在市场出售，以致不等朝廷颁下新历，“其印历已满天下”。可见在唐后期雕版印刷已相当发达。

现存最早的印刷品是在敦煌千佛洞发现的 868 年（咸通九年）印的《金刚经》，刻印精美，可惜在 1907 年被帝国主义分子斯坦因盗往英国伦敦。国内现存的最早印刷品，是 1944 年在成都东门外一座晚唐墓出土的印本《陀罗尼经》。

宋仁宗庆历年间（1041 年—1048 年），平民毕昇发明了活字印刷术。方法是用胶泥刻成活字，使字凸出，然后用火烧烤，使之坚硬；再用一铁板，在上面敷上松脂、蜡和纸灰合成的药；印刷时把单字镶入铁板，再用火烤，使药熔化，粘住单字，用一平板将字压平，等到药凝固后，即可用来印刷。印刷完毕，用火将药熔化，把活字取下，以备下次再用。为了提高印刷效率，毕昇采用两版交替使用的方法，一版印刷，另版即可排字。这是世界上最早出现的活字印刷，是印刷史上划时代的技术创新。作为我国劳动人民对世界文明的重大贡献，极大地促进了世界文化的传播、普及和交流。

毕昇的活字印刷在宋代使用并不太广泛。以后到元代时又发明了木活字、锡活字，使印刷业得到更为迅速的发展。

四 火药

火药是中国四大发明之一，是在适当的外界能量作用下，自身能进行迅速而有规律的燃烧，同时生成大量高温燃气的物质。在军事上主要用作枪弹、炮弹的发射药和火箭、导弹的推进剂及其他驱动装置的能源，是弹药的重要组成部分，火药的发明是人类文明史上的一项杰出的成就。火药以其杀伤力和震慑力，带给人类消停战事、安全防卫的作用，成为人类文明重要发明之一。

火药的发明是人们长期炼丹、制药实践结果，至今已有一千多年历史。炼丹术中很重要的一种方法就是“火法炼丹”，它直接与火药的发明有关系。炼丹家的虔诚和寻找长生不老之药的挫折，使得炼丹家不得不反复实验和寻找新的方法，这样就为火药的发明创造了条件。在发明火药之前，炼丹术已经得到了一些人造的化学药品，如硫化汞等。这可能是人类最早用化学合成法制成的产品之一。炼丹起火，启示人们认识并发明火药。因此火药的发明具有一定的偶然性。火药不能解决长生不老的问题，又容易着火，炼丹家对它并不感兴趣。火药的配方由炼丹家转到军事家手里，就成为中国古代四大发明之一的火药。

火药

【视频】机关术

【视频】河图

【视频】曜日

我国火药的发明不晚于五代。在五代时，就已出现了一种叫“飞火”的武器。在宋代，随着采矿、冶金等部门手工业的发展和抗击辽、夏、金战争的频繁，火药、火器的制造技术也提高到了一个新的阶段。北宋时，在汴京有专门制造火药和火器的官营手工业作坊。北宋时利用火药制成的火器，主要是燃烧性的。以后，爆炸性的火器也大量制造和应用。南宋时，发明了管状火器——用竹筒，内装“子窠”，点燃后，“子窠”射出，用来杀伤敌人。这是世界上最早的原始步枪。后来把竹筒改为铁管或铜管，叫作火铳。管状火器才是真正的火器。它的出现标志着火器制造中上一个划时代的进步。它使整个作战方法发生了极大的变革。

火药兵器在战场上的出现，预示着军事史上将发生一系列的变革。从使用冷兵器阶段向使用火器阶段过渡。中国的火药推进了世界历史的进程。恩格斯曾高度评价了中国在火药发明中的作用：“现在已经毫无疑义地证实了，火药是从中国经过印度传给阿拉伯人，又由阿拉伯人和火药武器一道经过西班牙传入欧洲。”火药动摇了西欧的封建统治，昔日靠冷兵器耀武扬威的骑士阶层日渐衰落了！火药的发明极大地推进了历史发展的进程，是欧洲文艺复兴、宗教改革的重要支柱之一。

任务二　古代天文历法

任务先行

中国是世界上天文学发展最早的国家之一。由于生产、生活的需要，人们从远古时期便已对天文星象进行观测，经世代连续不断的努力，积累了日益丰富的天文学知识，并逐渐形成了内容丰富、独具风格的天文学体系。天文知识的丰富、历法的形成成为古代天文学的核心。由于星象家们把星象变异与人间政事相附会，使得中国古代的天文历法独具特色。

任务导入

你知道我国历史上最早的一部天文历法是什么吗？

一 夏商周时期

夏代的历法是我国最早的历法。《大戴礼记》中的《夏小正》，相传是我国第一部历法（现在还把农历叫夏历）。夏历以斗柄指在正东偏北的所谓“建寅”之月为岁首。《夏小正》在流传中或有错误，但夏代已有历法却是无可置疑的。孔子就曾主张“行夏之时”。夏代还作了世界上最早的日食记录，并留下了关于流星雨的记载。从夏后期的胤甲、孔甲、履癸几个王的名号来看，干支记日法也已发明了。以后发掘出土的文物中，都可找到夏代已有天文历法的证据。

商代的天文历法比夏代又有进步。卜辞中不但有日食、月食的记录，有鸟星、水星、火星的记录，还有风雨雷电等气象方面的记录，可见殷人星象知识已相当丰富。卜辞所反映出来的殷代历法是一种阴阳历。它以一昼一夜为一日，以月亮之圆缺为一月，以太阳之温暑凉寒变化一次为一年。年有平年和闰年之别，平年十二月，闰年十三月。前期置闰月于年终，后期置于年中。月有大小之分，大月 30 日，小月 29 日。当时已有春夏秋冬四时之分，月份分配亦与后世同。殷墟还发现刻写在甲骨上的完整的干支表，每六十日由甲子到癸亥为一周，每十日自甲日至癸日为一旬。

西周时期的天文学家确定了我国古代的 28 宿黄道带、赤道带两侧的区域。28 宿的起源很早，确定每个星座在天空的具体位置，有助于确定天体的位置及观察其他天象，如日月食发生的位置，一年四季季节的变化等。我国历史上最早的一次日食观测记录，是公元前 776 年 9 月 6 日，即周幽王六年十月初一日。《诗经 · 小雅 · 十月之交》中记载：“十月之交，朔月辛卯，日有食之。”

二 春秋战国时期

春秋时期，从公元前 720 年至前 481 年，共记载有 37 次日食记录，其中 30 次已证明是可靠的。其记载的数据之准确令人叹服。在我国《春秋》一书上记录了在公元前 613 年，在北斗七星处出现了一颗彗星。原文是：“秋七月，有星孛入于北斗。”“星孛”就是彗星。我国古人把彗星称为“星孛”。哈雷彗星是一颗著名的周期彗星，每 76 年出现一次。被公认为是“哈雷彗星”在世界上最早的记录。此记录足足比欧洲早 670 多年。

在历法上，春秋时期已使用土圭法观测日影来确定冬至日和夏至日，并以日月合朔为一月开端。同时，也有了置闰月的方法，即 19 年 7 闰。

战国时期，齐人甘德著《天文星占》8 卷、魏人石申著《天文》8 卷，被后人合编为《甘石星经》。这些著述中记载了观测星宿运行的占星家观测和发现的金、木、水、火、土五个行星的运行规律。记录了恒星距北极的度数。他们所测定的恒星记录，是世界上最早的恒星表。其中有 28 宿星和其他一些恒星共 121 颗的赤道坐标位置。《甘石星经》是后世天体测量工作的基础。

三 秦汉时期

秦汉时期，由于《颛顼历》已使用百余年，出现了较大误差，汉武帝命司马迁、历官邓平与民间历算家落下闳、唐都等二十多人编制新历。因当时为汉武帝太初元年（前 104 年）开始实施，故名为《太初历》。《太初历》是中国古代有文字记载的第一部完整的历法。它在中国历史上第一次科学测定出 135 个月的日食周期，以及五大行星的会合周期。根据这部新历法，汉朝中止了沿用秦朝的以每年十月为岁首的纪年方法，而以每年正月为一岁之识，这正与夏历相结合。在易服色方面，根据五行相复的学说，决定汉朝尚黄色。与此相应的，还有礼仪制度等多方面的改变。

《太初历》历法是长时间的纪时系统。具体地说，就是对年、月、日、时的安排。因为农事活动和四季变化密切相关，所以历法最初是由农业生产的需要而创制的。《太初历》规定一年等于 365.2502 日，一月等于 29.53086 日；开始采用有利于农时的二十四节气；以没有中气的月分为国月，调整了太阳周天与阴历纪月不相合的矛盾。《太初历》不仅是我国第一部比较完整的历法，也是当时世界上最先进的历法。

四 隋唐时期

三国两晋南北朝时期，由于连年战乱，在天文历法方面没有什么大的突破。

隋朝较为著名的天文学家有刘焯、丹元子和耿询等人。刘焯在仁寿四年（604 年）写了《皇极历》，并最早提出了历算的“等间距二次内插法”的公式。他测定岁差为 75 年差一度。比当时西方人认为 100 年差一度要更接近于准确值（今测 71 年多差一度）。丹元子编成的七字长歌《步天歌》，是当时初习天文学所必读的歌诀。奴隶出身的耿询造成的水动浑天仪观测天象相当准确，“作马上刻漏（计时器），世称其秒。”

唐代杰出的天文学家是一行和尚（683 年—727 年）。他本姓张，名遂，魏州昌乐（今河南南乐）人。僧人一行在开元十二年（724 年）通过观察发现了恒星位置移动的现象，比英国天文学家哈雷提出恒星自行的观点早了将近 1000 年。他是世界上用科学方法实测子午线长度的第一人。国外在这方面的研究晚了 90 年。一行在临死前完成的新历《大衍历》，体系结构合理，系统周密，较符合天文实际。明末以前历代历法皆按他的体系结构编写。

五 五代宋元时期

北宋沈括的《十二气历》主张取消闰月，大月 31 日，小月 30 日；以立春作为春季开始，立夏作为夏季开始，立秋作为秋季开始，立冬为冬季开始。用气节时令定月，很适合农业生产的需要。太平天国时期颁布的《天历》和 20 世纪 30 年代英国气象局颁布的用于农业气候统计的《耐普尔·肖历》基本相同。

元代著名科学家郭守敬在元世祖至元十三年（1280 年）制定《授时历》。它将一年定为 365.2425 日，同地球绕日一周的实际时间只差 26 秒，同现在的公历相同，但比公历早出现 300 年。《授时历》比过去历法更为精密，实行了 300 多年，是我国古代最精确、使用时间最长的一部历法。

【视频】祖冲之

六 明清时期

明清时期，著名的历算家王锡阐，号晓庵，吴江（今江苏）人，著有《晓庵新法》等十几种天文著作，发明计算金星、水星过日方法，提出精确计算日食、月食的方法。梅文鼎，字定九，号勿庵，安徽宣城人。所著天文、历法、数学著作 86 种，其中《古今历法通考》是我国第一部历学史。

【视频】郭守敬

中国古代在天文历法领域不但产生了许多举世闻名的科学家，而且取得了卓越的成就。中国居于世界领先地位的天文历法，为世界天文历法学的发展做出了极大贡献。

【图文】中国古代科技成果欣赏

问题与思考

1. 谈谈我国古代四大发明对世界的影响。
2. 默写“二十四节气歌”，并写出具体名称和顺序。
3. 古代纪年方法有哪些？请举例说明。
4. 人们常说“晨钟暮鼓”“三更半夜”，这些说法有何来历？

模块六 中国史学

能力目标

通过完成本任务，你应该能够：

1. 了解中国史学发展历史及中国历史上秉笔直书的代表人物；
2. 知道中国古代主要的史学家及其作品。

核心能力

通过完成本模块任务，学生将能够：

1. 概述古代中国史学的发展历程，认识具有优良史学传统、忠于史实的典型人物；
2. 增强民族自尊心和自豪感，弘扬求实精神，激发对一切从实际出发的探究欲望。

自从有了人类的历史，就产生了人类最初的历史意识。在文字产生之前，世界上所有的民族为了积累和保存以往的经验，纪念那些为公众利益做出贡献的英雄人物，先是口耳相传，继而辅之以结绳、刻木等手段帮助记忆。这种原始的历史观念和流传方式，是历史记载发生的前提。随着文学记录成为国家一项经常性、必不可少的工作，中国建立了世界上最早的史官制度。

任务一　中国史学的发展历史

任务先行

有史以来，勤劳勇敢的中国人民在神州大地上生生不息，奋进不止。他们用双手和智慧创造了令人叹为观止的物质文化，也创造了灿烂辉煌的精神文化。在中国人民创造的精神文化中，历史学是一颗分外引人瞩目的明珠。中国古代史学起源之早，文献之富，经验之多，价值之大，可谓举世闻名，罕有其匹。

任务导入

你能说说中国史学的发展演变过程吗？你能列举具有忠于史实、秉笔直书优良史学传统的史学家吗？你知道哪些善于吸取历史教训的皇帝？你听过“女娲补天”“后羿射日”“黄帝蚩尤大战”“大禹治水”这些故事吗？哪一个历史故事让你印象最深？

一　萌芽——先秦时期

远古传说是中国史学的源头。有了文字和历法之后，人类可以对自身历史进程作出明确记载，史学也随之产生。在殷商时代，甲骨文卜辞的记载，已包含时间、地点、人物、事件等基本要素，是现今发现的最早的历史记录。从中可以看到史学的萌芽。负责记载甲骨文卜辞的巫师兼任记史工作，他们就是最早的历史学家。“史”字原为手执简册之形，但史官起初并不是专司记事，而首先是负责主持祭祀，占卜吉凶，沟通神与王的意志。同时讲说故事，记录时事，编次和保管文献简册。史官再进行分工，有记言之史与记事之史之别。今天保存在《尚书》中的，即商周时代的历史文献。

《春秋》是中国传世最早的一部按时间顺序记录的编年体史书。它原是鲁国的国史，全书一万八千余字，出自鲁国史官之手，经过了孔子的整理，后来相继出现了一些叙述春秋战国时期史事的典籍，体裁不同，各有特色，如编年体的《左传》《公羊传》《穀梁传》；略具国别断代史性质的《国语》《战国策》；最早的谱牒之书《世本》；以地理为主兼有神话传说的《山海经》，以及发抒哲学思想、政见和史观的诸子百家之书。其中《左传》叙事详备，文笔生动，是中国最早的一部史学名著，也代表先秦史学中最高的成就。战国时期诸子争鸣，往往运用历史知识，针对现实，发表政见。如孟子“言必称尧、舜”，提出“五百年必有王者兴，其间必有名世者”等观点。商鞅说，“三代不同礼而王，五伯不同法而霸”，“治世不一道，便国不法古”，为变法造舆论。邹衍讲历史，驰骋想象，极大扩展时空概念，并提出了“五德终始”说，以投合君主专制的需要。李斯以秦史论秦政，韩非的“世异则事异”，“事异则备变”以及是今非古论，对当时和后世都有很大的影响。

二 奠基发展期——秦汉至唐宋

秦汉时期出现了司马迁的《史记》与班固的《汉书》两部史学巨著。西汉伟大的史学家司马迁所著的《史记》，是我国第一部纪传体通史。它的诞生，标志着中国史学已卓然成家，成为中国文化发展史中不可或缺的重要组成部分。东汉班固所著的《汉书》是记载整个西汉历史的第一部纪传体断代史，开创了皇朝史撰述的先河。司马迁提出了“究天人之际，通古今之变，成一家之言”的著述宗旨，开创了综合本纪、表、书、世家、列传等于一书的纪传体通史体例。《史记》一百三十卷，五十二万余字，记事起于传说时期的黄帝，迄于汉武帝刘彻，跨朝越代首尾三千余年。班固编写了《汉书》一百卷，八十万字，“文赡而事详”，仅记述西汉一代史事，开创了纪传体断代史的先例。《史记》《汉书》两部著作各有所长，二者思想上倾向不同，文风上各有特色，在中国史学史上都有突出的地位和深远的影响。

继《史记》《汉书》之后，汉唐之际产生了不少纪传体史书，其中有《三国志》《后汉书》等名著。唐初百年内有八史问世（官修的正史有：《晋书》《梁书》《陈书》《周书》《北齐书》和《隋书》；私人修成的有《南史》《北史》）。从此纪传体史书代代续修，其体例也大致定型。编年体和其他体裁史书也有发展。荀悦撰《汉纪》，以编年体叙述西汉历史，《后汉纪》等编年史接踵产生。还有传记体的国别史《十六国春秋》，最早的地方志《华阳国志》以及《佛国记》《高僧传》《世说新语》《颜氏家训》《洛阳伽蓝记》《水经注》等与历史有关的各种著作。据《隋书·经籍志》著录，汉代至隋代的史书达数百部，反映了史学发展的盛况。

秦汉至唐初的史学与先秦的史学相比有显著的特点。首先是史学由附属地位而逐渐独立。东汉之前，史籍比较少，《别录》与《七略》的分类中均无史部。《汉书·艺文志》将史书著录于《六艺略》“春秋家”，以史附从于经。自东汉之后，史籍大量涌现，史书种类增多，史学日益受到社会重视，朝廷设立史官和史馆，目录中也列出了史部，这些都标明史学已成为一门独立的学科。这个时期的历史著述，有官修，有私修，有奉诏私修等几种情况，而官修日占上风。

两汉以后，史学评论渐多，梁代刘勰《文心雕龙·史传篇》是史评专文，探讨了古代史官的建置与职守，叙述了史书的源流、派别及其得失，议论了撰史的功用、目的与态度。《隋书·经籍志》史部分十三类，各类之序叙述史书的源流并加以评论。史部十三类的序加在一起，就是较全面的史学总结。

唐代史学理论家刘知几所著的《史通》，对古代史学做了系统性的评论，在史书编撰、书事曲直、史家修养以及史馆监修等方面都提出很重要的观点。他主张直书，反对曲笔；主张一家独断，反对官府垄断；主张实事求是，反对附会臆说。这些都是进步的思想。

中唐至乾嘉时期，封建王朝设置史馆，并形成修史制度。首先是纂修实录，即以编年体记录每一帝王在位时的大事。唐代和宋代的实录已散佚，明清两代实录基本上保存完整。实录虽不完全真实，但保存了比较原始的丰富史料。史馆还修“国史”即当代史，但历代国史随着王朝的更替，多已湮没无闻。其次，历代史馆都纂修前代的历史，如《旧唐书》《旧五代史》等。直到清代修《明史》，完成了一套纪传体的后称为“正史”的“二十四史”。其中除《史记》外，皆是以朝代为断限的纪传体断代史。二十四史的形成经过了两千年，前后变化很大，水平不一，但这套史书，在今天仍是研究中国长期封建社会历史的主要依据。

北宋司马光主编的《资治通鉴》共二百九十四卷，自战国初年叙至五代末年，是一部编年体通史。《资治通鉴》在史学上产生了很大影响。问世之后，不仅有注释，如胡三省的《通鉴音注》；有补正，如严衍的《资治通鉴补》；还有续作、改编、仿制等相继出现。袁枢根据《通鉴》，编成《通鉴纪事本末》，既是《通鉴》的一个支流，又首创了将史事分别立目，独立成篇，各篇按时间顺序编写的纪事本末体。朱熹亦编成《通鉴纲目》，首创纲以大字提要，目以小字叙事的纲目体。

总体来看，秦汉到唐宋是中国史学的奠基发展期。魏晋时期，民族史、地方史、家史、谱牒、别传、史论、史注等新的史学门类纷纷出现，标志着史学的多途径发展。隋唐时期，官修史书成就斐然，有 8 部正史成于唐初。史学总结性著作《史通》《通典》也应运而生。两宋堪称史学盛世。在通史、当代史、历史文献学、民族史、域外史、学术史和史学批评诸方面都取得重大成就，产生了划时代的史学巨著。

三 深化总结期——元明清

明清时期是中国史学深化和总结时期。这一时期，方志撰述兴盛，稗史空前增多，经济史撰述繁富，历史教育得到广泛开展，史学进一步走向社会深层。清代学者还对中国文化进行了大规模的清理和总结。在校勘、考订、辨伪、辑佚等方面取得丰硕成果。史评、史论领域杰作迭出。明清两代，是中国史学大家辈出、学者如林的时代。他们对后世学人产生了深刻的影响。

明代前期中期，撰史、考史和论史几方面的成就，都不及唐宋。明末清初，社会矛盾激化，动乱频仍，史学出现生气。李贽主张经史相为表里，以史经世，反对脱离现实而空言义理，对史学有一定贡献。以后黄宗羲、顾炎武、王夫之等明确提出了经世致用的治史方针，主张从历史研究中寻找社会历史发展的前途，总结解决社会矛盾的办法。

顾炎武的文集中有一些出色的史论与政治结合的文章。他讲究考据，与明代空言心性不同，但考据只是手段。其代表作《日知录》，考古而证今，目的在于经世致用。

黄宗羲除著有《明儒学案》等学术史专著外，还著有史论专著《明夷待访录》。这部书尖锐地批判封建政体的腐败，抨击封建君主专制的缺点，主张对君权严加限制。王夫之提出了“理势合一”和“趋时更新”的进步历史观，又强调以史为鉴，以“求治之资”。他的代表作《读通鉴论》和《宋论》，往往以辩证的思维评论历史，史论中寓有政论。

清朝统治者强化封建专制、笼络知识分子，大量地编书和修史，以示“稽古右文”，为其统治服务。不少学者钻进考据圈子里去。乾隆至嘉庆时期，历史撰述与评论、历史文献学等方面，都有成绩。但当时史学家往往博古而不通今，言事而不论理，考史之功虽勤，但多不能自成一家之言。考史著作，以王鸣盛的《十七史商榷》、钱大昕的《廿二史考异》、赵翼的《廿二史札记》为代表，而三书各有特点。《考异》是清代历史考据的最高水平，《札记》在史料基础上发挥议论，《商榷》体裁则兼有二者，但精审不及钱赵二家。这个时期最具代表性的，要推《四库全书总目·史部》与《文史通义》。清朝官修的《四库全书总目》，在史部评论古代各种史书体例和得失，提倡历史考证，抬高本朝官修史书，鼓吹“归正斥邪”。意图在于以官史压私史，以官方评论左右舆论，诱导学者好古而不问今，以加强其思想文化专制。史学理论家章学诚所著《文史通义》，对古代史学做了尖锐批评，提出了自己的史学见解。他既反对“务考索”，又反对“腾空言”，并讥刺官史之弊端。他在史学理论上，提出了“史学所以经世”，史贵于“义”，史文“质以传真”，志为史体等看法，推崇独断与家学，强调“史德”，在史学理论方面有中国史学史上前所未有的建树。

任务二　中国史书体例

任务先行

著作的编写格式或文章的组织形式叫体例，史书体例是指史书编撰的方式。清代史学家姚仲实在《史学研究法》一书中说：“史之为法大端有二：一曰体；二曰例。必明乎体，乃能辨类，必审乎例，乃能属辞，二者如鸟有两翼，车有两轮，未可缺一也。”根据史书编撰方式的不同，可把中国的史书大致分为编年体、纪传体和纪事本末体三类，每类又各有其“例”，如纪传体史书以人物为中心记载历史，分为“纪”“传”“志”等几个部分。

任务导入

中国史书中的“正史”的史书体例是什么？

一　编年体

编年体是中国史书的主要体例之一。它以时间为中心，依照时间顺序记述史事。这种体裁给人以明确的时间观念，容易明了史事的时代背景和因果关系。

自我国有确切纪年（公元前 841 年）始，就有了编年史。先秦时期，各诸侯国的编年史名为《春秋》《乘》等，是早期编年体史书的典型代表。孔子据鲁国国史编写的《春秋》，是现存最早的编年体史书，具有珍贵的史料价值。东汉荀悦的《汉纪》和晋人袁宏的《后汉纪》是两部编年体名著。北宋司马光主编的《资治通鉴》，上自战国，下至五代，按年记载，前后贯通，是一部划时代的编年史著作，也是继《史记》之后容纳年代最长的通史之一。《资治通鉴》的诞生，对编年体的发展影响极大。在它之后，补撰、续作、改编、仿制、注释、评论之书络绎不绝。南宋李焘再撰写《续资治通鉴长编》，记述北宋百余年史事。李心传撰《建炎以来系年要录》，为宋高宗一朝的编年史。清代毕沅在他们的基础上，完成《续资治通鉴》。加之清末《明纪》和《明通鉴》的问世，这一系列史书形成自春秋到明末近 2400 年前后衔接的编年史，成为世界史学史上的一大奇观。

二 纪传体

纪传体是东亚史书的一种形式，是以本纪、列传人物为纲、时间为纬、反映历史事件的一种史书编纂体例。

纪传体史书的突出特点是以大量人物传记为中心内容，是记言、记事的进一步结合。从体裁的形式上看，纪传体是本纪、世家、列传、书志、表的综合。本纪，基本上是编年体，兼述帝王本人事迹。世家，主要记载诸侯和贵族的历史。列传，是各方面代表人物的传记。书志，是关于典章制度和有关自然、社会各方面的历史。表，是用来表示错综复杂的社会情况和无法一一写入列传的众多人物。优秀的纪传体史书把这些体裁综合起来，在一部史书里形成一个相辅相成的整体。它既有多种体裁的混合，又有自己特殊的规格。纪传体由司马迁《史记》所开创，经班固《汉书》确定为纪、表、志、传四体，为后世沿用。纪传体的优点在于：以人物为中心，便于记录各类人物活动状况，历史容量大，可以通观历史发展的复杂局面。但纪传体也有其弊端，即“一事而复见数篇，宾主莫辨”，分头叙述人物，历史事件则被分记到人物传之中，产生重复和矛盾之处。到南宋，才出现了克服编年、纪传缺陷而综合其优点的纪事本末体。

三 纪事本末体

纪事本末体是以事件为主线，将有关专题材料集中在一起的史书体例。其优点是将历史事实反映得较为清晰，行文简于纪传体，事理明于编年体，兼采二者之长。纪事本末体是由南宋袁枢创立的。他将《资治通鉴》中千余年史迹，按重大事件分类，每篇各编年月自成系统。分编 239 个标题，编成《通鉴纪事本末》，为研读《资治通鉴》提供了巨大的方便。此书一出，深得好评，仿者甚众。明清两代，先后产生了《绎史》《左传纪事本末》《续通鉴纪事本末》《宋史纪事本末》《明史纪事本末》《清史纪事本末》等史书。纪事本末体作为一种独立的体裁，得到了重视和发展。

四 国别体

国别体是以国家为单位，分别记叙历史事件。

《国语》是中国第一部国别体史记，又称国记，是一部以国记事的历史散文，自西周穆王到战国初年的鲁悼公，分载周、鲁、齐、晋、郑、楚、吴、越等八国的历史。它最初的记录者可能是各国的史官，在春秋战国之际由晋国的史官编纂成书。《国语》记事比《春秋》详细、生动得多，也保存了许多珍贵的史料。《战国策》是一部战国时期的史料汇编，由西汉后期的刘向校理群书，加以整理，去其重复，得 33 篇，按国别分为东周、西周、秦、齐、楚、赵、魏、韩、宋、卫、中山十二国策，定名为《战国策》。陈寿《三国志》记载了魏、蜀、吴三国的历史。

五 典制体

【视频】《战国策》

【视频】《史通》

典制体是记载历史上典章制度的专史体裁。它兴起于中晚唐时期。在我国古代，史家在各种著作中多仿《史记》中“八书”的体制，设“志”记载典辞章制度。唐代杜佑著《通典》，是我国第一部记历代经济、政治、文化等方面典章制度沿革的专史。它上起黄帝，下至唐玄宗天宝年间，补历代史志之未备，开辟了新的史著体例。宋代郑樵著《通志》，其功力最深的得意之作是《通志二十略》，备载“百代之宪章”，是全书价值最高的部分。元初史学家马端临仿《通典》体例而撰《文献通考》，统记上古至宋宁宗时期历朝典章制度的沿革。《通典》《通志》《文献通考》被合称为“三通”。到清代，又陆续有《续通典》《清通典》《续通志》《清通志》《续文献通考》《清朝文献通考》和《清朝续文献通考》问世。它们与“前三通”合编，称为“十通”。“十通”是贯穿古今的典章制度的专史，为后世保存了极其珍贵的文物制度方面的史料。

此外，中国传统史学还有纲目体、会要体、学案体、史评、史考等多种体例。它们各有源流，互相补充，成就辉煌。中国史籍之丰富多彩，在世界上是无与伦比的。

任务三 中国史学的优良传统

任务先行

在我国古代史学漫长的发展过程中，逐渐形成了许多优良传统，这是以往史学家们优良的思想、品德、学风和经验的集中表现。批判地继承古代史学优秀遗产，不仅要学习古代史学家所积累的史学研究成果，还应从中概括和总结出体现在史学家身上的优秀史学文化传统。

任务导入

中国古代史学在史学宗旨、史家修养、史学方法、史家标准、治史态度等方面都有自己的特色。你能挑其中的一两条查资料进行了解吗?

一 以古为镜、经世致用

中国古代史学家非常注重史学研究的古为今用，这是中国古代史学的优良传统，同时也是古代史学家治史的目的。

评今略古、注重当代史的研究，可以说是我国史学的一贯传统，史学家以为社会回答和解决现实问题为己任，正世风，治世乱，穷成败兴亡之理，以前事为后事之师。这是中国史学备受重视的重要原因。早在《尚书》中，就有“我不可不监于有夏，亦不可不监于有殷”这样的警句；唐太宗“以古为镜，可以知兴替”；宋神宗将司马光报呈《通鉴》御赐书名为《资治通鉴》，都充分说明了史学的现实功能。因此，历代史家都对现实政治投入极大关注，以经世致用为史学的出发点和归宿。司马迁著《史记》，为的是“究天人之际，察古今之变”。司马光“专取关国家盛衰、系生民休戚，善可为法、恶可为戒者”，撰成《资治通鉴》。清代学者章学诚从理论上系统阐述了史学应备的经世精神，力主史学不能离开社会实际，反对空谈义理和专务考索，并主张“道器合一”，做到理论与实际相结合。明清之际是经世思潮高涨的时期，以顾炎武、黄宗羲、王夫之为代表的一代史家，高举“经世致用”旗帜，“鉴往所以训今”，广泛探讨了诸如行政体制、土地与赋税、科举制度、官制、刑法、货币、工商、垦荒、教育、舆论等与社会现实生活密切相关的问题。以史学作为经世致用之器的风气，影响一直持续到近现代。

在“以古为镜”“古为今用”思想的指导下，古代史学家非常注重自身所处当代史的研究。同时，我国自古以来，在对待历史遗产和记事写史中就很注重借鉴和垂训的作用。《尚书·召诰》说：“我不可不监于有夏，亦不可不监于有殷。”《诗经》也有“殷鉴不远，在夏后之世”的诗句。随着史学的发展，以史为鉴成为重要的史学传统。刘邦为了长治久安，让谋臣总结秦朝短命的教训。他曾对陆贾说：“试为我著秦所以失天下，吾所以得者何，及古成败之国。”唐太宗是最重视，也最善于借鉴历史经验的帝王，贞观十年（公元636年），房玄龄、魏徵等人修成五代史，他高兴地说：“朕睹前代史书，彰善瘅恶，足为将来之戒。”“预览前王之得失，为在身之龟镜。”唐太宗的话几乎是统治者对修史目的看法的总结。唐太宗说他有三面镜子：“以铜为镜，可以正衣冠；以古为镜，可以知兴替；以人为镜，可以明得失。”“以古为镜”就是“古为今用”，“以史为鉴”就是发挥史学的经世作用。司马光写的《资治通鉴》就是神宗皇帝赐名，强调以史为鉴的作用。

在中国古代史学发展史上，史学家向来都对国家治乱兴衰给以极大关注，表现出饱满而深沉的政治情怀。这种政治情怀，大多以经世致用为其出发点和归宿。孔子作《春秋》就有自觉的社会目的，这一目的就是史学为现实服务，包括以理想来批判现实，也就是经世致用。

另一方面，史学满足了现实政治的需要，因而又得到国家政权的鼓励和支持。唐太宗就是典型的关注史学的例子。政治关注史学，对史学的发展有促进作用，但也会出现政权对史学事业的控制，在一定程度上扼杀了史家的创造精神。史学家以考论政治得失、劝善，这也是中国史学的民族特色之一。以惩恶为己任，这也就决定了他们所撰写的书主要内容是现实社会中实实在在的政治和人事，司马光的《资治通鉴》尽管篇幅宏伟，内容丰富，总离不开政务这个核心。

经世致用的史学传统起初主要是注重史学的鉴戒作用，中唐时期的杜佑则发展为比较全面的经世目的。杜佑撰写《通典》，突破了在史书中从历史事件方面总结治乱得失的模式，深入到社会的经济制度和上层建筑领域，从各种制度的沿革变迁中探讨经验教训，从而对历史上的治乱得失做全面而深入的考察；同时也突破了传统的鉴戒模式，提出了以史学“经邦”“致用”“将施有政”这一具有直接实践作用的模式。

史学经世源于儒家，而儒家学说从整体而言，也是经世的学说。儒学从其创始人孔子开始，就是一种带有经世色彩的学说。

二 秉笔直书、忠于史实

秉笔直书是我国古代史学的又一优良传统。我国古代史学家历来把秉笔直书视为持大义、解善恶的神圣事业和崇高美德，他们以直书为荣，曲笔为耻。

早在中国史学开始兴起之时，秉笔直书就成为史家的崇高美德。春秋时期，晋国大夫董狐不畏望族赵氏权势，记载下“赵盾弑其君”的事实，被孔子誉为“古之良史”。自此，秉笔直书变为历代史家自觉遵循、付诸实践的撰史的基本原则。春秋时期，齐国太史兄弟三人据实记载了“崔枢弑其君”，两位哥哥都被崔氏接连杀害，三弟仍然冒死记实，大义凛然，为后世所景仰。唐代史家吴兢参撰《武后实录》，所记史实于宰相张说不利。张说多次托人求情请吴兢修改。吴兢坚持不徇私情，被称为“当今的董狐”。南宋袁枢负责修国史之传。原宰相章惇的后人以同乡的情谊请他为章氏“文饰”。袁枢说：“吾为史官，书法不隐，宁负乡下，不可负天下后人公议。”像吴兢、袁枢这样的史学家，在中国历史上不胜枚举。中国史学的基本精神就是求实精神。实与不实，是检验一个史家或一部史著价值的首要标准。直书的基本要求，就是忠于历史事实，据实而录。司马迁著《史记》：“善序事理，辨而不华，质而不俚，其文直，其事核，不虚美，不隐恶”，被誉为“实录”。史著的“实录性”成为多数史家追求和遵循的标准与规范。在历史上，曲笔当然也存在，这或是慑于当权者的威势，或是史家自身修养不足，但历史上任何时期，曲笔都没能成为公开提倡的行为，并总是为正直的史学家所不齿，受到世人的抨击。秉笔直书，始终是中国史学的主流。

三 学兼天人、会通古今

中国古代有代表性的史家及其撰述，一般都具有恢宏的历史视野。他们学兼天人，会通古今，用包容一切的气势和规模，阐述历史发展脉络。探究历史的前因后果。司马迁撰写《史记》时就明确提出“究天人之际，通古今之变，成一家之言”的著史宗旨。不管是通史还是断代史的著作者，都力图展示其学兼天人和会通古今的恢宏气象。中国古代史学自始至终不是纯粹的社会科学，它不但记叙了人类社会生活的丰富内涵，而且还记载了自然历史，包含了天文地理的变化。这种兼及天（自然）人的史学内容，是中国古代天人合一思想的体现。作为民族文化精神的主导观念和民族文化特质典型表现的天人合一思想，曾是史学家著史的指导思想，史学家富有文化史学特色的史学著作也正是这种天人观的贯彻与实践。

会通古今，是指史学家在运用历史知识时，要有高屋建瓴，融汇古今的见识，阐述历史的发展进程，探究历史的前因后果。会通古今的治史方式有着非常重要的意义，它重视通史的著述，是中国古代史学的主流。随着客观需要以及资料和经验的积累，新的通史著作便应运而生。“会通”思想在传统史学中占据重要地位。所谓“会通”，就是把历史作为一个整体来考察，探求其源流，说明其来龙去脉，反映历史的发展过程。在会通思想的指导下，通史著作首先受到史家推崇。先后出现《史记》《通典》《资治通鉴》《通志》《文献通考》等巨著。这些著作充分地体现了史学巨匠们的会通追求。宋代郑樵编撰《通志》，其精华所在的二十略，记载了氏族、六书、七音、天文、地理、都邑、礼乐、谥法、器服、职官、选举、刑法、食货、艺文、图谱、金石、灾说、蓝木昆虫等内容，力图“集天下之书为一书。”元代马端临《文献通考》记述了上古至南宋嘉定末年的历代典章制度，展示了会通古今的气魄。不仅在编撰上继承郑氏的会通思想，而且更加注意历代典章制度发展变化的相互关系，使“会通”成为历史研究的方法。随着社会的发展和具有会通能力的史学大师的增多，通史之作越来越多，成为中国古代史学发展中的辉煌点。刘知几的《史通》就是一部纵论古今史书、品评得失利弊的批评通史。此外，还有杜佑的典章制度体通史《通典》，司马光的编年体通史《资治通鉴》，马端临的典制体通史《文献通考》。中国古代有代表性的史家和史著，一般都具有广阔的历史视野。《史记》贯通古今，广纳百豪，不仅记述了社会各阶层人物的活动，还把视野扩大到社会生活各方面。如记述社会经济的《平准书》《河渠书》，记述政治制度的《礼书》《乐书》《律书》《历书》，记述天文的《天官书》，记述宗教的《封禅书》，对周边少数民族及邻近国家的历史，也一并包罗在内。《汉书》虽断代为史，也同具恢宏气象。“究西都之首末，穷刘氏之废兴，包举一代，撰成一书”《汉书》以后的断代史：《续汉书》《宋书》《魏书》《晋书》等都体现了史学家学兼天人、会通古令的宏大气魄。

学兼天人、会通古今这个优良传统源于中国传统思想，特别是儒家的天人观、古今变通观，这一传统促进了中国史学的繁荣，同时也影响、造就了许多通史名家。

四 讲究才学、注重史德

中国古代史学之所以兴旺发达，和史学家的思想道德、学识修养是分不开的。重视史学家的修养，是古代史学的又一优良传统。

历代史学家都十分关注修养问题，历史上，先贤很早就对史家应具的基本素质提出过要求。《隋书·经籍志》就提出，担任史官之人，必须博闻强志，疏通知远，“前言往行，无不识也；天文地理，无不察也；人事之纪，无不达也。”史学家在总结、评论前人的史学成果的时候，也就史学家的修养做了评论。班固评论司马迁的《史记》时说：“自刘向、扬雄，博览群书，皆称迁有良史之才，服其善序事理，辨而不华，质而不俚。其文直，其事核，不虚美，不隐恶，故谓之实录。”这里既肯定了《史记》的“实录”精神，又高度赞扬了司马迁的历史责任感。肯定他有“良史之才”。《隋志》史都后序说：“夫史官者，必求博闻强识、疏通知远之士，使居其位，百官众职，咸所贰焉。是故前言往行，无不识也；天文地理，无不案也；人事之纪，无不法也。”这就指出，作为一名史学家，学识上要“博闻强识”，见识上要“疏通知远”。唐代刘知几从理论上全面提出了“史才三长”，他认为真正的历史学家应具备史才、史学和史识三方面的条件：史才是指修史的才能，主要是史料搜集、史著编撰和文字表达方面的能力；史学，是指所掌握的丰富史料、历史知识和与历史有关的各种知识；史识，既包括历史见解和观点，也包含秉笔直书、忠于史实的品质和精神。三者之中，史识最难得，史才次之。清代章学诚在刘知几的基础上，进一步指出，除“三长”之外，著史者还必须要有“史德”，就是“著书者之心术”，是史家能否忠实于客观事实，能否做到善恶褒贬务求公正的一种品德。章学诚指出，史家要注重培养史德，端正心术，客观地观察和反映历史真相，避免根据个人好恶任意褒贬。史德、史识、史才、史学，是对史家素质和修养的全面要求，是史家追求的最高境界和评论史家的完整标准。

历代学者评论史学都从事、文、史三要素入手，章学诚讲得很深刻，他说：“史所贵者，义也；而所具者，事也；所凭者，文也。”这里的“义”就是史义，相当于我们所说的理论观点。这里的“事”就是史事，即历史事实。“文”是“史文”，即写史的文采。其中，义是最重要的，事是具体的，文更表达的，事是基础，文以表事，义从事出，三者血肉相连，一部史学作品能否达到高质量，传世不朽，就要看事、文、义的水平及其结合状况，这也取决于史学家德才学识的素质。史学家要有远见卓识，善于继承，勇于创新。一般而言，中国古代史学中许多闪烁着真理光辉的史学观点都是史学家远见卓识的结晶。

【视频】历史学

需要指出的是，无论是刘知几的“识”，还是章学诚的“德”，其衡量标准都是儒家的伦理道德观。在中国重伦理道德的思想文化熏陶下，史学家向来以修身立德为己任，史书以表彰忠臣孝子为要务。儒家修身、齐家、治国、平天下的政治人伦正是贯穿中国古代史学的精神支柱。历史上裁断善恶是非的主要标准就是儒家的伦理道德。司马迁说《春秋》“采善贬恶，推三代之德，褒周室”是“礼义之大宗”，就是从伦理上评论的。司马迁写《史记》，遵循其父的教诲，着重表彰明圣盛德和功臣世家贤大夫的功名、道德。他选择和评论历史人物的功业道德标准就是儒家的君臣父子之义。班固撰《汉书》把儒家礼教视为“所以通神明，立人伦，正情性，节万事者也。”刘知几总结史学功用，讨论史之三长，其衡量是非善恶，进行褒贬的标准仍带有浓厚的伦理色彩和森严的等级观念。中国古代史书，尤其是宋明史学对于纲常名教的宣传力度很大，司马光的《资治通鉴》、欧阳修的《新五代史》和朱熹的《通鉴纲目》等都渗透着儒家伦理纲常的内容。

【视频】考据学

【视频】笔记

儒家学说支配着中国思想界几千年，影响极其深远。经学是儒家思想的集中表现，它是封建社会的伦理基础和关于行为准则的学说，并且成为修纂史书的指导思想，也是史书通过历史经验反复阐明的史义。可以说，中国古代史学是为封建统治服务的，其目的都是为了稳

【图文】中国古代史学作品欣赏

定和强化封建君主专制制度，有其时代性、阶级性和局限性。我们今天在学习古代史学这一丰富的历史文化遗产时必须“取其精华，去其糟粕”。

问题与思考

1. 简述中国古代史学的发展演变过程。
2. 列举中国古代著名的史学家及其作品。
3. 请具体说说中国史学的优良传统有哪些。
4. 举例谈谈“以史为鉴，可以知兴替”。

参考文献

[1] 李丹 . 中国优秀传统文化 [M]. 上海：复旦大学出版社 ,2019.
[2] 李光 , 肖珑 , 吴向东 . 中华优秀传统文化 [M]. 北京：北京理工大学出版社 ,2020.
[3] 杨文涛 . 中国传统文化 [M]. 北京：中国言实出版社 ,2020.
[4] 刘怀荣 . 中国传统文化研究 [M]. 青岛：中国海洋大学出版社 ,2020.
[5] 易志军 . 中华优秀传统文化读本 [M]. 重庆：重庆大学出版社 ,2020.
[6] 王振杰 , 郭社军 , 池云霞 . 中华传统文化 [M]. 北京：高等教育出版社 ,2020.
[7] 王霁 . 中华传统文化导读 [M]. 北京：中国人民大学出版社 ,2020.
[8] 吕思勉 . 国学知识大全 [M]. 北京：台海出版社 ,2019.
[9] 张忠纲 . 中华优秀传统文化 [M]. 济南：山东文艺出版社 ,2019.
[10] 赵增普 . 中华优秀传统文化 [M]. 郑州：郑州大学出版社 ,2020.
[11] 朱希祖 . 中国史学通论 [M]. 南昌：江西教育出版社 ,2018.
[12] 龚贤 . 中国文化导论 [M]. 北京：九州出版社 ,2018.
[13] 李宽松 , 罗香萍 . 中国传统文化概论 [M]. 广州：中山大学出版社 ,2018.
[14] 向怀林 . 中国传统文化要述 [M]. 重庆：重庆大学出版社 ,2016.
[15] 孟建安 , 苏文兰 . 中国文化概论 [M]. 广州：暨南大学出版社 ,2016.
[16] 曾凡英 , 王红 . 中国传统文化与文化传统的现代化 [M]. 长春：吉林大学出版社 ,2018.
[17] 刘新科 . 中国文化概论 [M]. 长春：东北师范大学出版社 ,2015.
[18] 王玉德 . 文化视野的中国古代科技 [M]. 武汉：华中科技大学出版社 ,2017.
[19] 李平 . 中国文化概论 [M].3 版 . 合肥：安徽大学出版社 ,2015.
[20] 孙丽青 , 邵艺 . 中国传统文化概观 [M]. 上海：复旦大学出版社 ,2014.
[21] 孙机 . 华夏衣冠——中国古代服饰文化 [M]. 上海：上海古籍出版社 ,2016.
[22] 李芒环 . 古往今来话中国——中国的服饰文化 [M]. 芜湖：安徽师范大学出版社 ,2012.
[23] 沈从文 . 中国古代服饰研究 [M]. 北京：商务印书馆 ,2011.
[24] 王子今 . 中国古代交通文化论丛 [M]. 北京：中国社会科学出版社 ,2015.
[25] 罗蓓 , 孙晓阳 . 中国传统文化通论——文化生成与学科融通 [M]. 成都：西南交通大学出版社 ,2015.